# La Loi de l'attraction pour les nuls

Slavica Bogdanov

# La Loi de l'attraction pour les nuls

FIRST ÉDITIONS

## *La Loi de l'attraction pour les nuls*



ISBN : 978-2-412-06853-3
Dépôt légal : avril 2021
Imprimé en Italie par La Tipografica Varese Srl

Suivi éditorial : Christine Cameau
Mise en page : Catherine Kédémos
Illustrations : Stéphane Martinez

**Éditions First, un département d'Édi8**
92, avenue de France
75013 Paris – France
Tél. : 01 44 16 09 00
Fax : 01 44 16 09 01
Courriel : firstinfo@efirst.com
Site internet : www.pourlesnuls.fr

# À propos de l'auteure

Née à Belgrade, élevée à Paris, **Slavica Bogdanov** a terminé sa maîtrise en histoire des communications au Canada. Elle a travaillé pour différents médias avant de devenir conseillère, coach de vie et formatrice en entreprise.

Auteure de plus de 33 ouvrages dédiés au développement personnel et professionnel, dont trois best-sellers, Slavica Bogdanov a créé, en juin 2013, *Attractitude*, une plate-forme web offrant des cours et des services d'ordre personnel et professionnel. Depuis, elle a aidé des milliers de personnes à améliorer leur vie. En octobre 2015, elle a officiellement été reconnue par le gouvernement américain comme experte mondiale en loi de l'attraction et en développement personnel.

« Une femme remarquable », selon Brian Tracy, ami et partenaire d'affaires, auteur de plus de 50 livres en développement personnel traduits partout dans le monde.

« Je n'ai jamais rencontré quelqu'un qui a écrit presque autant de livres que moi ! Slavica Bogdanov vous mène de là où vous êtes à là où vous voulez vous rendre », déclare Jack Canfield, intervenant du film *Le Secret*, qui a écrit sur les principes du succès et les histoires *Bouillon de poulet pour l'âme* (J'ai lu, 2004).

Slavica Bogdanov a créé une méthode unique pour aider les gens à rapidement et durablement transformer leur vie. Dix ans de recherche et d'expérimentation l'ont menée à élaborer une formule unissant les lois spirituelles de la réussite à des méthodes techniques, pratiques et pragmatiques de succès. Elle a longuement étudié le fonctionnement du cerveau et la manière dont nous pouvons nous transformer grâce à la neuroplasticité et à nos connexions cérébrales, et ainsi changer de vie.

Elle a également perfectionné l'art de manifester une réalité souhaitée grâce à la loi de l'attraction. Ce faisant, elle a réussi à transformer sa vie et aide ceux qui le souhaitent à y arriver également.

Slavica Bogdanov vit aujourd'hui au bord de l'océan Atlantique, à quelques kilomètres de Miami. Lorsqu'elle n'est pas en train d'enseigner sa méthode transformationnelle, elle passe son temps à peindre et écrire.

# Sommaire

## Partie 3 : Développer son génie intérieur

# Partie 4 : Intégrer la loi de l'attraction dans sa vie de tous les jours

## Conclusion

# Introduction

Que diriez-vous si je vous annonçais que vous avez le pouvoir de contrôler votre destinée et de créer le futur que vous désirez en utilisant la loi de l'attraction ? Me répondriez-vous que j'ai perdu la tête, que la loi de l'attraction est un mythe et que l'on ne peut changer son destin ?

Je croyais cela autrefois, avant de commencer à utiliser la loi de l'attraction et de la maîtriser. Je sais aujourd'hui que ce que j'annonce est vrai. Il y a quelques années, je n'aurais jamais cru vivre la vie de rêve que je mène. Je travaille dans un domaine que j'adore et aux heures qui me conviennent. Je suis passionnée par le coaching et j'offre aux gens des conseils qui transforment leur vie pour le meilleur.

Je vis en Floride, à quelques pas de l'océan Atlantique que je regarde tous les matins de mon balcon en buvant mon café. Je m'y baigne tous les jours. Je suis plus en forme que je ne l'ai jamais été après m'être débarrassée de plus de 30 kilos en trop. Pourtant, je mange tout ce qui me plaît. J'ai des amis positifs qui m'encouragent dans tout ce que j'entreprends. Je vis l'amour véritable et je me sens comblée.

Je vis un bonheur quotidien, l'âme en paix. Mes jours sont complètement dépourvus de soucis. Incroyable ? Oui, c'est ce que j'aurais dit, moi aussi, il y a quelques années. Je me serais roulée de rire par terre si quelqu'un m'avait dit qu'en utilisant la loi de l'attraction, je me rendrais facilement là où je suis aujourd'hui.

La loi de l'attraction est l'une des forces les plus puissantes de l'univers. Le fondement de cette loi est que tout ce qui vous arrive, à la fois bon et mauvais, se produit parce que vous l'attirez. Vous attirez les choses et événements vers vous, que vous le vouliez ou non. Même si vous ne vous en rendez pas compte, même si vous ne le souhaitez pas, vous avez le pouvoir d'attraction.

Quand vous vous rendez compte que vous pouvez contrôler ce qu'il se passe autour de vous, il vous est alors possible de vivre plus d'expériences positives. C'est la base de la loi de l'attraction : vous pouvez attirer de bonnes choses en les demandant.

## À propos de ce livre

Ma vie a complètement changé depuis que j'ai découvert le concept de la loi de l'attraction. J'ai développé une méthodologie pour pouvoir l'employer au mieux. J'ai également créé un site web pour venir en aide aux gens qui souhaitent améliorer leurs conditions de vie. Depuis, j'ai aidé des milliers de gens à expérimenter plus d'harmonie, de bonheur, d'argent, d'amour et de santé. Certaines personnes ont eu la vie sauve grâce aux enseignements que je leur ai procurés.

Je souhaite de tout cœur que vous puissiez aussi pleinement bénéficier de cette loi. Mon intention est que vous maîtrisiez certains concepts et méthodes qui vous aideront à utiliser au mieux la loi de l'attraction.

Dans cet ouvrage, je vais vous aider à comprendre en profondeur comment fonctionne la loi de l'attraction et comment vous pouvez l'utiliser à votre avantage. Vous allez apprendre à manifester vos rêves et à transformer votre réalité.

Vous avez le plein contrôle sur votre environnement et votre vie. Tout peut changer et il n'est jamais trop tard pour commencer.

## Comment ce livre est organisé

À travers les cinq parties de cet ouvrage, vous apprendrez tout sur la loi de l'attraction, son origine et son fonctionnement, et saurez comment vous en servir. En annexe, je vous livre plusieurs ressources et méthodes complémentaires pour aller plus loin. Enfin, une bibliographie reprend toutes les références citées dans cet ouvrage, si vous souhaitez vous y reporter.

## Première partie : Une loi pour attirer le meilleur dans sa vie

De nombreuses personnes se demandent encore ce qu'est la loi de l'attraction. Existe-t-elle réellement ? Comment influence-t-elle notre vie ? Comment peut-on l'utiliser ? Est-ce une religion ou une secte ? Cette première partie répond à toutes les questions à propos de cette fameuse loi et tord le cou aux idées reçues.

La loi de l'attraction vous permet d'attirer toutes vos circonstances de vie, les positives comme les négatives. Vous pouvez par conséquent, grâce à elle, vivre les expériences que vous souhaitez, attirer à vous la personne que vous voulez. Vous pouvez évidemment attirer plus d'argent, plus de succès, la santé, l'amour...

## Deuxième partie : Utiliser sa lampe magique

Afin d'utiliser correctement la loi de l'attraction, il est important de savoir demander ce que l'on veut obtenir. Il est donc primordial de commencer par savoir exactement ce que l'on veut recevoir.

Vous allez recevoir ce que vous désirez, alors veillez à émettre les vœux qui vous font le plus plaisir. Ne demandez pas pour faire plaisir aux autres ou par peur de ce que les autres vont penser. Il est nécessaire de se créer des buts qui soient en accord avec votre être profond, de ne pas censurer ses rêves. L'univers est infini et tout est possible. Pensez aux grands inventeurs de notre temps : ils ont osé imaginer. Observez les étoiles dans la Voie lactée. Dans cette immensité, tous vos désirs prennent la dimension du ridiculement petit, et donc de l'accessible.

Une fois que vous savez ce que vous voulez, développez votre confiance en vous afin de vous sentir à même d'atteindre vos objectifs. Enfin, il est essentiel d'être capable d'imaginer le résultat escompté. Ces talents, qui constituent votre « lampe magique », se développent grâce à des techniques simples.

## Troisième partie : Développer son génie intérieur

Le génie intérieur se développe lorsque l'on est capable d'écouter son être profond. Pour ce faire, il est fondamental de s'aimer. Beaucoup de gens pensent avoir construit un amour de soi inconditionnel et satisfaisant, mais il n'en est rien. Vous recevez toujours à la hauteur de ce que vous pensez mériter. Si vous n'êtes pas satisfait dans certains domaines de votre réalité, c'est peut-être dû au fait que vous n'avez pas développé assez d'estime de vous-même.

Lorsque l'on s'aime inconditionnellement, que l'on avance vers son but en faisant des actions intentionnelles quotidiennes, on augmente son bonheur intérieur. Ce faisant, l'atteinte du but en soi perd de son importance. Nous pouvons vivre le moment présent dans la joie et le détachement complet. Nous cessons alors de vouloir tout contrôler et lâchons prise. Nos actions deviennent « inspirées », et nous arrivons alors à nous attirer le meilleur beaucoup plus rapidement.

## Quatrième partie : Intégrer la loi de l'attraction dans sa vie de tous les jours

Comprendre les principes théoriques de la loi de l'attraction va vous permettre de réaliser ce qui vous manquait dans vos modes de comportement ou de réflexion. Dans cette partie, je souhaite vous offrir des exemples concrets pour vous aider à intégrer ces enseignements dans votre vie de tous les jours.

De nombreuses personnes semblent insatisfaites dans leur emploi actuel. Pourtant, l'univers vous offre toutes les possibilités de travailler dans un domaine qui vous plaît et dans lequel vous vous sentirez épanoui. Le premier pas est souvent le plus dur : celui de décider de l'emploi dont vous rêvez vraiment.

Il en est de même en amour. Il est triste de perdre notre vie aux bras d'un être qui ne nous offre pas l'amour que nous méritons. Encore faut-il avoir développé assez d'amour de soi pour accroître cet amour extérieur. Ensuite, une fois de plus, il faut savoir ce que vous désirez vraiment afin de l'attirer à vous. Ouvrez vos bras et votre cœur, et offrez l'amour que vous désirez recevoir.

Côté santé, il est important de ne pas nous attarder sur la partie de notre être qui souffre, mais de développer notre gratitude pour tout ce qui fonctionne bien. De plus, tout en nous soignant, nous pouvons utiliser des techniques telles que le pardon pour nous débarrasser de ce poison nommé « ressentiment » qui mine notre bien-être.

### Cinquième partie : La partie des Dix

Dans cette partie des Dix, vous trouverez un récapitulatif des dix étapes pour maîtriser la loi de l'attraction, puis des chapitres sur les grands thèmes qui posent universellement question : travail, amour et santé.

Pour attirer le travail, intégrez les dix moyens efficaces de ne plus remettre votre succès au lendemain. Pour bénéficier de l'amour que vous méritez, découvrez les dix étapes pour attirer l'homme ou la femme de vos rêves. Et pour toujours garder la forme, suivez les dix conseils pour une meilleure santé.

## Les icônes utilisées dans ce livre

Au fil du texte, les icônes placées dans la marge vous signalent les informations importantes, les conseils pratiques, les pièges à éviter...

**Le saviez-vous ?** Vous vous posiez la question ? Voici la réponse ! Sous cette icône se trouve une mine d'informations pour vous éclairer sur la loi de l'attraction.

**À retenir** Si vous ne devez retenir que quelques informations de cet ouvrage, piochez dans celles signalées par cette icône : ce sont les éléments importants à ne pas oublier pour bien maîtriser la loi de l'attraction.

Conseil

Sous cette icône, je vous offre mes conseils de coach, astuces et trucs pratiques à mettre en œuvre pour attirer la vie de vos rêves.

Exemple

Nombreux sont les exemples de réussite grâce à la loi de l'attraction, je vous les raconte ici. Cette icône indique également l'illustration d'un concept un peu plus technique, qui vous permettra de bien le comprendre.

# Partie 1

# Une loi pour attirer à vous le meilleur dans la vie

## Dans cette partie...

De nombreuses personnes se demandent encore ce qu'est la loi de l'attraction. Existe-t-elle réellement ? Comment influence-t-elle notre vie ? Comment peut-on l'utiliser ? Est-ce une religion ou la doctrine d'une secte ? Cette première partie répond à toutes les questions à propos de cette fameuse loi et tord le cou aux idées reçues.
La loi de l'attraction vous fait attirer toutes vos circonstances de vie, les positives comme les négatives. Grâce à elle, vous pouvez par conséquent vivre les expériences que vous souhaitez, attirer à vous la personne que vous voulez. Vous pouvez évidemment attirer plus d'argent, plus de succès, la santé, l'amour...

**DANS CE CHAPITRE**

Les origines de la loi de l'attraction

•

Les mythes et idées préconçues

•

Et ça fonctionne !

# Chapitre 1

# Qu'est-ce que la loi de l'attraction ?

Le principe de la loi de l'attraction est que nous attirons à nous ce sur quoi nous portons notre attention. Si vous portez votre attention sur les éléments positifs de votre vie, vous attirez à vous le positif. Pour simplifier, l'idée de base est : « Ce qui se ressemble s'assemble. » Plus vous émettrez d'énergies positives, plus vous attirerez des éléments positifs.

**À retenir**

Le principe repose sur le fait que tout autour de nous est composé d'énergie. Les énergies similaires s'attirent tels des aimants. Votre être entier se compose d'énergie : vos vêtements, vos pensées, votre environnement... La seule chose que vous pouvez contrôler dans votre univers, c'est vous. Vous avez le plein pouvoir sur vos pensées, vos émotions, vos actions... Et celles-ci vont attirer les circonstances de votre vie qui coïncident le mieux avec leurs vibrations.

Par conséquent (et c'est peut-être le plus dur à accepter au départ), vous avez tout attiré dans votre vie, même les circonstances négatives. Le côté positif de cette constatation est que vous pouvez contrôler votre vie. Tout peut changer rapidement. Vous vous mettrez automatiquement à attirer de nouvelles et meilleures expériences dès que vous modifierez vos pensées, émotions et vibrations.

## Les origines de la loi de l'attraction

Pour beaucoup, la loi de l'attraction est née du film *Le Secret*, et personne ne parlait de cette loi auparavant. Ce n'est pas le cas. De nombreux auteurs et penseurs ont mentionné et décrit ce concept bien avant.

Napoleon Hill, entre autres, l'évoque dans son livre *Les Lois du succès en 16 leçons*, publié en 1928. Il y explique que le cerveau fonctionne comme une radio émettrice de fréquences. Plus tard, dans son ouvrage vendu à plus de 60 millions d'exemplaires, *Réfléchissez et devenez riche*, il insiste sur l'importance de contrôler ses pensées si l'on veut réussir dans la vie. Le richissime W. Clement Stone a d'ailleurs écrit un livre avec Napoleon Hill traitant du succès à l'aide d'une attitude mentale positive (*Le Succès par la pensée constructive*, voir la bibliographie en fin d'ouvrage).

En 1897, Ralph Waldo Trine, dans son livre *In Tune with the Infinite*, écrit que « la loi d'attraction fonctionne universellement à tous les niveaux ». Selon lui : « Il faut décider résolument et s'attendre à recevoir seulement ce que l'on désire. Alors, seulement, vous attirerez ce que vous souhaitez. »

### Abraham et Esther

Conférencière et auteure, Esther Hicks a été une des pionnières de la loi de l'attraction en publiant le premier livre ayant ce sujet pour titre, en 2006. Son histoire est peu banale et a fait sa renommée.

Au cours de longues méditations, Esther Hicks s'est aperçue qu'elle « entendait », ou plutôt « ressentait », les vibrations de certains êtres, ou d'une conscience collective qu'elle mit un certain temps à comprendre. Elle réussit, après plusieurs tentatives, à « traduire » ces vibrations ressenties en mots, puis en messages qu'elle entreprit de diffuser autour d'elle.

En porteuse de messages venus d'ailleurs, Esther se promène à travers les États-Unis avec son mari, Jerry, pour partager les enseignements d'Abraham.

## Qui est Abraham ?

Abraham est le nom donné par Esther et Jerry Hicks à un symbole, un sentiment. Quand, lors d'une conférence, on lui a demandé qui il était, « ils » ont répondu avec humour : « Nous sommes généralement un brouillard nébuleux. »

**Le saviez-vous ?**

L'écrivain américain Louise Hay les appelle « certains des meilleurs professeurs de la planète ». Pour le Dr Wayne Dyer, ils sont « les grands maîtres de l'univers » !

De nombreux auteurs, conférenciers et enseignants continuent à reconnaître publiquement et louent l'immense valeur de la sagesse qui est déversée par Esther, et donc nommée *Abraham*.

Abraham se décrit aussi comme « une conscience de groupe provenant de la dimension non physique ». Abraham nous a dit, par l'intermédiaire d'Esther, que chaque fois que nous ressentons des moments de grand amour, de pure joie et de bonheur (même dans l'énergie de l'orgasme sexuel), nous sommes Abraham. Lorsque nous sentons qu'un flux d'énergie pure traverse notre corps, c'est l'énergie de la source. Cette source est Abraham.

**Le saviez-vous ?**

Jerry et Esther n'ont jamais utilisé le mot « canalisation », mais nous pourrions le comprendre ainsi. « Abraham » serait ainsi l'inspiration à l'état pur.

Esther dit qu'Abraham est l'« intelligence infinie », et son mari le décrit comme « la forme la plus pure d'amour que je connais ».

Lire et écouter Abraham procure, en effet, beaucoup de bien-être. Il répond aux questions du public avec une intelligence qui semble provenir de la conscience universelle. Ses réponses, bien que souvent humoristiques, semblent refléter la vérité. Elles sont remplies d'énergie positive et permettent de comprendre davantage comment vivre dans l'harmonie.

En vous sentant bien, vous devenez cette énergie universelle. Il n'y a plus de séparation entre vous et ce que vous demandez à l'univers. De ce fait, vous le recevez immédiatement.

## L'impact mondial du film *Le Secret*

À l'heure actuelle, à peu près tout le monde a entendu parler du film *Le Secret*. Il s'agit d'un livre et d'un film créés par la productrice et auteure australienne Rhonda Byrne. Elle dit avoir elle-même utilisé ce secret pour atteindre la gloire et la fortune.

Rhonda explique comment elle a découvert « le secret », et son passé historique est présenté dans ce film désormais célèbre. C'est une histoire captivante qui implique non seulement Rhonda Byrne elle-même, mais aussi de nombreux grands personnages de l'histoire, tels que Shakespeare, Sir Isaac Newton, Platon, Beethoven, Abraham Lincoln, Thomas Edison, Albert Einstein... Tous ces « grands » auraient utilisé « le secret » pour atteindre des niveaux de succès sans précédent.

Le fondement même du secret est celui de la loi d'attraction. Le célèbre auteur Charles Haanel l'a décrite en 1912 comme la loi dont le système de création et tout l'univers dépendent. Le film *Le Secret* se fonde en grande partie sur le livre de Charles Haanel, *Le Système clef universel du succès* :

« La loi de l'attraction vous apporte certainement et infailliblement les conditions, l'environnement et les expériences dans la vie qui correspondent avec votre attitude mentale habituelle, caractéristique et prédominante. »

Exemple

Tout au long de l'histoire, la loi de l'attraction a attiré de bonnes choses aux personnes qui avaient des idées positives et savaient exactement ce qu'elles désiraient. Thomas Edison, par exemple, a clairement vu ses inventions dans son esprit et n'a jamais douté un instant qu'il allait les réaliser. L'exemple de Thomas Edison peut littéralement nous *éclairer* sur la manière d'utiliser la loi de l'attraction (voir **chapitre 2**).

# Les mythes et idées préconçues

Profitez de ces enseignements pour utiliser la loi de l'attraction et vous attirerez, vous aussi, la vie dont vous rêvez. L'univers est assez abondant pour que tous vos vœux soient réalisés. Tout le monde y a droit, et si j'y suis arrivée, vous le pouvez également.

## La loi de l'attraction est une religion ou la doctrine d'une secte

Malheureusement, plusieurs personnes comparent encore la loi de l'attraction à une sorte de secte ou de religion. Il n'en est rien. La loi de l'attraction, comme son nom l'indique, est une loi, au même titre que la loi de la gravité.

Diriez-vous que la loi de la gravité est une secte ? Il y a peut-être des sectes qui se sont créées autour de la loi de la gravité. Cependant, de prime abord, les lois universelles, comme la loi de l'attraction ou la loi de la gravité, régissent notre univers et n'ont rien à voir avec des sectes.

La loi de l'attraction est une façon de s'attirer le meilleur dans la vie. En réalité, vous attirez tout le temps : soit par défaut parce que vous ne savez pas comment fonctionne la loi de l'attraction, soit consciemment parce que vous savez comment elle fonctionne.

Exemple

Imaginez-vous en train de vous jeter du 12e étage d'un immeuble en ignorant la loi de la gravité ? Si vous en tenez compte, en revanche, vous pouvez vous protéger de la catastrophe qui vous attend en vous munissant d'un parachute. La découverte de la loi de la gravité a permis la construction d'avions, de parapentes, de parachutes... De même, la connaissance de la loi de l'attraction peut vous aider à l'utiliser pour prendre de l'altitude, pour atteindre votre succès.

## La peur de l'inconnu

La loi de l'attraction fonctionne tout le temps, comme la loi de la gravité. Vous vous empêtrez dans vos pieds : vous tombez. Ce n'est pas parce que vous ne savez pas comment fonctionne la loi de la gravité qu'elle ne fonctionnera pas. Elle fonctionne quand même. L'électricité existe même si vous ne la voyez pas ou ne comprenez pas son fonctionnement. Vous poussez un bouton et la lumière s'allume. Si vous entrez dans l'eau en tenant un fil électrique, vous risquez de vous électrocuter.

Les gens ont peur de ce qu'ils ne connaissent pas bien. L'histoire de l'humanité est parsemée d'histoires de chasse aux sorcières. Des découvertes importantes ont mené des intellectuels à l'échafaud. Des croyances innovatrices ont mené des scientifiques au bûcher. La loi de l'attraction, même si elle existe depuis la nuit des temps, a été dévoilée au public depuis une dizaine d'années. La crainte s'est alors automatiquement emparée de certains au vu des méthodes qui pourraient changer la vie.

**À retenir**

Tout le monde craint le changement. Tout le monde se sent mal à l'aise hors de sa zone de confort. Certains plus que d'autres. De plus, personne n'aime penser que son existence aurait pu être améliorée, mais ne l'a pas été par manque de connaissances. Il faut garder en tête qu'il n'est jamais trop tard pour transformer sa vie et se permettre le bonheur.

Si vous ne faites pas attention à la loi de l'attraction, si vous ne voulez pas connaître son fonctionnement, vous attirerez du négatif ou du positif, un peu aléatoirement. Ou bien, vous devenez maître de cette loi et vous créez de la magie au quotidien. Le choix est entre vos mains.

### Une voie à choisir

Dans une secte, vous n'avez pas vraiment de choix. Vous devez suivre un gourou qui vous dit quoi faire et quoi penser. Le libre choix est quasi éliminé. On vous demande de ne surtout pas réfléchir.

À retenir

Notre but est au contraire de vous faire réfléchir, de vous faire trouver votre voie, de vous rendre maître de votre vie. Nous voulons vous mettre au volant de votre vie pour la diriger là où vous voulez aller, pour être en mesure d'avoir une vie meilleure. C'est l'inverse qui se produit dans une secte.

Une secte est là pour vous gouverner, pour formater votre pensée, pour vous obliger à penser d'une certaine manière et pour vous empêcher de voir la vie telle qu'elle est. Les gourous vont diriger vos décisions et vous prendre votre argent. La loi de l'attraction, en revanche, est là pour améliorer votre vie et vous attirer plus d'argent, d'amour et de santé. Elle ne demande rien en retour.

Mon intention est que vous gagniez plus d'argent, d'ouvrir vos pensées afin de comprendre le fonctionnement de l'univers et que vous meniez une vie plus harmonieuse et plus heureuse, dans l'amour et la santé.

## Le libre choix *versus* la destinée ?

La grande question est de savoir si nous pouvons choisir librement nos chemins ou si Dieu, ou l'univers, a déjà tout prévu. D'après moi, notre vie est essentiellement une combinaison de la liberté et du déterminisme. Dieu (ou l'univers, ou notre moi supérieur) a, en quelque sorte, choisi notre destin. Ce destin se compose de notre *mission de vie*, de ce pour quoi nous sommes sur cette Terre, et de ce que nous avons à offrir et à apprendre durant cette vie.

Lorsque nous comprenons la raison pour laquelle nous sommes sur Terre, nous avons le sentiment d'avoir recréé un lien avec Dieu, ou l'univers et de participer à quelque chose de plus grand. Nous avons l'impression de vivre en communion avec l'univers. Nous nous sentons menés sans avoir à nous battre pour réussir ou prouver quoi que ce soit.

Le saviez-vous ?

Lorsque nous décidons de vivre cette destinée, nous semblons être assistés par des forces universelles. Nous avons le sentiment que quelque chose « là-bas » nous donne un coup de main.

Notre destin est de vivre heureux et de nous laisser guider par ce bonheur intérieur. Notre raison d'exister est de vivre dans l'harmonie et le bien-être. C'est notre vraie nature. Nous savons que nous vivons notre destinée quand « tout coule de source ».

## Suivre son cœur

Il nous arrive à tous de vivre ces moments miraculeux durant lesquels tout semble se produire comme par magie. Tous nos désirs semblent être satisfaits au moment même où nous les formulons. Plus nous nous sentons bien, plus les événements heureux paraissent s'accélérer. Nous avons l'impression de descendre en canoë des rapides nous menant vers plus de bonheur.

D'où vient notre liberté alors, si tout a été décidé ? La liberté est offerte dans le choix. C'est la plus grande liberté que vous possédez. Nous pouvons choisir de suivre notre cœur et être guidés vers la réalisation de notre mission. Nous pouvons choisir de vivre une existence magique non mouvementée où chaque jour est rempli de miracles.

À l'inverse, nous pouvons choisir de laisser libre cours à nos peurs et de suivre notre ego. Nous avons le choix de nous battre et de pédaler contre le courant. De nombreuses personnes sont fières de dire qu'elles sont « des battantes », que c'est dur, qu'il faut ramer pour réussir. Pourtant, il n'en est rien, tout relève de leur libre choix.

À retenir

Telle est notre première et réelle liberté. Nous ne sommes pas enchaînés par le destin, nous sommes libérés par la foi. La seule raison pour laquelle nous sommes emprisonnés est que nous nous sommes emprisonnés. Nous pouvons choisir de célébrer la vie librement. Nous sommes les seuls à laisser la peur et la paresse prendre le pouvoir sur nos pensées et nos gestes.

Ma conviction profonde est que nous pouvons choisir absolument tout ce qu'il se passe dans notre vie lorsque nous décidons de suivre notre cœur et de vivre en harmonie avec notre être profond. Notre rôle est de le retrouver.

### Accepter sa responsabilité

Nous sommes libres de rester enchaînés par notre négativité et nos peurs. Nous sommes libres de choisir de ressentir des émotions et des pensées négatives. Nous sommes aussi libres de faire de notre mieux pour le bien du plus grand nombre.

Quelle est votre croyance ? Ce sera un facteur important dans la réalisation de votre liberté. Combien de barrages sur le chemin de votre succès avez-vous déjà mis en face de vous ?

Êtes-vous un battant qui aime travailler dur ? Dans ce cas, vous vous créerez une vie difficile afin de prouver à vous et aux autres que vous pouvez remporter des batailles et gagner des trophées. Vous montrerez avec fierté les cicatrices de votre combat acharné. Êtes-vous quelqu'un qui vogue avec le flot de l'univers et qui se laisse guider par l'inspiration pure ? Vous arriverez alors facilement et rapidement à vivre vos rêves, car vous ne les bloquerez pas. Vous avez toujours le choix.

#### Ne mélangez pas destinée et responsabilité

Votre destinée est de vivre en concordance avec votre moi supérieur. Lorsque vous êtes en harmonie avec celui-ci, vous vous sentez bien et vos expériences sont positives. Lorsque vous n'êtes pas en harmonie, vous ressentez profondément cette discordance.

Lorsque vous dites : « Je n'ai pas eu le choix » ou bien : « Ce n'est pas ma faute », vous rejetez votre responsabilité. Nous verrons plus tard à quel point il est fondamental que vous repreniez votre responsabilité. Nous ne parlerons jamais de « faute », qui est un terme chrétien impliquant la culpabilité.

À retenir

Nous avons choisi absolument tout ce qu'il se passe dans notre vie. Nous choisissons par défaut ou consciemment. C'est à vous de décider comment vous voulez choisir.

## Il y a juste à espérer sans rien faire

La plupart des gens considèrent que la loi de l'attraction se résume à peu près à : « Pensez et vous recevrez. » Cependant, la loi de l'attraction ne fonctionne pas seulement en suivant ce concept limité. Vous ne pouvez pas être certain qu'en « pensant » simplement positivement, vous obtiendrez « magiquement et instantanément » quelque chose.

À retenir

Une des étapes est l'alignement, c'est-à-dire que vous devez être en phase avec vos désirs. Vous devez savoir ce que vous voulez et aligner votre vie sur ce que vous voulez. Vous devez vous mettre sur le chemin qui vous permettra d'obtenir ce que vous souhaitez.

L'entrepreneur et conférencier Chris Gardner dit : « Si vous voulez quelque chose, allez le chercher. » La loi de l'attraction ne se résume donc pas à « pensez et vous recevrez ». Si vous concentrez toute votre énergie après avoir déterminé ce que vous voulez, et si vous vous mettez en route vers votre souhait, alors vous obtiendrez les résultats escomptés.

Allez chercher ce que vous voulez. Agissez. Vous l'aurez.

## Il s'agit de s'attirer de l'amour seulement

La loi de l'attraction est fréquemment prise, à tort, comme un système pour devenir plus attrayant, ou s'attirer plus d'amour. Bien que la loi de l'attraction puisse être utilisée pour attirer plus d'amour dans sa vie, cette loi ne s'y limite pas.

Grâce à la loi de l'attraction, vous pouvez attirer plus d'argent, un emploi idéal, des gens et des solutions. Vous pouvez aussi attirer une vie de rêve dans laquelle vous profiterez d'une santé parfaite et d'une vie amoureuse et financière idéale.

À retenir

Il est nécessaire de comprendre que la loi de l'attraction est une loi qui fonctionne tout le temps. Vous êtes par conséquent toujours en train d'attirer des circonstances et des individus. Bien utiliser la loi de l'attraction signifie attirer le positif et non le négatif. C'est ce qui fait toute la différence entre une vie remplie de souffrances et une vie de rêve.

## Elle fonctionne, que vous y croyiez ou non

La loi de l'attraction ne dépend pas de vos convictions. Elle est permanente et toujours en fonctionnement. Nous attirons sans cesse : les personnes, les circonstances, les solutions... Nous attirons également les échecs, les malheurs, les accidents... Cette loi nous offre les expériences de la vie que nous avons attirées par le biais de nos croyances, nos émotions, nos pensées, notre intention, nos paroles et nos gestes au quotidien.

Exemple

La plupart des gens croient, jusqu'à un certain point, à la malchance. Nous allons, par exemple, entendre certaines personnes nous dire : « Je me suis levé du mauvais pied et toute la journée est allée de travers. » En réalité, c'est le fait de « s'être levé du mauvais pied » qui a engendré la suite des événements. C'est l'effet de la loi de l'attraction. Elle vous attire la correspondance de ce que vous émettez comme émotion. Vous vous levez de mauvais poil et votre journée risque de se dérouler de travers.

Nous avons tous la possibilité de nous lever tous les jours du bon pied. Ainsi, nous attirerons toujours à nous des circonstances positives. Si vous haussez les sourcils en ce moment en vous disant qu'il est impossible que tout aille toujours bien, sachez que vous émettez une croyance non fondée qui va vous attirer des épreuves dans la réalité. À l'origine, la loi de l'attraction nous enseigne que nous devons nous sentir bien afin d'attirer le meilleur à nous.

Imaginez la loi de la gravité. Vous pouvez vivre sans connaître cette loi et expérimenter les conséquences négatives de votre ignorance. Ou bien vous pouvez connaître la loi et les limites qu'elle vous pose : vous pouvez apprendre comment créer une fusée et vous servir de cette loi pour vous rendre jusqu'à la Lune. Mon désir le plus profond est que vous appreniez comment vous créer une fusée pour vous propulser vers de plus hauts niveaux de succès, réussite, prospérité, santé et amour.

## Pouvons-nous attirer le bonheur ?

Par la loi de l'attraction, vous attirez à vous soit du positif, soit du négatif en fonction de vos pensées, de vos actions et de vos paroles. Plus vous êtes quelqu'un de positif qui vit dans l'harmonie, plus vous avez de chances d'attirer le positif dans votre vie.

À retenir

La réponse est donc très simple. Nous ne pouvons pas attirer le bonheur à nous, car, à vrai dire, le bonheur est en nous. Le bonheur est, de ce fait, à développer à l'intérieur de nous. Il ne se trouve jamais à l'extérieur. Il n'existe pas un magasin du bonheur où nous allons acheter deux kilos de bonheur. Il n'existe pas, non plus, de distributeurs de stress. Toutes nos émotions sont intérieures.

Malheureusement, dans notre société, nous avons de plus en plus accepté l'idée que le bonheur se situe à l'extérieur de nous. C'est d'ailleurs la raison pour laquelle, à mon avis, les entreprises pharmaceutiques font autant d'argent. Certaines personnes croient que le bonheur se trouve dans de petites pilules, dans des bouteilles d'alcool, dans des cigarettes ou dans des drogues plus dures.

Nous ne pouvons pas acheter le bonheur, mais il existe des méthodes pour le développer. Tout le monde vit, à un moment ou à un autre, des moments difficiles. On ne souhaite pas être heureux, par exemple, lors d'un enterrement, ou si un membre de la famille souffre d'une maladie. Nous ne voulons pas être heureux à ces moments-là, car nous en décidons ainsi, par éducation et conventions sociales.

## Est-ce si facile de toujours vivre dans le bonheur et le succès ?

Vivre quotidiennement dans la réussite et le bonheur est simple, mais pas facile. En fait, les principes de base sont si simples qu'ils sont difficiles à croire. La raison pour laquelle la plupart des gens ne les appliquent pas provient du manque de confiance, de connaissance et de persévérance.

Nous nous sommes malheureusement habitués à vouloir tout, tout de suite. La plupart des gens veulent des résultats immédiats, souhaitent des récompenses instantanées. Cette urgence nous mène à des sentiments négatifs de frustration, d'impatience, de souffrance, d'anxiété. Tous ces sentiments négatifs font en sorte que nous repoussons ce que nous désirons.

### « L'essentiel est invisible pour les yeux »

La plupart des gens ne croient que ce qu'ils voient et ne font confiance qu'à ce qui est visible à l'œil humain. Ils ne savent pas que l'œil humain ne voit qu'une infime partie de la réalité. Comme le dit si bien Saint-Exupéry : « L'essentiel est invisible pour les yeux. » En changeant vos croyances, en modifiant ce que vous voulez voir dans la réalité, vos yeux se mettront à chercher dans l'immensité de ce qui est invisible.

Vous serez capable de voir une réalité qui vous était alors encore cachée. J'ai écrit un livre à ce sujet, qui s'intitule *Reprogrammer son cerveau pour le succès* et qui vous explique tous ces principes en détail.

De plus, la plupart des gens ne peuvent concevoir que tout peut « bien aller », que l'on peut tout avoir. Au contraire, les « on ne peut avoir le beurre et l'argent du beurre » ou bien « on ne peut pas tout avoir dans la vie » se font entendre sans cesse. Or, c'est le contraire qui est vrai. Nous pouvons bel et bien toujours vivre dans l'harmonie et le bonheur.

Ce manque de foi est une croyance erronée. Celle-ci affecte les émotions et décide de ce que nous attirons. Si vous ne croyez pas que tout peut « bien aller », ce sera le cas. Le contraire est aussi vrai. Comme le dit Confucius : « Que vous pensiez le pouvoir ou que vous pensiez que cela ne se peut pas, vous avez raison. » Ce sont vos croyances qui créent votre univers.

Enfin, de nombreuses personnes recherchent le drame. Une grande majorité d'individus, même s'ils n'oseraient jamais se l'avouer, pensent qu'une vie dans laquelle tout va à merveille serait des plus ennuyeuses. Si vous ne vous sentez pas à l'aise avec l'idée que votre vie peut être magique en tout point, vous n'attirerez jamais une telle vie.

Nombreux sont ceux qui ont peur d'avoir une vie paisible et heureuse. Ils s'imaginent immédiatement qu'ils risqueraient de tomber de haut en faisant confiance à un état de bonheur parfait. Tout de suite surgissent les « et si... » : « Et s'il survenait une catastrophe », « Et s'il arrivait un incident auquel je ne m'étais pas préparé »... Les « et si... » ont fait la fortune des compagnies d'assurances et limitent l'attraction du bonheur à une majorité de gens.

## Le bonheur, c'est un choix !

Nous pouvons être heureux à tout moment, peu importent nos circonstances de vie. Nous possédons ce choix, cette liberté et cette responsabilité. Ce bonheur va ensuite nous aider à attirer de merveilleuses expériences dans la vie. Le plus difficile est d'apprendre à rester heureux quand la réalité comporte des éléments qui ne nous plaisent pas.

Il est facile d'être heureux quand tout va bien. Apprenez à vous sentir bien quand « tout » va mal et vous verrez votre réalité se transformer devant vos yeux. C'est ça, le pouvoir de la loi de l'attraction.

**DANS CE CHAPITRE**

Découvrir l'infiniment petit

•

La force de l'intention

•

L'avenir et le passé : des vues de l'esprit

•

Faites comme Edison !

# Chapitre 2

# La loi de l'attraction et la physique quantique

Pour ceux qui en ont déjà entendu parler, mais ne savent pas précisément ce qu'elle étudie, la physique quantique est la branche de la science dont le but est d'étudier le comportement des particules au niveau subatomique. La physique quantique peut grandement nous aider à développer notre foi quant à la puissance de la loi de l'attraction.

Comment faire ? Comment faire pour croire que la loi de l'attraction existe réellement et, plus important encore, comment faire pour penser qu'elle peut fonctionner dans notre vie ?

Le meilleur procédé est d'en avoir la preuve. Nous croirons toutes conclusions supportées par assez de démonstrations concluantes. Ce qui suit est une introduction à quelques preuves scientifiques qui attestent l'existence de la loi de l'attraction.

# L'atome fait sa loi

Pendant des années, la science nous a prouvé que le « micro » affecte la « macro », que la grande échelle n'est qu'une représentation de l'aboutissement de la plus petite. Dans la communauté, ceci s'appelle la physique quantique.

Le saviez-vous ?

Selon les physiciens quantiques, un atome existe dans toutes ses possibilités jusqu'au moment où nous l'observons. Une fois observé, ce sont vos attentes à son sujet qui affectent la manière dont il se comporte.

Il pourrait, par exemple, s'agir d'un atome unique projeté à travers une fente, avec un mur en arrière-plan. Lorsque vous ne l'observez pas, l'atome se comporte comme tous les autres milliards d'atomes différents, produisant chaque résultat possible disponible. Il frappera parfois le mur, ne le frappera pas d'autres fois, rebondira au plafond, sur le sol, sur votre front... toutes les possibilités sont imaginables ! Mais lorsque vous l'observerez, il ne produira qu'une seule action – et c'est l'action que vous croyez qu'il manifestera.

Agrandies et appliquées à votre propre vie, vos croyances affecteront ce qui surviendra. Si vous croyez que vous allez avoir une nouvelle voiture – que vous y croyez vraiment –, l'univers se réorganisera pour que cela advienne. Comme il est dit dans *Le Secret* (voir **chapitre 1**), un monde sur lequel l'esprit n'agit pas est impossible. Nous modelons tous le monde en fonction de nos pensées, et si vous croyez que quelque chose va vous arriver, cela arrivera.

À retenir

Chaque instant est rempli de possibilités infinies. Ce petit élément infiniment microscopique existe en chacun de nous. Il existe également dans l'infiniment plus grand, dans notre être et dans notre vie. La manière dont on observe un élément dans notre vie peut le changer. Changez votre façon de concevoir un certain problème, et le problème se transformera en solution. Tout dépend de votre perception. C'est elle qui crée votre réalité.

### La Source

La Source (l'ensemble des lois universelles) fonctionne sur le principe que tout est lié et que tout est énergie, y compris les humains. L'énergie est continuellement en mouvement de façon circulaire. Au niveau microscopique, tout est une masse tourbillonnante d'électrons et d'atomes d'énergie se déplaçant rapidement. La combinaison de pensées, de sentiments, de mots et d'actions de chacun sur la Terre crée le monde que vous voyez et les expériences que vous vivez.

## Quand la science s'allie à la spiritualité

J'imaginais autrefois que la science était à l'opposé de la spiritualité. Je ne pensais pas que l'une pouvait supporter l'autre jusqu'à ce que je découvre les théories quantiques.

L'un des astrophysiciens les plus importants de son temps, Sir Arthur Eddington, est souvent cité pour cette réflexion : « Nous pouvons peut-être dire que la conclusion à tirer de ces arguments de la science moderne est que la religion est devenue possible pour un scientifique raisonnable autour de 1927. »

La science de l'infiniment petit permettait la spiritualité. Même si ces recherches ne sont pas soutenues par tous les scientifiques, plusieurs ont développé des théories à partir de l'analyse des interactions au niveau subatomique. Leurs hypothèses épaulent en quelque sorte une compréhension philosophique ou spirituelle de notre univers. La physique quantique rend possible le fait que les pensées influencent directement notre développement physiologique ainsi que le monde réel nous entourant.

### Le pouvoir de nos pensées

Les études quantiques fournissent des explications plus logiques sur les bénéfices de la spiritualité. Leurs théories soutiennent l'idée que l'univers est autant en nous qu'à l'extérieur de nous. Elles avancent que le temps et l'espace sont des concepts humains et ne sont pas nécessairement réels.

Elles disent aussi que le flot d'énergie que nous projetons peut directement influencer les résultats, peu importent le temps ou l'espace. Par exemple, une prière contribue à la guérison d'autrui à la même intensité et à la même vitesse, quelle que soit la distance qui nous sépare de cet individu.

Les expériences quantiques certifient l'idée selon laquelle ce que nous voulons qu'il arrive adviendra, et que nous deviendrons ce que nous pensons être. Les preuves existent au niveau de l'infiniment petit, démontrant que nous possédons la capacité de créer l'univers que nous désirons en changeant notre façon de penser.

Nos pensées affectent également notre corps et, par conséquent, notre santé. Une chose est sûre : si vous ne changez rien, il y a de fortes chances que vous expérimentiez la même vie qu'auparavant. Si elle est palpitante, pleine de réussites, remplie de joie et si elle profite également aux gens qui vous entourent, alors ne modifiez rien. Si ce n'est pas le cas et si vous souhaitez une meilleure vie, une raison d'exister, alors changez votre façon de penser.

## Einstein et ma théorie du cube de glace

D'après Einstein, tout est énergie. Selon lui, aucune énergie ne se perd. Toute énergie se transforme. Ce principe d'Einstein est repris pour expliquer l'importance du contrôle des émotions, des pensées, des actions lorsque l'on veut transformer sa vie.

**À retenir**

Les émotions, les pensées et les actions sont toutes constituées d'énergie. Lorsque vous avez une émotion ou une pensée, vous émettez une énergie. L'énergie ne se perd pas, mais se transforme.

Imaginez un instant qu'un Martien vienne visiter la Terre et que vous essayiez de lui expliquer que l'eau, la glace et l'air sont constitués des mêmes particules. Vous expliqueriez que l'eau se transforme en glace quand il fait froid et en air quand il fait chaud. Vous lui diriez que toutes trois sont de l'eau sous différentes formes.

De même, les émotions, les actions et la réalité sont constituées de manière identique. Vos croyances et vos émotions créent vos pensées. Celles-ci se transforment en paroles. Les paroles répétées deviennent des actions. À force d'agir de manière répétée, vous créez des habitudes. Et ces dernières créent votre succès ou votre défaite.

De plus, les émotions et les pensées émises sont des vibrations qui se transforment en réalité vécue. Imaginez un caillou jeté dans une flaque d'eau créant de petites vagues. Vos pensées créent le même type de vibrations, et cette énergie ne se dissout pas. Elle se transforme et devient votre réalité.

## L'intention est plus forte que l'action

> ***« Dans l'univers, il existe une force indescriptible et non mesurable que les chamans appellent l'intention. Tout ce qui existe dans le cosmos entier est connecté à l'intention. »***
>
> Carlos Castaneda

Rien ne sert d'agir si nous le faisons avec une intention négative. Vous pouvez agir en permanence et ne pas attirer vraiment ce que vous essayez d'attirer. Il est important d'être conscient de votre intention pendant que vous agissez. Si votre intention, ou votre être profond, se trouve dans le manque, le désespoir, le dépit, l'arrogance, la prétention ou la vengeance, vos actions porteront alors des fruits négatifs, empoisonnés.

**Conseil**

Lorsque vos actions sont empreintes d'attention, teintées d'amour, de générosité, d'abondance, de prospérité, d'allégresse, de gratitude et de pardon, elles portent de beaux fruits juteux, de beaux fruits de prospérité, de beaux fruits d'abondance. Vous aurez besoin de beaucoup moins d'actions pour qu'elles portent leurs fruits. Faites attention à vos intentions avant d'agir. Prenez le temps de faire des introspections régulières. Écoutez vos émotions et ne vous laissez pas entraîner par des intentions négatives.

Selon la physique quantique, c'est bel et bien l'intention de l'observant (son souhait, sa volonté) qui transforme l'observé, le quanta. L'intention est une force puissante qui déterminera votre devenir. L'intention derrière chaque action déterminera la portée et les conséquences de celle-ci.

### Le principe de la balle de golf

Ceux et celles d'entre vous qui jouent au golf ou au tennis se sont certainement aperçus qu'il suffit de changer l'angle de tir d'un simple millimètre pour complètement changer la trajectoire de la balle. Le petit millimètre de changement du départ peut faire en sorte que la balle atterrisse très loin de là où elle aurait échoué si vous n'aviez pas effectué ce petit ajustement.

Vous n'avez pas besoin de tout changer dans votre comportement pour obtenir des résultats remarquables. Parfois, comme pour la balle de golf, il s'agit de faire un petit ajustement pour changer complètement une trajectoire de vie.

## Les sept visages de l'intention

Wayne Dyer parle des sept visages de l'intention dans son livre *Le Pouvoir de l'intention*. Il explique qu'afin de vivre dans la prospérité, c'est-à-dire une vie harmonieuse, équilibrée et heureuse, il est préférable d'agir en utilisant une ou plusieurs caractéristiques de l'intention.

Lorsque vous vous sentez porté par un sentiment de bonheur et de bien-être, vous êtes détaché des résultats que vous aimeriez obtenir. Vous vivez dans le moment présent, dans le flot de l'univers. Pour attirer ce que vous désirez, il faut d'abord développer cette capacité à voguer paisiblement dans la rivière heureuse de la vie.

### Les clés du succès

Dans son ouvrage *Le Succès selon Jack*, Jack Canfield, auteur-conférencier en développement personnel, indique que si l'on veut avoir de hauts niveaux de succès, on doit se comporter comme celui qui a déjà obtenu ces hauts niveaux de succès. Il faut développer la grâce, par exemple, cette belle vertu qui démontre un profond degré d'humanité et d'humilité.

De même, si vous désirez profiter du pouvoir de l'intention, vous devez vous envelopper de celle-ci. Vous pouvez la transporter avec vous en utilisant ces sept visages. Quels sont-ils ?

❶ **Soyez créatif.** Ayez confiance dans votre mission de vie et prenez l'habitude de ne pas plier dans vos pensées et actions quotidiennes. En demeurant créatif, vous pourrez donner forme à votre intention personnelle.

❷ **Soyez bonté.** Tout ce qui est manifesté l'est pour prospérer. C'est le pouvoir de la bonté qui permet à toute chose de prospérer. Soyez généreux et vous recevrez. Soyez bon envers vous-même, envers les autres et envers la vie.

❸ **Soyez amour.** L'intention qui vous a créé est amour. Vous devez être amour afin d'utiliser le pouvoir de l'intention. L'amour est fondé sur la coopération et l'inclusion, non sur la compétition et l'envie. L'amour est la force porteuse de la volonté divine. L'amour est la vibration spirituelle transmutant l'intention d'une expression invisible à sa concrétisation réelle.

❹ **Soyez beauté.** En vous éveillant à votre divine nature, vous vous mettrez à apprécier la beauté sous toutes ses formes dans tout ce que vous voyez, expérimentez, touchez et vivez.

❺ **Soyez expansif.** Tout grandit perpétuellement. En grandissant de manière spirituelle, intellectuelle et émotionnelle, vous participez à l'expansion de l'univers et vous vous identifiez à votre intention.

❻ **Soyez abondance.** Il n'existe pas de manque dans l'univers. Tout est abondance. Vous deviendrez ce à quoi vous pensez le plus. Devenez abondant. En vous identifiant à cette abondance, vous obtiendrez les signes de l'univers qui vous mèneront naturellement vers plus de prospérité.

❼ **Soyez réceptif.** Acceptez de recevoir la générosité de l'univers. Apprenez à dire oui et merci aux cadeaux qui vous arrivent. Apprenez à noter ce que vous recevez en abondance tous les jours et vous recevrez davantage. La nature est paisible. Développez cette paix intérieure en sachant que le meilleur vous sera offert.

# Avenir et passé ? Des vues de l'esprit

## L'avenir n'existe pas

La plupart des gens obstruent leur vision, ou, du moins, ont une vision moins claire des choses qui s'en viennent et de l'avenir, parce qu'ils se font une image préconçue de ce qu'il va leur arriver.

**Exemple**

Une cliente en coaching avait de fréquentes crises d'angoisse parce qu'elle s'imaginait le stress qu'elle allait vivre l'année suivante si elle restait dans le même travail. Une autre cliente s'imaginait demeurer célibataire *ad vitam æternam* parce qu'elle n'avait rencontré personne d'intéressant depuis deux mois.

Cette dernière attitude pose deux problèmes. En ayant peur d'être seule, elle risque d'attirer la solitude, donc d'être encore plus seule. Et en ayant peur de rester célibataire, elle va s'attirer davantage de raisons de l'être.

Si vous réfléchissez quelques instants, vous verrez que rien n'est certain dans l'avenir, à part ce que vous y projetez par le biais de votre imagination. En réalité, il y a autant de probabilités que, dans un mois, vous viviez dans les mêmes circonstances qu'aujourd'hui, ou que quelqu'un s'arrête dans une Porche à côté de vous et vous offre une valise avec un demi-million de dollars.

La seconde option vous semble probablement totalement absurde, irréalisable et irréaliste. La première option, celle qui dit que vous allez encore vivre la même chose que ce que vous vivez aujourd'hui, vous semble plus réaliste ? Il n'en est pourtant rien.

## Une fausse projection du présent

La plupart des gens pensent qu'il y a beaucoup plus de chances que ce que nous vivons dans cette réalité se reproduise sans cesse dans l'avenir. Cette théorie est valable lorsque vous projetez votre présente réalité. Votre pensée crée votre réalité, et ce sont vos croyances de revivre cette réalité dans le futur qui engendrera cet avenir.

Vous vous êtes convaincu, consciemment, que parce que les choses sont ainsi, il y a beaucoup plus de chance qu'elles soient semblables dans l'avenir. Et si quelque chose n'est pas ainsi, donc si une réalité n'existe pas dans votre présent, il y a peu de chance qu'elle existe dans votre futur. À cause de cette croyance, vous détruisez toutes les autres options possibles. Vous misez uniquement sur l'option que vous connaissez déjà.

Or, c'est une erreur de penser ainsi, parce qu'en réalité, l'avenir n'existe pas. Il n'a pas encore été créé. Il n'y a rien dans l'avenir. On ne peut pas savoir maintenant ce qu'il se produira demain, après-demain, dans dix ans. L'avenir n'existe absolument pas.

**À retenir**

L'avenir n'est que le fruit de votre imagination. Vous projetez uniquement ce que vous acceptez de projeter. Si vous décidez que votre avenir sera construit des mêmes choses que celles que vous voyez dans votre présent, il y a de fortes chances que cela se produise, car l'imagination est plus forte que la raison. En imaginant le futur, vous allez provoquer dans votre quotidien les circonstances qui le créeront.

## Se faire des films... spectaculaires !

Si vous acceptez que l'avenir n'est rien d'autre que la manifestation de vos pensées, vous pouvez vous créer le film que vous désirez voir se réaliser. Grâce à ce film, à cette imagination d'un futur nouveau, d'un futur construit sur les bases que vous vous souhaitez, il y a de fortes chances que votre barque, votre navire ou votre limousine se dirige dans cette direction.

Même si cela semble très difficile à imaginer, tous les gens qui ont beaucoup de succès fonctionnent sur ce principe. Ils n'acceptent pas de projeter la réalité qu'ils voient dans leur quotidien. Au contraire, ils décident d'y projeter ce qu'ils veulent vraiment obtenir, en utilisant leur imagination.

**Exemple**

Comment cela se passe-t-il concrètement ? Prenons l'exemple de cette dame qui a peur de vivre la même angoisse que celle qu'elle a vécue l'an dernier. Rien ne prouve que cela sera le cas, à part le fait qu'elle y croie. Je lui ai conseillé d'écrire sur une feuille de papier ce qu'elle désire vraiment voir se produire dans son avenir. Vous pouvez faire le même exercice.

**Conseil**

Si vous n'aimez pas votre travail, par exemple, décrivez en détail le style d'emploi que vous voulez avoir et projetez-vous. Imaginez que vous êtes dans ce nouvel emploi, que vous êtes heureux. Imaginez avec un maximum de détails possibles de quoi aura l'air cet avenir-là.

La dame qui s'imaginait célibataire dans le futur m'a fait une remarque que j'ai beaucoup aimée. Quand je lui ai dit de s'imaginer la vie qu'elle souhaitait avoir avec l'homme qu'elle allait rencontrer, elle m'a répondu : « Mais je vais me faire un film, je vais me créer des films. » Je lui ai dit : « Oui, mais tu t'en crées toujours. » On se crée toujours des films. Chaque fois que l'on s'imagine le futur, on s'en crée un... un film qui n'existe pas, car l'avenir n'est pas encore réalisé, il n'est pas encore construit.

Chaque fois que vous projetez, que vous imaginez ce qu'il va se produire demain, après-demain, dans une semaine, dans un mois, dans dix ans, vous êtes en train de vous créer un film. Vous avez la responsabilité et le pouvoir de changer ce film. Au lieu de vous créer un film monotone, redondant, qui s'appuie sur les mêmes bases que ce que vous vivez aujourd'hui, vous avez le choix de vous créer le film spectaculaire, le roman d'amour, le film extraordinaire que vous voulez vivre dans l'avenir. Croyez-moi, ça fonctionne.

## Tout peut changer en une seconde

Nous le savons tous. Nous y croyons tous. « Un accident est si vite arrivé. » Notre monde peut se renverser complètement en une fraction de seconde. Un accident de voiture, ou une chute, peut transformer notre vie à jamais.

Les accidents positifs existent également. Votre vie peut basculer en une fraction de seconde dans le bonheur le plus complet. Un coup de téléphone, une rencontre inattendue peuvent complètement transformer votre devenir. Arrêtez donc de projeter ce que vous voyez en cette seconde précise. La seconde est déjà passée. Ce présent est déjà passé. Imaginez plutôt les miracles que vous désirez voir se réaliser dans votre film.

### L'avenir est ce que vous en faites

Chaque jour contient 84 600 secondes.

84 600 secondes, c'est presque autant de chances que votre vie change. Imaginez ce que vous voulez mettre dans votre futur et ne soyez pas victime de la réalité que vous pensez inéluctable en la projetant dans l'avenir.

J'ai beaucoup aimé une phrase du film *Australia* : « Ce n'est pas parce que c'est ce qu'il se passe aujourd'hui que c'est ce qu'il se passera demain. » Soyez profondément conscient que l'avenir n'existe pas. L'avenir est ce que vous en faites, tout comme la particule de la physique quantique.

Si vous êtes convaincu que l'avenir sera la reproduction de votre présent, c'est ce qu'il adviendra. Gardez l'esprit ouvert, l'avenir se compose d'une multitude de possibilités différentes que celles que vous vous êtes imaginées en vous fondant sur votre réalité présente. Il peut se produire à chaque instant quelque chose qui bouleversera complètement votre vie.

### Changez de perception

Conseil

Prenez le temps d'écrire ce que vous voulez expérimenter dans votre avenir. Plus vous déplacerez votre point de perception, plus votre réalité changera. De plus, qui dit changement de réalité dit aussi attraction par le biais de la loi de l'attraction.

Ce concept va énormément vous aider à régler vos problèmes d'angoisse. En comprenant que l'avenir n'existe pas, vous comprendrez que les problèmes que vous projetez n'ont pas lieu d'être. Vous projetez des peurs, comme sur un tableau blanc.

Vous pouvez diriger votre navire dans la direction de votre nouvelle perception, dans la direction sur laquelle vous portez votre attention. Si vous la portez sur la peur d'un manque, vous dirigerez votre vie dans cette direction. Si vous décidez de vous imaginer de l'abondance et de la prospérité, vous dirigerez votre vie vers cette abondance, cette prospérité.

## Le passé n'existe pas non plus, en réalité

Il est vraiment important de ne plus trimbaler le passé avec soi. Le passé n'a aucune influence sur le futur. Chaque jour est différent. Chaque jour se construit. Vous ouvrez chaque jour, à votre réveil, votre livre à une nouvelle page. Cette page-là est vierge. Vous avez le droit, le choix et la responsabilité d'écrire l'histoire de votre vie avec les crayons de couleur que vous voulez. Vous avez le pouvoir de recommencer votre vie chaque jour.

De nombreuses personnes ont vécu des circonstances très difficiles dans leur passé et vivent tout de même une vie remplie de succès. Votre passé n'a rien à voir avec votre futur. Certaines personnes ont vécu des moments très pénibles durant l'enfance, ont subi beaucoup de traumatismes, et ont pourtant réussi, ont atteint des niveaux de fortune, de succès et d'amour incomparables. D'autres ont vécu dans la rue, sans emploi, sans domicile fixe, et ont malgré tout atteint leurs buts.

**Conseil**

Ne vous trouvez pas l'excuse d'un passé difficile. Laissez ce passé derrière vous. Ne le traînez pas avec vous. Rappelez-vous les belles choses qui se sont produites dans votre passé comme de belles cartes postales encourageantes.

Plus vous vous remémorez les circonstances difficiles que vous avez connues, plus vous faites en sorte qu'elles se reproduisent dans votre présent. Vous n'en avez absolument pas besoin. Utilisez la page blanche magique et écrivez l'histoire de votre vie. Je vous souhaite qu'elle soit belle, qu'elle soit colorée, qu'elle soit remplie d'amour, de prospérité et d'abondance.

## La différence entre les besoins et les envies

Il y a une grande différence entre avoir un besoin et une envie quand il s'agit d'utiliser la loi de l'attraction. Lorsque vous avez un besoin, par exemple un besoin d'amour ou d'argent urgent, vous envoyez une onde énergétique de manque et de désespoir. En effet, lorsque vous avez besoin de quelque chose, cela indique que vous ne l'avez pas en ce moment.

Par conséquent, par la loi de l'attraction, vous risquez d'attirer davantage ce manque, et non pas les solutions qui vont combler ce besoin. En revanche, si vous avez une envie, cela ne montre pas que vous ressentez un manque, mais tout simplement que vous avez envie d'avoir plus que ce que vous avez déjà.

« J'ai envie d'amour » signifie que je ne dépends pas de cet amour pour être heureux, je ne suis pas désespéré, donc j'ai tout simplement envie d'un peu plus d'amour. J'en ai déjà dans ma vie. « J'ai envie d'avoir plus d'argent » ne veut pas dire que j'ai un manque dans ma vie et que j'ai absolument besoin d'avoir plus d'argent. Si on énonce avoir envie d'une meilleure santé, on ne dépend plus de la santé pour se sentir bien.

»

L'onde envoyée est complètement différente. Essayez cela quelques minutes. Énoncez ce que vous voulez sous la forme d'un besoin. Puis transformez votre phrase pour parler d'une envie. Vous allez ressentir un changement dans vos émotions profondes. Et qui dit changement dans ses émotions dit changement au niveau de l'énergie. Vous adressez donc un tout autre message à l'univers.

Conseil

Prenez garde à la manière dont vous émettez ce que vous voulez. Soyez attentif à la façon dont vous envoyez vos ondes, car elles peuvent avoir une grande influence sur l'évolution de votre vie et sur ce que vous attirez dans celle-ci. C'est une toute petite modification qui peut avoir un impact majeur. Pensez à l'histoire de la balle de golf. Il n'est pas toujours nécessaire d'opérer de grands changements pour obtenir de grands résultats. Le plus important à retenir est de faire ce petit changement sur le long terme.

## Thomas Edison nous éclaire sur la voie de la foi

Exemple

Thomas Edison a un jour eu l'idée de créer une ampoule électrique. À l'époque où l'électricité n'était qu'un concept très vague et aléatoire, il décida de développer la première ampoule. Un rêve, un but surréaliste. La plupart des gens le prirent pour un fou, un mystique qui ne voyait pas que la réalité lui montrait toutes les raisons pour lesquelles son invention ne pouvait pas fonctionner.

Mais Thomas a gardé la foi en son projet. Il s'est défait du doute. Il s'est fermé à toutes objections. Il a visualisé la réussite et la réalisation de son rêve, puis s'est lancé dans son projet.

9 000 ampoules ratées plus tard, Edison continuait à croire en son projet. Son principe était simple : chaque ampoule qui ne fonctionnait pas le rapprochait de son but. Il ne se décourageait pas.

Au contraire, il accordait une confiance aveugle à son rêve. Et un jour… la lumière fut.

## Vos buts ne sont pas irréalistes

Que peut-on apprendre de cette leçon ? Premièrement : vos buts et vos rêves, en grande majorité, sont très simples. Vous ne cherchez pas à visiter Mars. Vous n'essayez pas de réinventer la roue. Pour la plupart, vous désirez plus d'argent, plus d'amour ou plus de santé. C'est assez simple quand on y pense.

La majorité de vos buts ont déjà été atteints… par quelqu'un d'autre à un moment donné. Vous pouvez sûrement retrouver la trace de nombreuses personnes qui ont réussi à obtenir ce que vous désirez.

Comprenez par conséquent que vos problèmes sont petits et qu'ils peuvent trouver une solution. Si d'autres l'ont fait, vous aussi le pouvez. Si Thomas Edison a créé une ampoule et les frères Wright un avion, vous pouvez « faire » plus d'argent, retrouver la santé ou rencontrer l'âme sœur. Vos buts ne sont pas irréalistes.

## Persévérez !

La seconde leçon importante est que, même si vos buts semblent irréalistes, en y croyant avec foi et en persévérant, vous les atteindrez. Edison, Wright et les autres inventeurs ont révolutionné notre réalité parce que leurs rêves étaient surréalistes. Il est positif de ne pas être « réaliste ». Sortez de cette réalité limitée et visez ce que vous désirez vraiment avoir.

**Conseil**

Ne laissez jamais la pseudo-réalité vous empêcher de croire en vos rêves et d'agir pour les atteindre. À chaque échec, rappelez-vous Edison : chaque échec vous rapproche de la victoire. La seule raison pour laquelle certaines personnes échouent est qu'elles ont arrêté d'essayer.

Ne laissez jamais tomber vos rêves ou vos buts. Si vos plans échouent, changez de plans. Persévérez. La persévérance gagne toujours. Selon l'acteur Will Smith, si vous désirez réussir, vous devez d'abord décider fermement de ce que vous voulez et vous y tenir. D'après lui, il faut être « irréaliste » pour réussir.

En effet, être « réaliste » veut dire se limiter à ce que notre perception de la réalité du moment nous présente. Mais cette « réalité » est en constante évolution. J'explique souvent, durant mes séances de coaching, qu'il y a trois étapes nécessaires pour atteindre le succès. Vous devez apprendre quelque chose de nouveau, sortir de votre zone de confort et appliquer ce que vous avez appris.

## Le pouvoir de la croyance sur la loi de l'attraction

Si vous pouvez en rêver, vous pouvez le faire. Aucun rêve n'est trop grand ou trop petit pour se réaliser. Tout cela semble formidable, même inspirant, et beaucoup de gens croient encore que c'est trop beau pour être vrai et que cela doit cacher une arnaque.

Ils pensent que personne ne peut vraiment créer sa propre réalité, surtout quand celle-ci est remplie de choses magnifiques. Ce n'est pas si étonnant, ce sont les mêmes personnes qui essaient mollement les principes de la loi de l'attraction dans leur propre vie, et échouent à maintes reprises.

Ils mettent en effet leur énergie dans le négatif. Lorsque vous doutez que quelque chose fonctionne, peu importe à quel point vous essayez, les chances de réussite sont minces. Ce que vous devez faire pour vraiment augmenter le pouvoir de la loi de l'attraction est de croire en ce qu'elle peut faire. En d'autres termes, vous devez croire de tout votre cœur que vous aurez les choses que vous voulez *parce que vous les voulez vraiment*.

Vous devez non seulement croire que vous allez les obtenir, mais aussi que vous méritez de les avoir. Ce genre de pensées n'est pas stupide ou naïf, c'est simplement la façon dont fonctionne l'univers. Vous demandez, vous croyez et vous obtenez ce que vous voulez – c'est aussi simple que cela.

Prenez donc votre courage à deux mains et sautez hors de votre zone de confort. Apprenez quelque chose de nouveau. Essayez chaque jour de dépasser vos limites. Confrontez-vous quotidiennement à une de vos peurs. Appliquez vos connaissances au quotidien. Rapidement, votre vie se transformera pour le meilleur.

**DANS CE CHAPITRE**

Comprendre les principes de la loi de l'attraction

•

Bien penser nos messages à l'univers

•

Loi de l'attraction en pratique : les premières étapes

## Chapitre 3

# Les préparatifs essentiels pour utiliser la loi de l'attraction

Rien ne reste jamais au même endroit. Tout vibre tout le temps. Tout est constamment mouvement, même à un niveau quantique, subatomique. Ce qui semble solide est une masse en mouvement perpétuel vibrant à différentes fréquences.

Nous obtenons exactement la correspondance de notre fréquence vibratoire. Pour changer ce que nous attirons, nous devons faire attention à nos pensées et changer nos émotions.

Nos cellules nerveuses sont connectées les unes aux autres, et chacune de nos pensées ressemble à une autoroute énergétique qui transforme nos pensées énergétiques en réalité. Afin de changer cette réalité, il est important de créer de nouvelles autoroutes, de nouvelles connexions neurologiques. Ainsi, nous émettrons parfaitement la fréquence de ce que nous souhaitons attirer.

# Ce sur quoi nous portons notre attention prend de l'expansion

Ce à quoi vous pensez le plus se matérialisera dans votre réalité. Votre pensée deviendra réelle. Comme le disait Einstein, l'émotion est en fait l'avant-goût de la réalité à venir, et tout dépend de vous. Il peut être difficile de croire que ce que nous pensons va se transformer en réalité, et pourtant c'est bien le cas.

Les pensées sont des énergies et, toujours selon Einstein, aucune énergie n'est perdue, toute énergie se transforme, et l'énergie de la pensée se transforme en réalité.

**Exemple**

J'aime faire l'analogie avec notre regard qui se porte sur l'image que nous observons dans le miroir. Si vous portez attention à votre ventre en le critiquant, vous verrez celui-ci prendre de l'expansion. Humoristique, n'est-ce pas ? Pourtant, de plus en plus d'expériences scientifiques le démontrent. Vous aurez par exemple moins de chance de maigrir si vous vous pesez fréquemment. Vous développerez plus de rides si vous les observez tous les jours. Les gens qui consultent à tout bout de champ le médecin pour vérifier l'état de leur santé sont ceux qui tombent le plus souvent malades.

**Conseil**

Faites attention à ce à quoi vous pensez, ayez des pensées constructives. Ne blâmez pas les autres, ne les voyez pas d'un regard jaloux ou envieux. Ayez des pensées positives, généreuses, des pensées d'abondance, d'amour, et vous vivrez ainsi davantage de meilleures circonstances.

# Le pouvoir de vos émotions

Étant donné que tout est énergie et que nous attirons ce qui est semblable aux énergies que nous émettons, il est important d'y veiller et d'apprendre à contrôler nos émotions. Les émotions sont de forts émetteurs qui vibrent avec puissance. Elles envoient dans l'univers des messages à propos de ce que nous aimerions attirer.

Lorsque nous ne contrôlons pas nos émotions, nous pouvons, à notre insu, envoyer des messages de détresse qui vont attirer encore plus de détresse.

La majorité des gens semble croire que nous sommes obligés de réagir d'une certaine manière face aux événements qui nous entourent. Par exemple, si quelqu'un nous met en colère, nous devons être en colère ; si quelqu'un nous fait plaisir, nous devons être heureux. Beaucoup de gens ont déjà préprogrammé le type de réactions émotionnelles qu'ils vont avoir en fonction des situations.

### Le pouvoir de contrôler ses émotions

L'anxiété, la colère, la peur, l'angoisse, le bonheur, la joie, le stress, la tristesse, la mélancolie, la déprime... toutes ces émotions se trouvent à l'intérieur de nous. Chacune des émotions qui surviennent a sa raison d'être. Elle a été enregistrée dans le passé et nous y avons lié une signification afin de nous aider, de nous mettre la puce à l'oreille à propos de ce qu'il se passe autour de nous.

Vous pouvez par conséquent être à l'écoute de vos émotions pour comprendre leurs messages sous-jacents. Vous n'avez pas à réagir avec la première émotion que vous ressentez. Vous avez le pouvoir de contrôler toutes vos émotions.

## La programmation de nos émotions

Puisque nous avons lié certaines émotions à certaines significations, nous sommes sans cesse en train d'interpréter ce qui arrive en fonction de nos émotions. Confrontés à une expérience, nous allons réagir d'une manière ou d'une autre en fonction de notre programmation émotionnelle. Par conséquent, lorsque vous ressentez de la peine à la suite de ce que quelqu'un vous a dit ou de la manière dont cette personne a agi, sachez que ce n'est pas cette personne qui vous cause de la peine. C'est votre interprétation de ses gestes et paroles qui cause vos émotions.

Votre système se « rappelle » d'une situation qui vous a causé une émotion similaire à celle que vous ressentez. C'est pour cette raison que nous ne réagissons pas de la même manière devant les mêmes événements. Les autres ne ressentent pas tous les mêmes émotions face à nos gestes et nos paroles.

En comprenant ceci, il vous sera bien plus facile de pardonner les gestes et paroles des autres. Si vous maîtrisez cet enseignement, vous ne serez plus jamais affecté par ce que les autres pensent de vous. En effet, les autres nous voient à travers leur perception et leurs connexions émotionnelles propres. Vous comprendrez que toutes les émotions ne dépendent vraiment que de vous.

## Développez vos muscles d'émotions intelligentes

Il est actuellement admis que la réussite réelle dans tous les secteurs de la vie ne provient pas du quotient intellectuel. L'intelligence émotionnelle est reconnue comme étant la vraie source de réussite humaine. Les gens qui réussissent dans la vie, au niveau de leurs finances, relations humaines, santé… maîtrisent leurs émotions. Ils ont développé leur intelligence émotionnelle.

Si vous n'êtes pas en mesure de contrôler vos émotions, vous serez en proie à vos excès de colère ou de tristesse, de déprime ou de stress. Ces émotions-là vont vous contrôler si vous ne les contrôlez pas.

Pour que la loi de l'attraction fonctionne de façon beaucoup plus rapide, il est important de vibrer à de hautes fréquences énergétiques. Celles-ci se retrouvent surtout dans les émotions positives telles que la joie, l'enthousiasme, l'appréciation, l'amour…

Il n'y a pas de mauvaise émotion. Toutes les émotions servent à nous indiquer que nous allons sur la bonne ou sur la mauvaise voie. Elles nous aident à savoir si nous sommes dans le flot du mouvement de l'univers et allons nous attirer du positif. Elles nous aident à nous réorienter par rapport à nos choix de vie.

### L'intelligence émotionnelle

L'intelligence émotionnelle consiste à repérer l'émotion ressentie et à être en mesure de prendre du recul face à celle-ci. Cela permet d'agir consciemment au lieu de réagir. L'intelligence émotionnelle est la capacité de gérer toutes ses émotions, qu'elles soient positives ou négatives.

**Conseil**

Une des manières de contrôler ses émotions consiste à apprendre à respirer (voir **chapitre 5**). La deuxième consiste à méditer régulièrement. La troisième vise à développer son amour-propre. Nous étudierons chacun de ces moyens dans les chapitres suivants.

## Les messages que nous envoyons à l'univers

Tout est énergie. Tout ce que nous pouvons voir, entendre, toucher, goûter et sentir est construit par différentes longueurs d'onde vibrant à des fréquences variables. Notre cerveau ressemble à un traducteur qui interprète ces fréquences dans ce que nous percevons comme étant notre réalité physique.

### Particules d'énergie

Nous interprétons les amas d'énergie comme une chaise, un arbre ou une autre personne... comme étant quelque chose de solide. En fait, tout est constitué de petites particules d'énergie. Il y a bien sûr aussi des énergies non physiques. Nos pensées, par exemple, sont des vibrations non physiques.

Chaque fois que vous pensez, vous envoyez les vibrations spécifiques à cette pensée. Si une pensée vous fait du bien, c'est une pensée positive. Elle vibre à une fréquence plus élevée. Si une pensée provoque un sentiment de mal-être, elle est négative. Elle vibre à une fréquence plus basse. Par exemple, « je te hais » vibre à une fréquence beaucoup plus faible que « je t'aime ».

Plus vous pensez à quelque chose, plus cette pensée rejoindra des énergies de vibration similaires. C'est la loi de l'attraction en action. Plus vous portez votre attention sur quelque chose de spécifique avec facilité et détachement, plus il est facile d'y penser sans angoisse ni stress, plus elle va se manifester dans votre monde réel.

## Changer de vibration

Vous avez la possibilité de choisir délibérément les pensées que vous désirez entretenir. Vous n'êtes pas à leur merci, vous ne leur permettez pas de déterminer vos vibrations. Vous pouvez changer vos énergies à tout moment.

À retenir

Il existe plusieurs façons d'élever vos vibrations. Vous pouvez, par exemple, travailler sur votre échelle émotionnelle, un « problème » à la fois. Mais la chose la plus importante à retenir est que vous avez le pouvoir de choisir vos pensées et, par conséquent, vous avez le pouvoir de changer votre vibration.

Engagez-vous vis-à-vis de vous-même aujourd'hui, promettez-vous que vous mettrez tout en place pour utiliser uniquement les pensées qui vous servent, celles qui vous aident à vous sentir bien. Reconquérez votre pouvoir et choisissez délibérément de vous sentir bien. Parce que vous êtes censé vous sentir bien. C'est votre état naturel. Votre travail consiste à vous permettre d'y revenir.

## Les mots sont des baguettes magiques

Les mots agissent comme des baguettes magiques. Ils proviennent de vos pensées et sont aussi des ondes énergétiques. Aucune énergie ne se perd dans l'univers, mais tout se transforme. Par conséquent, les mots vont avoir un impact sur votre vie.

Vous attirerez des circonstances semblables aux mots que vous utilisez. Les gens qui parlent le plus de problèmes sont ceux qui en expérimentent le plus. Les gens qui utilisent des mots de gratitude vont attirer plus de bonheur. Les mots sont vraiment importants. Malheureusement, peu de gens écoutent ce qui sort de leur bouche. C'est un des éléments qui me donne le plus de fil à retordre en tant que coach. Les gens voient immédiatement des résultats dans leur quotidien quand ils changent de discours.

**Exemple**

Lorsque vous dites « je ne veux pas » et que vous nommez ce que vous ne voulez pas, l'univers ne comprend pas les deux négatives et vous envoie davantage de ce dont vous parlez, même s'il s'agit de ce que vous ne voulez pas. Ce n'est pas en prononçant deux mots négatifs que vous allez créer une attraction positive dans votre vie. « Je ne veux pas de violence » va uniquement vous attirer de la violence. « Je veux de la paix » va vous attirer de la paix.

D'autres exemples illustrent ce processus : « Je ne veux pas être seul » va vous attirer la solitude ; « Je veux rembourser mes dettes » vous attirera plus de dettes ; « Je veux gagner assez pour payer mes factures » fera en sorte que vous ne gagnerez jamais plus que les factures que vous avez à payer ; « Je veux perdre du poids » vous attirera du poids...

Il est donc fondamental de choisir ses mots consciemment, raisonnablement, pour être certain de s'attirer le meilleur dans la vie. Je dis souvent qu'il vaut mieux parler très peu, mais parler consciemment.

## Comment l'univers manifeste nos intentions

En offrant votre attention à une pensée, vous activez la vibration de cette pensée. La loi de l'attraction provoquera alors plus de vibrations qui attireront ce à quoi vous pensez. Une fois qu'il y a assez d'énergie, la vibration devient physique. Qu'en est-il concrètement ? Si je pense à un million de dollars et que je me focalise sur sa manifestation, vais-je me réveiller un matin et trouver un énorme tas de billets dans le lit, à côté de moi ? Eh bien non. Cela ne fonctionne pas comme ça. Les manifestations ne tombent pas du ciel, bien que nous puissions croire qu'elles le peuvent...

## Le chemin de moindre résistance

**À retenir**

L'univers nous apporte nos manifestations en passant par le chemin de moindre résistance. Le chemin de moindre résistance n'est pas ce qui est le plus facile pour l'univers, dont les possibilités sont infinies ; c'est ce qui est le plus facile de *faire* pour vous. C'est pourquoi les croyances négatives ont la capacité de bloquer vos manifestations : elles vibrent à une fréquence différente, souvent opposée à ce que vous voulez et bloquent les chemins par lesquels vous pourriez recevoir ce que vous voulez.

Afin de manifester quelque chose, il faut lui accorder suffisamment d'attention pour l'aligner sur le plan physique. Il faut aussi s'assurer qu'il n'y a pas de croyances opposées ou contradictoires susceptibles de bloquer la manifestation. Donc, si vous voulez un million de dollars, non seulement vous devez passer quelque temps à avoir des pensées merveilleuses à ce sujet, mais vous devez également vous assurer que vous n'abritez pas des croyances telles que : « Je vais toujours être pauvre », « Les gens riches sont des voleurs » ou : « Il est impossible pour moi de gagner un million de dollars », etc.

Disons que vous n'abritez aucune croyance contradictoire par rapport au million de dollars. Vous pensez que l'argent est grand, il est donc absolument possible que vous le receviez. Comment l'univers livrera-t-il cette manifestation ? Vous savez déjà que cela ne va pas seulement tomber du ciel, bien que j'aie vu des miracles se produire.

L'univers offre des manifestations sous la forme d'idées, d'intuitions et de coïncidences. Il vous fait croiser les bonnes personnes au bon moment. Il peut orchestrer un retard dans un transport. Il peut provoquer une rencontre fortuite dans l'ascenseur avec le propriétaire de votre entreprise. Vous aurez peut-être une conversation apparemment innocente qui vous donnera une idée pour un nouveau produit. Le propriétaire aimera l'idée, vous mettra en charge d'une nouvelle division qu'il aura créée pour construire et distribuer le produit et, un an plus tard, vous obtiendrez un chèque bonus d'un million de dollars...

Le processus dépend de l'écoute de votre intuition et des occasions qui se présentent. Quand vous avez rencontré le propriétaire de votre entreprise dans l'ascenseur, vous avez eu l'intuition de lui parler de votre idée. En suivant cette impulsion, vous avez modifié tout le cours de votre vie.

## Les signes

Le processus de réception de la vie dont vous rêvez délibérément dépend de votre capacité à prêter attention aux signes que l'univers vous envoie. Il vous faut prêter attention à ce que vous sentez. Si vous sentez quelque chose de positif, si vous avez une intuition, un élan, soyez vigilant. C'est quelque chose que vous aurez probablement envie de faire, même si vous ne pouvez pas justifier logiquement vos actions. Si, en revanche, vous sentez mal quelque chose, soyez prudent. Même si ce qu'il se passe semble en apparence bon, votre intuition vous donne un message contraire.

### Suivez votre intuition

Plus vous porterez attention à vos ressentis, plus vous pratiquerez l'écoute de votre intuition et remarquerez les coïncidences, plus vous obtiendrez ce que vous voulez. Après avoir constaté que votre intuition, même si elle a défié la pensée rationnelle, vous a conduit à des résultats parfaits, vous deviendrez plus confiant en votre capacité à suivre vos intuitions.

Je ne vous demande pas de désactiver complètement votre esprit rationnel, mais de tenir compte de vos sentiments, qui sont tout aussi valables (sinon plus) dans votre processus décisionnel, en particulier si le risque de suivre votre intuition est faible.

Vous devez vivre dans le moment présent afin d'être en mesure de suivre vos émotions et vos intuitions, et voir les signes que l'univers vous envoie. Nous nous pencherons davantage sur cette question au **chapitre 7**, traitant du lâcher-prise.

## Pourquoi attire-t-on des circonstances négatives ?

La loi de l'attraction fonctionne évidemment dans les deux sens. Nous nous attirons soit du positif, soit du négatif dans la vie. Il y a plusieurs raisons pour lesquelles nous attirons des circonstances négatives.

Faire trop attention à sa « réalité » ou à ses problèmes actuels en est une. Lorsque nous nous concentrons sur nos problèmes, nous attirons plus de ceux-ci. En effet, la loi de l'attraction nous enseigne que « ce sur quoi nous portons notre attention prendra de l'expansion ». Donc, si nous nous préoccupons intensivement de tout ce qui va mal, nous risquons d'embarquer dans une spirale négative dans laquelle tout semblera aller de mal en pis.

De plus, lorsque nous nous attachons trop à ce que nous considérons comme la réalité qui nous entoure, nous stagnons davantage dans cette réalité. Il faut comprendre que nos yeux ne perçoivent qu'une infime partie de la réalité. Par conséquent, la réalité telle que nous la voyons n'est en fait qu'une interprétation de nos perceptions très limitées. Si nous nous concentrons sur cette interprétation, nous attirerons plus d'éléments nous prouvant que ce que nous croyons réel l'est en effet. Et l'univers nous dirigera vers « plus » de ce que nous voyons déjà (ou croyons voir). Wayne Dyer le dit très bien : « Changez votre manière de percevoir la réalité et cette réalité changera. »

**À retenir**

Vos croyances affectent donc énormément votre vécu. Si vous vous dites que les choses iront mal, c'est ce qu'il se produira. Si vous pensez que tout trouvera une solution rapidement, c'est ce qu'il se produira. Vous êtes le capitaine de votre navire, le maître de votre destinée. À tout moment, vous pouvez changer de cap.

# Les premières étapes

## Prendre le pouls de votre vie

Regardez autour de vous. Que voyez-vous ? Comment vous sentez-vous ? Comment se portent vos finances ? Votre emploi ? Vos amours ? Ce que vous devez savoir est que ce que vous voyez et vivez EST ce que vous voulez vivre et ressentir. Bravo ! Vos pensées passées vous y ont mené et vous avez attiré ces circonstances par la loi de l'attraction.

Bonne nouvelle ! Si vous n'aimez pas ce que vous voyez, si vous n'êtes pas satisfait de votre emploi, de vos amours... eh bien, vous pouvez dès à présent choisir d'orienter vos pensées ailleurs, vers ce que vous désirez créer dans le futur et, ainsi, l'attirer par la loi de l'attraction. Vous avez ce pouvoir, ici et maintenant.

Ce à quoi vous pensez de manière répétitive, vous l'attirerez à vous. C'est une loi spirituelle et un fait scientifiquement prouvé (voir **chapitre 2**). Ce à quoi vous avez pensé le plus, de manière positive ou négative, a attiré les résultats actuels. Si vous vivez une situation négative, vous constaterez que vos pensées à ce sujet sont majoritairement négatives. Le contraire est vrai également.

Conseil

Le secret est de pouvoir penser à ce que vous souhaitez en étant convaincu que vous l'avez déjà obtenu. À ce moment-là, vos pensées seront positives et optimistes. Vous aurez alors plus de possibilités de l'attirer dans votre vie. Au lieu de vous morfondre sans cesse sur le fait que vous voulez quelque chose ardemment, faites comme si vous l'aviez déjà obtenu. Le vouloir repousse ce que vous désirez, alors que l'avoir vous l'attire automatiquement.

## Faire le Polaroid de sa situation présente

Avant de commencer à transformer votre vie, il est essentiel de faire l'état détaillé de votre situation présente. Cela vous permettra de suivre votre progression et de voir votre évolution.

Faire le bilan de la situation présente ne signifie pas se morfondre sur son sort ou se concentrer indéfiniment sur ses problèmes. Il s'agit plutôt de connaître votre « adresse de départ » afin de pouvoir noter vos succès.

À retenir

Vos circonstances actuelles peuvent changer du jour au lendemain. Il vous sera cependant difficile de vous rendre compte des changements si vous ne notez pas l'endroit duquel vous êtes parti. Afin de prendre cette photo de votre présent, décrivez dans un calepin tout ce qui concerne votre vie actuelle.

## Un simple exercice

Vous pouvez faire cela de deux manières. Vous pouvez inscrire une note de 1 à 10 en face des différents champs spécifiques de votre vie (finances, travail, amour, relations amicales, santé, poids...). Le 1 signifiera que vous avez de nombreux progrès à faire, et le 10 que vous avez atteint un niveau entièrement satisfaisant.

Cet exercice vous aidera à y voir plus clair, sur ce qui est en harmonie dans votre vie et sur ce qu'il faut améliorer. Ceci vous aidera également à demeurer plus positif. En effet, lorsque nous nous trouvons face à une situation plus difficile, nous avons une tendance naturelle à faire fi de tout le reste et à nous préoccuper entièrement du problème. À cause de cet acharnement, nous pouvons finir par ne plus voir que le problème, ce qui risque de nous embarquer dans une spirale négative et de nous attirer des tourments dans les autres champs de notre vie. Par exemple, lorsque vous dites « tout va mal », alors vous risquez de provoquer cette situation.

Lorsque nous nous apercevons que certains éléments de notre vie sont positifs, nous pouvons relativiser le problème et en diminuer sa gravité. Nous pouvons comparer ce problème (ou ce que vous désirez avoir et que vous n'avez pas) à la part de gâteau manquante. Il faut constamment garder en tête que ce qui vous manque n'est qu'une part de gâteau, et non le gâteau en entier.

L'autre manière de faire le bilan de sa réalité, ou de prendre ce Polaroid, est de faire la liste de tout ce que nous aimons dans notre vie et de tout ce que nous désirons changer. Le but est le même. Cette liste exhaustive nous permet d'être plus précis dans notre approche et de voir les éléments spécifiques que nous voulons attirer.

## Se responsabiliser

La plupart des gens qui se retrouvent dans des situations difficiles vont blâmer leur environnement, l'économie, leur éducation, la chance, la température, leur voisin... Lorsque vous vous plaignez que votre malheur dépend des autres, vous donnez cette responsabilité aux autres, mais vous leur donnez aussi votre pouvoir.

Alors, êtes-vous vraiment responsable ? Ou est-ce l'environnement qui cause tous vos tourments ou votre chance ? En réalité, vous êtes responsable de tout. Les gens qui réussissent dans tous les aspects de leur vie ont compris l'importance de se sentir responsable. Afin d'utiliser la loi de l'attraction au mieux, donc pour être véritablement puissant et attirer à soi tout le meilleur, tout ce que l'on souhaite attirer de mieux, il faut développer sa responsabilisation, il faut se sentir responsable de tout.

### C'est la faute de...

Au départ, c'est très difficile à faire. Il est beaucoup plus simple de reporter la responsabilité sur autrui et de se plaindre que c'est la faute des autres, du gouvernement, de l'économie, des parents, ou de celui ou celle qui nous a brisé le cœur... Tout le monde doit affronter des problèmes. C'est la façon d'y réagir qui détermine la réussite ou l'échec.

La situation économique est la même pour tout le monde. La crise économique existe partout, pour tout le monde. Certaines personnes réussissent quand même à gagner de l'argent, alors que d'autres vont en perdre, même lorsque l'économie se porte bien. Ce n'est pas la situation extérieure, dont la crise économique, qui est importante, mais c'est la manière dont vous allez développer certaines aptitudes selon les circonstances qui va créer du succès.

À retenir

L'environnement n'est pas responsable de votre façon de vivre, de vos états d'âme ni de votre réalité, qu'elle soit financière, sentimentale ou physique. Observez par exemple les membres d'une même famille ayant vécu des traumatismes semblables. Chacun réagira différemment et développera un comportement unique et individuel en fonction de sa perception de cette réalité.

L'environnement nous offre les circonstances que nous avons attirées. Par conséquent, nous sommes responsables à 100 % de ce qu'il nous arrive.

## C'est mon choix

Même si quelqu'un semble vous causer de la colère, vous avez le choix d'être en colère ou pas. Vous avez la possibilité de réagir de toutes les façons que vous souhaitez... tout dépend de votre volonté, et non des circonstances extérieures.

Il peut être difficile d'accepter sa responsabilité, par exemple pour ceux qui ont eu un accident et qui se disent : « C'est impossible, je n'ai pas choisi cet accident, je ne voulais pas ces circonstances-là dans ma vie. » Cependant, selon la loi d'attraction, oui, vous avez tout attiré dans votre vie à 100 %. C'est vous qui avez attiré cet accident de voiture, l'amende pour mauvais stationnement. C'est vous qui attirez la dispute et qui réagissez de la manière dont vous voulez durant cette dispute. C'est vous qui attirez ou non les emplois, l'argent.

À retenir

Prendre la responsabilité de ce qu'il nous arrive nous permet de reprendre le contrôle sur notre vie. En effet, si vous donnez la responsabilité de tout ce qu'il vous arrive à autrui, vous lui donnez aussi votre pouvoir de changer votre vie et de l'améliorer. Et si vous dépendez de l'extérieur, alors vous êtes impuissant.

Il est bien plus intéressant de reprendre son pouvoir et sa responsabilité. Quand vous réaliserez que vous êtes le leader de tout ce qu'il vous arrive dans la vie, vous comprendrez que vous avez la possibilité de changer tous les événements autour de vous.

### Seul maître à bord

Je vous conseille de développer l'art de la responsabilisation. Si vous vous laissez par exemple embarquer dans une dispute, rappelez-vous ceci : vous êtes aussi responsable que l'autre personne. Si l'autre personne a appuyé sur un bouton qui vous fait réagir, c'est votre responsabilité de réagir ou pas. Vous avez toujours le choix de ne pas réagir, ou de réagir différemment. Vous pouvez surprendre l'autre personne en lui offrant de l'amour, par exemple.

À la place d'utiliser la colère, choisissez dans l'éventail des émotions à votre portée. Vous pouvez opter pour l'émotion que vous désirez. Vous n'avez pas à réagir automatiquement face aux circonstances de la vie.

**À retenir**

Vous êtes responsable de tout ce qu'il vous arrive à 100 %. Vous attirez dans la vie tout ce que vous désirez. Vous êtes la seule personne aux commandes de votre vie. Alors, reprenez ces commandes et allez de l'avant !

## Analyser sa réalité

La plupart des gens se sentent victimes de leur réalité. Ils se sentent limités par celle-ci comme si la réalité nous donnait les dimensions de notre potentiel. En fait, il n'en est rien. La réalité peut être comparée à votre bulletin de notes. Si vous n'aimez pas vos notes, améliorez-vous.

### La réalité est toujours en changement…

Dès que vous changerez votre comportement, vous transformerez également la réalité. Vos émotions associées à vos actions donnent vos résultats. Nous pouvons déduire les habitudes des gens qui nous entourent en regardant leur réalité. Une personne obèse n'a probablement pas l'habitude d'aller faire du sport tous les jours. Une personne seule n'a pas développé son « muscle » relationnel. Une personne pauvre n'a pas travaillé sa mentalité de richesse et d'abondance.

Conseil

Ne vous sentez pas victime de votre réalité ni limité par celle-ci. Analysez-la avec détachement, comme si vous examiniez celle de votre voisin ou d'un ami proche. Recherchez ce qui vous déplaît. Faites preuve d'honnêteté. Si vous n'aimez pas une partie de votre réalité, cela indique que vous avez développé les mauvaises habitudes qui y sont associées.

### ... changez-la !

Vous avez le pouvoir de transformer votre réalité en un rien de temps. J'ai coaché des clients qui sont passés de célibataires endurcis à fiancés en moins de trois mois, d'anxieux suicidaires ne réussissant pas à faire une vente à employés de l'année débarrassés du stress. J'ai vu des gens guérir de leur cancer et se soigner par le pouvoir de leur intention, de leurs émotions et de leurs pensées. J'ai rencontré des personnes qui ont arrêté d'user de drogues dures en changeant leurs associations émotionnelles et en suivant mes cours de méditation.

À retenir

Tout est vraiment possible, et cela ne tient qu'à vous. Quand vous apercevez un élément qui vous déplaît dans votre réalité, ne vous empêchez pas d'avancer. Ne vous laissez pas abattre par certains problèmes. Ceux-ci devraient uniquement être compris comme des indicateurs d'habitudes à changer et de nouveaux chemins à emprunter.

## Partie 2

# Utiliser sa lampe magique

## Dans cette partie...

Afin d'utiliser correctement la loi de l'attraction, il est important de savoir demander ce que l'on veut obtenir. Il est donc primordial de commencer par savoir exactement ce que l'on veut recevoir.
Vous allez recevoir ce que vous désirez, alors veillez à émettre les vœux qui vous font le plus plaisir. Ne demandez pas pour faire plaisir aux autres ou par peur de ce que les autres vont penser. Il est nécessaire de se créer des buts qui soient en accord avec votre être profond, de ne pas censurer ses rêves. L'univers est infini et tout est possible. Pensez aux grands inventeurs de notre temps : ils ont osé imaginer. Observez les étoiles dans la Voie lactée. Dans cette immensité, tous vos désirs prennent la dimension du ridiculement petit, et donc de l'accessible.
Une fois que vous savez ce que vous voulez, développez votre confiance en vous afin de vous sentir à même d'atteindre vos objectifs. Enfin, il est essentiel d'être capable d'imaginer le résultat escompté. Ces talents, qui constituent votre « lampe magique », se développent grâce à des techniques simples.

**DANS CE CHAPITRE**

Comment savoir ce que l'on veut ?

•

Créer ses buts pour les atteindre

•

L'imagination plus forte que la raison

# Chapitre 4
# Savoir demander

Avant de pouvoir attirer quoi que ce soit, il est important de savoir ce que l'on veut exactement. Beaucoup de gens ne savent pas ce qu'ils veulent. Ils errent en allant de droite à gauche en se demandant « peut-être que c'est ceci, peut-être que c'est cela ». Leur vie ressemble à ce cheminement, à ce questionnement. Elle zigzague sans orientation précise.

Leur vie est floue, tout simplement parce qu'ils ne se sont pas donné une direction concrète et précise. Alors, comment faire pour se l'offrir ? Commencez tout simplement par vous demander ce dont vous ne voulez absolument plus dans votre vie. Qu'est-ce que vous ne désirez plus ?

Ensuite, décrivez son contraire. Cela vous donnera immédiatement une idée de ce que vous voulez dans votre vie. Cessez de vous morfondre, de vous plaindre, arrêtez de parler de ce que vous ne voulez pas et dirigez-vous avec autorité vers ce que vous souhaitez en demandant votre dû à l'univers. Dirigez-vous vers ce que vous désirez vraiment dans la vie, et l'univers se pliera à vos désirs, vous aidera à les obtenir.

## Se permettre de rêver grand

Grâce à la loi de l'attraction, vous avez la possibilité de vous attirer toutes les plus belles expériences de la vie. Vous pouvez réaliser vos rêves les plus fous. Pourquoi vous en priver ?

L'univers est sans limites, alors pourquoi vous tracasser ? Tout est vraiment possible ! Observez les étoiles le soir, dans l'immensité du ciel. Regardez la diversité des visages, des plantes, des couleurs, des sons et des goûts : les possibilités sont illimitées !

Les seules limites qui existent sont celles que vous vous donnez. Il n'y en a pas d'autres. Dépassez-les ! Apprenez à rêver grand. Vous pourriez être surpris de voir ces rêves se réaliser. Le pire qui puisse se produire est que vous viviez de nouvelles expériences extraordinaires.

Il se peut que vous n'arriviez pas à atteindre tous vos buts, mais vous en aurez atteint beaucoup plus que si vous n'aviez pas essayé du tout. Osez ! Lancez-vous dans cette merveilleuse aventure qu'est la vie et vous serez émerveillé par sa splendeur. Une chose est sûre : si vous visez la médiocrité, vous risquez de l'atteindre.

L'univers veut vous servir et vous faire plaisir. Apprenez à le laisser faire.

## Savoir ce que l'on veut

### Ne pas attendre de savoir « comment » pour décider de ce que l'on veut

La plupart des gens attendent de savoir comment ils vont se rendre à destination avant même de définir le point de destination. Est-ce votre cas ?

Si vous n'osez pas vous créer un but, car vous ne savez pas exactement comment vous allez vous y rendre, vous faites partie de ces gens. Sachez qu'il vous sera impossible de savoir « comment » y aller avant de définir votre destination.

Exemple

Voici un exemple pour vous démontrer ce que je veux vous dire. Imaginez que quelqu'un vous aborde pour demander son chemin. Il vous demande comment se rendre à une certaine adresse. Vous lui demandez cette adresse afin de pouvoir l'orienter, mais il refuse de vous la donner. Il prétend qu'il ne peut vous dire où il va tant que vous ne lui indiquez pas le chemin.

Cela vous semblerait insensé, n'est-ce pas ? Et pourtant, c'est ce qu'il se produit chaque fois que vous refusez de prendre une décision ou de vous créer un but précis par peur de ne pas savoir comment vous y rendre. L'un précède l'autre. Vous devez absolument avoir clairement défini un but avant de pouvoir connaître la voie à suivre.

Conseil

Plus votre destination sera claire et précise dans votre esprit, plus vous vous y rendrez rapidement.

## La différence entre penser vouloir et vouloir vraiment

Vous avez le choix de la vie que vous menez. Vous avez la possibilité de décider comment vous désirez que les choses se passent. Vous avez la possibilité de choisir délibérément la vie que vous vivrez aujourd'hui et tous les jours à venir.

Qu'allez-vous choisir ? La décision est fondamentale pour la création. Du point de vue de la Source (voir **chapitre 2**), tout choix ou décision, directement ou indirectement, par le biais de n'importe quel canal sensoriel, de l'imagination, l'intuition ou la foi, sera réel ou pas uniquement en fonction de votre décision. Il est impossible de ne pas créer, et il est de votre responsabilité de créer délibérément.

### Des perceptions limitées

Les êtres humains limitent intentionnellement leurs perceptions. Ainsi, si vous prenez des décisions sur la seule base de vos perceptions limitées, vos choix seront limités.

Vous êtes-vous déjà demandé pourquoi vos résultats ne reflètent pas vos intentions ? Vous demandez-vous pourquoi la manifestation de vos décisions ne fonctionne pas pour vous ? La réponse est simple et complexe en même temps : vos pensées peuvent porter une énergie discordante.

Vos pensées discordantes peuvent provenir de soucis ou d'ambivalence : « Et si... ? », « Je ne suis pas sûr... », « Si seulement... », « Peut-être... », « Quand je serai prêt... », ou, pire encore : votre décision est de ne rien vraiment décider.

Si vous luttez avec vos choix et vos prises de décisions, il y a une solution.

## Décider, un acte délibéré

Pendant longtemps, les humains ont essayé de répondre à la question : « Que devrais-je décider ? » La bonne question est : « Qu'est-ce que je veux décider ? »

Décider est un acte délibéré par lequel vous devenez l'auteur de votre destinée. Vous ne vous permettez plus d'être affecté par ce que les autres veulent pour vous, ou par la peur de ce que les autres penseront de vous. Les idées négatives liées à la possibilité de l'échec ou les conditionnements mentaux passés ne pèseront plus aussi lourd dans la balance.

Les grands changements sont souvent provoqués par les individus qui ont tout perdu. Pourquoi ? Parce que lorsque l'on se trouve au plus bas, on n'a plus rien à perdre. On n'a plus peur de rien. Et c'est là que l'on décide de foncer. La réussite est immanquable. Mettez-vous dans la peau de quelqu'un qui fera tout ce qui est en son pouvoir pour réussir.

**À retenir**

Rappelez-vous toujours que ce n'est pas le but qui est à remettre en cause, mais votre volonté, votre persévérance, votre planification et votre ténacité. Lorsque l'on ne s'arrête pas, on ne peut pas ne pas se rendre à destination.

## Pourquoi y a-t-il un délai entre notre demande et sa réalisation ?

J'entends souvent la question suivante : « Combien de temps dois-je attendre avant de recevoir ma manifestation ? » La réponse que tous veulent entendre est : « Elle arrive immédiatement. »

Dans un monde parfait, où nous pourrions marcher sur l'eau et multiplier à volonté les pains et les poissons, nous recevrions immédiatement nos manifestations. Je ne sais pas pour vous, mais moi, je ne suis pas prête pour l'ascension. Mon esprit est encore en évolution, il apprend et grandit. J'ai des problèmes sur lesquels je dois travailler, comme la hâte, un esprit un peu vindicatif et des restes d'intolérance. Mais je suis sûre que je ne suis pas la seule.

### Tout fonctionne en temps voulu

Certaines manifestations peuvent prendre des années, des mois, des jours ou des heures alors que d'autres se sont concrétisées immédiatement. Ce que vous devez garder à l'esprit est que tout fonctionne en temps voulu. Pourquoi s'inquiéter du temps que cela prendra ?

« Attendez un peu, dites-vous, j'en ai besoin tout de suite. »

Ce genre d'attitude favorisera une longue, très longue attente ! Voici pourquoi : avoir désespérément besoin qu'un événement survienne, ou ressentir le besoin qu'une manifestation prenne forme, provoque le manque de ce que vous voulez. En effet, vous êtes focalisé sur le manque avec une puissante énergie émotionnelle. C'est dès lors garanti : vous recevrez toujours plus de sentiments de désespoir et de manque.

Certaines choses réclament vraiment beaucoup de temps, comme faire grimper une toute nouvelle société dans les *Fortune 500*, perdre 10 kilos en tenant compte de votre corps ou bien vous marier lorsque vous êtes célibataire. Certains événements doivent se dérouler dans le bon ordre. N'oubliez pas que l'univers trouvera toujours la route la plus directe et la plus rapide, sauf si vous stoppez le processus ou que vous créez un détour.

## Réaffirmer ses désirs

Gardez à l'esprit que vous faites constamment face au doute et que vous pourriez réajuster vos désirs au quotidien, afin de contenir le chaos et le contraste. La plupart des périodes d'attente sont habituellement dues à nos énergies ne se trouvant pas en accord, en alignement avec nos désirs, ou à notre manque de volonté – volonté pourtant nécessaire pour accomplir les actions requises.

**Conseil** Être constamment conscient du temps nécessaire pour produire des résultats freine la manifestation. Lorsque vous vous trouvez dans cette position, arrêtez-vous et prenez un moment pour réévaluer et réécrire vos objectifs :

- » **Est-ce vraiment ce que je veux ou cela contredit-il mon désir profond ?**
- » **Ai-je un sentiment de culpabilité à vouloir ceci ou cela ?**
- » **Est-ce que je doute que cela puisse arriver, que c'est possible ?**
- » **Mes détails sont-ils clairs ?**
- » **Pourquoi est-ce que je veux cela et pourquoi est-ce que je le mérite ?**

Après avoir répondu honnêtement à ces questions :

- » **Mettez la manifestation par écrit, très clairement et spécifiquement.**
- » **Créez-vous des affirmations.**
- » **Répétez les affirmations quotidiennement pendant vingt et un jours, pour changer vos croyances.**
- » **Pensez à vos envies et objectifs pendant deux minutes – trois fois par jour, pas plus !**
- » **Oubliez-les dans votre vie active, votre vie de tous les jours.**

## Garder le cap

Votre subconscient a besoin de vingt et un jours pour accepter une habitude en tant que croyance. Créez un système de manifestation qui inclut les fiches d'affirmations, les visualisations (voir à la fin de ce chapitre) et la méditation (voir **chapitre 5**). Bloquez chaque jour des moments spécifiques pour pratiquer ce système de croyances. Continuez à chercher des informations et des personnes qui peuvent soutenir votre croyance et amusez-vous autant que possible.

De plus, ne changez pas sans cesse d'avis. Décidez ce que vous voulez vraiment, clairement et précisément. Ensuite, tenez-vous-y. Lorsque vous changez d'avis, vous ralentissez le processus de manifestation, car tout doit repartir de zéro.

Imaginez tout ce que cela implique de coïncidences fortuites pour vous aider à recevoir l'opportunité parfaite de réaliser votre désir. Lorsque vous changez d'avis – souvent par manque de confiance en vous ou en l'univers –, vous bouleversez le processus entier. Il est important de patienter, de lâcher prise et de persévérer.

## Créer ses buts pour les atteindre

Le succès repose en grande majorité sur votre aptitude à vous créer convenablement des buts. La création de buts est un véritable art, un talent que vous pouvez développer. Je pourrais écrire un livre entier uniquement sur ce thème. Les gens qui réussissent à atteindre leurs buts sont ceux qui sont passés maîtres dans cet art. Le célèbre entrepreneur Jim Rohn dit que ce qui fait le succès de quelqu'un est le temps qu'il passe au travail de ses buts. Eh oui, la création de buts est un travail !

J'aimerais vous offrir les éléments principaux afin que vous démarriez ce processus et ce travail. Je travaille pour ma part sur mes buts au moins une heure par jour. Je les réécris tous les jours. Ce sont souvent les mêmes. J'ai atteint des objectifs incroyables en développant l'art de la création de buts allié à mon expertise de la loi de l'attraction. La combinaison des deux vous donnera des résultats percutants.

## La liste de mes envies

Conseil

Bien évidemment, vous devez tout d'abord savoir ce que vous voulez. Écrivez ensuite vos buts sur un cahier, écrivez-en beaucoup. Gardez vos principaux objectifs en tête, les prioritaires, ceux qui vous tiennent vraiment à cœur. Concentrez-vous sur un maximum de trois buts.

Écrivez toujours vos buts en commençant par la date avant laquelle vous voulez les atteindre. Ensuite, utilisez la première personne du singulier et un verbe d'action. En dernier lieu, nommez ce que vous désirez. Par exemple : « Avant le 31 décembre 2016, je pèse 63 kilos » ou bien : « Avant le 31 décembre 2020, je gagne 30 000 euros par mois. »

Je vous conseille de créer des buts sur le long terme. Ayez des buts sur un an et jusqu'à cinq ans. Faites en sorte que vos buts coïncident entre eux. Si votre but consiste, par exemple, à tripler votre salaire dans les cinq prochaines années, vous voudrez probablement le doubler d'ici les trois prochaines années, et donc l'augmenter de 50 % dans l'année qui suivra.

Même chose si vous désirez vous débarrasser de kilos en trop. Vous pouvez avoir le but de vous alléger de 30 kilos dans les deux prochaines années, et donc de 15 kilos dans la prochaine année, etc.

### Choisissez bien vos mots !

Attention aux mots que vous utilisez : vous ne voulez pas « perdre du poids » parce qu'on ne veut pas perdre quelque chose, on préfère gagner. Donc, gagner sa confiance, gagner de l'estime de soi, mais ne pas perdre. Si vous voulez gagner de l'argent, ne parlez pas de rembourser des dettes (voir « Les mots sont des baguettes magiques », au chapitre 3).

## Un but à la fois

Concentrez-vous ensuite sur un seul but à la fois, surtout au début. Lorsque vous serez un expert dans la création de buts, vous pourrez en avoir beaucoup simultanément et réussir à réaliser plusieurs rêves à la fois. Au départ, rappelez-vous qu'il est préférable d'atteindre un but que d'en rater dix.

Une fois que vous avez créé votre but principal, écrivez-le sur trois petites fiches. Vous allez mettre la première à côté de votre lit pour la lire à votre réveil le matin et avant de vous coucher le soir. Ce sont les meilleurs moments de la journée pour atteindre votre subconscient. Laissez une fiche à votre poste de travail. La dernière peut être rangée dans votre porte-monnaie ou sur le tableau de bord de votre voiture. Ainsi, vous gardez toujours votre but en tête.

## Le « pourquoi » vient avant le « comment »

Une fois que vous avez décrit votre but, nommez toutes les raisons qui vous incitent à l'atteindre. Le « pourquoi » attire le « comment ». Il n'est pas du tout nécessaire ni recommandé de se demander comment les choses vont se produire. Si vous faites cela, une route prédéterminée surgira dans votre mental, que vous vous sentirez obligé de suivre. Or, l'univers peut vous offrir des milliers de différents « comment ». Le comment importe très peu. L'univers mettra à votre disposition tous les outils pour que vous atteigniez vos buts.

En revanche, il est fondamental de savoir pourquoi vous voulez réaliser votre but. Le « pourquoi » va motiver votre quête. Le « pourquoi » va être votre fuel. Il va illuminer votre imaginaire et vous donner des ailes pour vous rendre n'importe où. Il est important que le but vous encourage. Si vous avez de fortes raisons de l'atteindre, vous trouverez davantage de moyens pour vous y rendre.

**À retenir**

Pour attirer à soi la réalisation de son but, nous devons avoir une vibration assez élevée, une vibration positive. Lorsque l'on pense aux raisons pour lesquelles nous voulons atteindre un but, nous augmentons notre niveau vibratoire positif.

Prenez donc le temps qu'il faudra pour écrire toutes les raisons qui vous motivent. Par exemple, avoir de l'argent n'est pas si primordial si vous ne savez pas pourquoi vous voulez cet argent. Chaque objectif que vous vous fixez comporte en fait des raisons subséquentes pour lesquelles vous voulez l'atteindre. Il est important de faire la liste de ces raisons.

Tout le monde a des motivations différentes, personnelles et particulières. Gardez ces notes avec vous. Dès que vous sentirez que vous perdez votre élan et faites du surplace, relisez cette liste. Elle vous motivera de nouveau, vous donnera un second souffle. Elle vous redonnera des ailes et de l'énergie.

## La théorie de l'éléphant

Exemple

La théorie de l'éléphant est très simple et vous permet de saisir comment vous pouvez atteindre de grands buts plus rapidement. Lorsque vous vous créez un but quel qu'il soit, c'est comme si vous aviez un éléphant devant vous. Qu'est-ce que je veux dire par là ? Nous nous créons habituellement de grands buts. On ne va pas se créer un but qui est trop petit pour nous. Tous les buts que l'on se crée sont habituellement des choses que l'on n'a pas, des choses que l'on veut avoir. Par conséquent, des choses plus grandes que ce qui existe au moment où nous y pensons.

Lorsque l'on se crée un but qui est grand, on le perçoit comme une montagne difficile à grimper. J'appelle ce but un gros éléphant, c'est-à-dire quelque chose qui nous effraie et que l'on ne sait pas comment aborder. Devant un éléphant, on se sent petit. De la même manière que l'on se sent petit devant un grand but.

Il y a deux manières de résoudre cette problématique :

» La première est de mettre un dinosaure à côté de votre éléphant. Si vous placez un dinosaure à côté de votre éléphant, votre éléphant devient tout petit, n'est-ce pas ? Parce que, comparé au dinosaure, l'éléphant sera perçu comme étant de taille inférieure. Pour utiliser ce truc, créez-vous un but qui est encore plus grand, encore plus fou, encore plus dingue, encore plus évolué. Visez ce but qui est encore plus grand, plus beau, plus extraordinaire. Alors, le but que vous vouliez atteindre en premier lieu, celui qui était un éléphant, sera beaucoup plus accessible à vos yeux. Il ressemblera à un passage obligé pour arriver à ce grand but que vous avez.

» La seconde méthode utilisant la métaphore de l'éléphant est de le fractionner en morceaux. Divisez votre éléphant en toutes petites bouchées. Vous le mangerez alors sans problème. Un autre bon exemple est celui de la montagne. Une montagne est constituée de toutes petites poussières, de toutes petites pierres. Les unes associées aux autres ont créé l'immense montagne. De la même manière, divisez votre grand but en tout petits buts facilement atteignables. Vous serez capable d'arriver à votre but principal en accomplissant de petites actions et en atteignant les mini-buts qui composent votre grand objectif.

## Comment affronter un gros problème ?

Une réponse simple est de ne pas regarder le problème, car il ne contient pas la solution. Au lieu de vous concentrer sur ce problème, prenez du recul. Comprenez qu'il va probablement vous aider à apprendre quelque chose de nouveau. Posez-vous la question : *comment puis-je résoudre ce problème ?*

Au lieu de vous dire, par exemple : « Oh, il me manque tant d'argent pour payer telle dette/telle facture ! », demandez-vous plutôt : « Comment vais-je produire cet argent ? Où se trouve cet argent ? Peut-on me montrer cet argent ? » Cherchez la solution. Les solutions existent. Elles peuvent apparaître sous diverses formes.

**Conseil**

Ne vous concentrez pas sur le problème, car il va tout simplement prendre de l'ampleur et vous n'arriverez pas nécessairement à le résoudre. Sachez qu'un problème est gros tout simplement parce que vous êtes plus petit que lui.

Regardez en arrière. Pensez aux problèmes que vous avez déjà résolus. Vous vous rendrez compte que vous avez grandi par rapport à ces problèmes. Ils paraissaient peut-être monstrueux à l'époque.

Lorsque vous les avez « dépassés », vous les avez littéralement dépassés par votre taille. Vous avez grandi. Vous avez appris de nouvelles choses qui vous ont permis de les résoudre.

## Développer sa confiance en soi

La confiance en l'univers s'établit d'autant plus facilement que l'on a confiance en soi. Et plus vous avez confiance en l'univers, plus vous attirez vers vous des circonstances favorables.

La confiance en soi peut être comprise de deux manières. Il s'agit, d'une part, de la confiance que l'on a pour atteindre un but, de la certitude que nous avons tout ce qu'il faut pour aller de l'avant. Cela peut aussi vouloir dire, d'autre part, que nous sommes certains que, même si les choses ne se déroulent pas tel que nous l'avons imaginé, nous sommes assez forts pour assumer et remédier à cette situation.

La confiance en soi est essentielle pour s'attirer le meilleur, car elle nous permet le lâcher-prise (que nous étudierons plus en détail au **chapitre 7**). Comme la plupart des autres talents, elle peut être développée avec du savoir-faire et de la pratique.

### Tenir ses promesses

La meilleure manière d'augmenter sa confiance en soi est de tenir les promesses que l'on se fait.

**Exemple**

Imaginez que vous mentiez à un ami. Vous le perdrez rapidement, car il ne vous fera plus confiance. Chaque fois que vous vous faites une promesse et que vous ne la tenez pas, vous vous mentez à vous-même. Avec le temps, vous usez votre confiance en vous.

Au bout d'un certain temps, vous allez vouloir atteindre un but, résoudre un problème, vous lancer dans une activité ou décider d'un plan d'action, mais vous serez stoppé par la peur. Cette peur-là se fonde sur le manque de confiance en vous. Comme vous n'avez pas tenu votre parole envers vous dans le passé, le subconscient ne vous croit plus et pense que vous n'allez pas faire ce que vous dites. Vous allez par conséquent sentir que vous manquez de force intérieure ou de pouvoir personnel pour aller de l'avant. Et si vous n'allez pas de l'avant, vous entrez dans un cercle vicieux de manque à vos promesses, lequel entraîne encore plus de manque de confiance en soi.

Afin d'arrêter ce cercle vicieux, vous devez vous créer de petits buts et les tenir. Il est préférable de ne rien se promettre que de se faire une promesse et de ne pas la tenir. Si vous pensez par exemple : « Demain, je me mets au sport » et que vous ne le faites pas, vous ressentirez de l'appréhension la prochaine fois que vous allez vous dire ces mots. Vous savez au fond de vous que vous avez déjà manqué à cette promesse. Le cercle vicieux est en train de s'installer.

Donnez-vous au contraire un petit objectif à atteindre. Vous pouvez par exemple vous promettre de vous mettre en tenue sportive. Vous pouvez décider de vous rendre à la salle de gym. Même si vous ne faites pas de sport, vous rebâtirez un peu votre confiance en vous si vous avez tenu cette plus petite promesse.

Lorsque vous faites vos courses, vous pouvez décider de dépenser jusqu'à une certaine limite et de vous y tenir. Vous pouvez décider de ne boire qu'un seul verre de vin à table. Vous pouvez vous donner le but de ne pas sortir plus tard qu'une certaine heure ou de mettre un certain montant de côté tous les mois, aussi petit soit-il. Ces mini-promesses, si elles sont tenues, augmenteront votre confiance en vous, et vous donneront la force et le courage de viser plus haut et plus loin.

## Fêter chaque victoire

Célébrez chaque fois que vous atteignez un de vos buts. Fêtez dignement votre joie, soyez heureux d'avoir atteint votre but. Trop de gens passent immédiatement au prochain but. Il faut célébrer vos victoires, vous avez trimé pour les récolter.

**À retenir**

Le but ultime est bien évidemment le bonheur au quotidien. Nous souhaitons également atteindre des buts afin d'apprendre et de nous dépasser. L'objectif est donc aussi de grandir et de s'élever. Il est important de profiter de tous les moments qui mènent au but et de ne pas seulement s'intéresser à l'obtention de ce dernier. Nous risquons alors de perdre notre temps. Il est essentiel de profiter de la vie, de tous ces beaux moments, de toutes les journées qui passent, jusqu'à ce que nous atteignions notre but.

## L'imagination est plus forte que la raison

Une partie très importante de la loi de l'attraction est la visualisation. De quoi s'agit-il ? La visualisation se définit comme l'habilité de se créer des images mentales de l'objet de nos désirs, de ce que nous essayons d'attirer. Il est très important de pouvoir imaginer le résultat escompté, car l'imagination est plus forte que la raison. Plus on arrive à imaginer le résultat que l'on souhaite, plus le résultat a de chances d'être atteint. Plus on s'imagine des défaites, plus on s'inquiète, plus on doute, et plus on risque d'attirer tous les résultats négatifs.

Si vous arrivez à imaginer un but, aussi fou soit-il, vous aurez des chances d'y parvenir. Si vous n'arrivez pas à vous imaginer la réalisation d'un but, vous ne l'atteindrez pas, même si vous y mettez tous vos efforts.

De plus, les images projetées sont faites d'énergie et activent la loi de l'attraction. En imaginant ce que vous souhaitez, en vous sentant positif et rempli d'amour, vous envoyez des ondes puissantes dans l'univers qui vont vous amener exactement ce que vous désirez. Faites attention à ce que vous imaginez. Si vous vous imaginez « le pire », devinez quoi ! Vous risquez de vous l'attirer. Prenez la peine d'imaginer consciemment et non par défaut.

Vous pouvez utiliser votre imaginaire quotidiennement pour vous projeter des films de ce que vous désirez attirer, et votre cerveau va tout faire pour trouver une manière de les réaliser. Un moyen facile de mettre son imagination au service de la loi de l'attraction est de le faire par le biais de la visualisation.

### Sacré cerveau !

Le cerveau ne fait aucune différence entre ce que vous voyez et ce que vous imaginez. Les images projetées par vos yeux sont traitées mentalement de la même manière que les images que vous projetez dans votre esprit, consciemment ou inconsciemment. Il est donc fondamental de contrôler ce que l'on imagine.

Le rôle du cortex cérébral, de notre raison, est de nous prouver que ce que nous imaginons peut exister. Dès qu'il trouve une image, qu'elle soit vraie ou fausse, et qu'elle ne reflète pas la réalité, il va se mettre à chercher tous les moyens par lesquels il peut faire coïncider la réalité avec cette représentation mentale, positive ou négative.

C'est l'une des raisons principales pour lesquelles les inventeurs peuvent manifester leurs rêves les plus fous dans notre réalité. La fusée, la radio, l'ampoule électrique, le sous-marin, les lentilles de contact, Internet, les voitures... sont tous nés dans l'imaginaire d'individus qui y ont cru au-delà des limites de la réalité.

## Les trois niveaux de visualisation

Une des meilleures façons d'avoir des pensées positives est de visualiser ce que vous essayez d'obtenir comme résultat. Certaines personnes manquent d'imagination et n'arrivent pas à visualiser. Lorsqu'elles ferment les yeux, elles ne peuvent pas voir ce qu'elles veulent réaliser. Si vous êtes dans ce cas, je vous conseille de chercher dans des magazines toutes les images qui représentent le succès, ce que vous essayez d'obtenir.

Exemple

» S'il s'agit d'un corps idéal, trouvez des images de corps qui ressemblent à celui que vous essayez d'obtenir et collez-les un peu partout, sur votre réfrigérateur, à côté de votre ordinateur, à côté de votre table de nuit, à chaque endroit où vous avez des chances de poser le regard.

- Si vous voulez avoir plus d'argent, choisissez des images de ce que vous voulez acheter avec cet argent désiré. L'argent est une énergie qui permet l'obtention d'autres choses. Ne mettez pas seulement des images de liasses de billets. Trouvez des images de tout ce que vous voulez acheter grâce à cet argent.
- Si vous souhaitez avoir de l'amour, trouver une image de ce que l'amour représente pour vous. Et ainsi de suite...

Le deuxième niveau de visualisation est de vous créer une image mentale détaillée de ce que vous désirez obtenir. Plus vous saurez exactement ce que vous souhaitez, plus vous arriverez à le visualiser avec précision, plus rapidement vous attirerez ce que vous désirez.

**Conseil**

Vous pouvez imaginer des voyages, conduire une voiture, embrasser l'être aimé... Soyez précis. Visualisez-vous de cinq à quinze minutes quotidiennement dans le bonheur et la bonne humeur. Imaginez que vous avez déjà tout ce que vous désirez. Soyez détendu et serein.

Le troisième niveau de visualisation fait appel aux autres sens : le toucher, l'ouïe, le goût. C'est le plus ardu des niveaux, mais le plus puissant. Vous devez ressentir les émotions positives, voir dans votre imaginaire ce que vous voulez recevoir et vivre complètement, grâce aux autres sens, l'expérience de ce que vous désirez.

Peu importe votre niveau, exercez-vous tous les jours. La visualisation est un art qui se développe et se pratique au quotidien. Plus vous serez en mesure de vous visualiser dans le bonheur, plus vous réaliserez ces rêves rapidement.

## Visualisations négatives : comment faire pour les arrêter ?

J'aimerais répondre à la question d'une lectrice d'*Attractitude* qui dit ceci : « J'aimerais savoir comment arrêter des visualisations soudaines dans ma tête, de violences et de sang. Je ne sais pas pourquoi, chaque fois que je décide d'appliquer une technique de la loi d'attraction, j'imagine sans le vouloir qu'on me fait du mal.

Est-ce que je dois donner de l'importance à ces images ou pas ? Cela me fait vraiment peur. »

Il est fondamental d'accorder de l'importance à ces images, et surtout de se forcer à les modifier. Parfois, nos connexions neurologiques nous font associer des images automatiquement. Nous nous créons des films négatifs, des films d'horreur. On va s'imaginer le pire des scénarios et le faire jouer dans notre esprit. Nous allons sans cesse le ressasser. Les gens qui ont subi des traumatismes seront davantage portés à la visualisation négative.

**Conseil**

Il est primordial d'arrêter de se jouer ce genre de films négatifs. Il faut consciemment faire travailler son esprit afin de rectifier ces images et de les transformer en images positives. Imaginez que vous vouliez développer vos muscles physiques, vous allez faire de l'exercice, n'est-ce pas ?

De la même manière, vous devez travailler votre mental et développer le « muscle » de la pensée positive. Créez-vous quotidiennement des visualisations positives afin de rectifier vos connexions neurologiques.

Au bout de vingt et un à vingt-huit jours, vous devriez être arrivé à vous créer une nouvelle connexion neurologique, une nouvelle association positive.

Persévérez. Ayez de la discipline mentale. Allez toujours de l'avant. Au début, vous aurez peut-être un soupçon d'images positives dans une inondation d'images négatives. Dans ce cas, respirez profondément et recommencez. Vous ne voulez surtout pas faire de la visualisation négative, et par conséquent, vous attirer du négatif dans la vie. Cela vaut donc la peine de vous exercer jusqu'au résultat voulu.

**DANS CE CHAPITRE**

Développer l'optimisme

•

Dire stop aux pensées négatives !

•

Augmenter son champ vibratoire

# Chapitre 5
# Être prêt à recevoir

Si tout est énergie, qu'aucune énergie ne se perd et si les pensées, en tant qu'énergie, deviennent réalité, ne serait-il pas utile de savoir comment contrôler ses pensées ? Il est important d'apprendre à développer des pensées constructives, qui vous amènent à voir plus loin, plus beau, plus grand, plus joyeux, à voir le bonheur, l'abondance et la prospérité.

## Comment fait-on pour contrôler ses pensées ?

Il faut d'abord savoir si celles-ci sont négatives ou positives. Avec 60 000 pensées par jour, cette tâche peut sembler surhumaine ! La meilleure manière est simplement de faire attention à ses émotions. Une émotion négative est en effet le meilleur indicateur que vous êtes en train de penser à quelque chose de négatif.

L'émotion négative est habituellement liée à la pensée d'une éventualité négative, une peur, un doute, une crainte. En imaginant un avenir négatif, vous construisez une pensée négative qui mène vers un sentiment négatif. Par conséquent, pour changer la pensée négative, réorientez-la sur ce que vous voulez vraiment obtenir, au lieu de craindre ce que vous ne voulez pas recevoir.

De plus, puisqu'avec la loi de l'attraction vous attirez la vibration que vous émettez, la crainte agit comme une prière pour attirer le malheur dans votre vie. Or, vous voulez absolument vous défaire des craintes et des doutes parce qu'ils sont inutiles et risquent de vous attirer les ennuis qui vous effraient. Alors, il est préférable de développer votre optimisme. Souvenez-vous que vos pensées et vos émotions sont vôtres. C'est vous qui les contrôlez, qui les choisissez. Personne d'autre.

## Exercice d'optimisme

Conseil

Écrivez sur une fiche trois choses que vous voulez vraiment vivre : des éventualités positives, des événements constructifs, de grands rêves, de belles circonstances. Transportez cette fiche avec vous. Dès que vous ressentirez des émotions négatives, vous saurez que vous êtes en train de penser à l'inverse de ce qui est inscrit. Relisez votre fiche afin de vous diriger dans la voie positive.

Le grand secret de la loi de l'attraction est de toujours ressentir du positif, de toujours se sentir bien. Tout le travail est là. C'est la clé du succès. La maîtrise de vos émotions tout au long de la journée vous permettra d'avoir le contrôle de votre destinée.

Exemple

Imaginez que vous êtes au volant d'une voiture et que ce volant est cassé. Si vous le lâchez, la voiture se dirigera naturellement vers un fossé. De plus, lorsque vous conduisez, vous savez que regarder un obstacle vous fera tourner le volant vers celui-ci. Afin d'éviter les obstacles, vous devez donc regarder uniquement dans la direction dans laquelle vous voulez vous rendre et tenir fermement le volant afin que la voiture ne parte pas vers le fossé.

Cette analogie représente ce que vous devez faire avec vos pensées et vos émotions. Vous devez toujours garder le cap sur la direction positive de votre vie et ne pas vous laisser aller (ou lâcher le volant) à des émotions négatives.

## Se défaire de ses pensées négatives

Tout le monde a des pensées négatives. Nous avons été programmés pendant dix, vingt, trente, quarante ou cinquante ans à penser négativement. Cette programmation a débuté durant l'enfance avec nos proches qui, par crainte de nous voir souffrir, ou parce qu'ils reproduisaient ce qu'ils avaient eux-mêmes appris, nous ont inculqué certaines croyances négatives. Étant donné que ces croyances provenaient d'êtres aimés en qui nous avions confiance, nous les avons cultivées. Elles ont ensuite été renforcées par l'expérience.

À retenir

Lorsque vous accordez foi et confiance en des pensées, qu'elles soient positives ou négatives, vous allez les reproduire dans la réalité et les manifester. Une fois que vous les voyez dans la réalité, elles prennent encore plus de force et vous prenez ces croyances pour la vérité pure. Pour changer ce que vous voyez dans la réalité, il faut vous rendre à la source et transformer vos pensées et croyances. La première étape est de dépasser vos peurs, car celles-ci sont fondées sur de fausses croyances. De plus, comme je l'ai expliqué plus haut, les peurs risquent d'attirer ce que vous redoutez.

### Les monstres fuient quand on les éclaire

Les enfants ont, en général, très peur des monstres qui se cachent sous leur lit. Et que font-ils lorsqu'ils pensent avoir vu un monstre ? Ils courent vers leurs parents et demandent de l'aide. Les parents entrent alors dans la chambre et allument la lumière. Comme par miracle, les monstres disparaissent. Une fois la lumière éteinte, comme par magie, les monstres réapparaissent.

Il se produit exactement la même chose avec vos peurs. Lorsque vous avez peur, vous avez le même réflexe. Vous vous sentez démuni face à vos craintes comme face aux monstres sous le lit.

Une des manières les plus simples pour vaincre ses peurs est de les éclairer, comme vous auriez éclairé les monstres.

Comment éclaire-t-on des peurs ? En les dévoilant au grand jour.

Comment dévoile-t-on des peurs au grand jour ? En les écrivant sur papier.

Conseil

Prenez le temps de noter tout ce qui vous fait peur. Le simple fait de mettre vos craintes sur papier, de les mettre au clair, de faire la lumière dessus va les faire fuir, et certaines d'entre elles vont s'évaporer.

Pour ce qui est des autres, celles qui persistent, vous devez leur répondre. Il faut vous prouver qu'elles n'existent pas en démontrant que, dans le passé, elles n'ont pas gagné. Rappelez-vous que les peurs sont irrationnelles et ne se fondent sur rien de réel. Même si vous avez vécu un traumatisme provoquant une peur et que vous croyez que le même genre d'expérience se reproduira si des circonstances semblables se présentent, rien ne le prouve.

À retenir

Plus vous vous confronterez à vos peurs, plus elles disparaîtront. De plus, en dépassant vos peurs, votre vie changera immédiatement.

## Connaître ses peurs sans se laisser piéger par celles-ci

Beaucoup de gens parlent de la crise économique, des problèmes sociaux et financiers. Nous pouvons parfois douter de l'avenir. Comme vous le savez, la loi de l'attraction attire à nous tout ce sur quoi nous portons le plus d'attention. Si vous portez votre attention sur ce qui vous fait peur, comme cet avenir incertain, il y a de fortes chances que vous l'attiriez dans votre vie.

### Comment résoudre cette peur ?

Une première manière d'agir est fort simple et rationnelle. Nous avons vu que l'avenir n'existe pas (voir **chapitre 2**). Nous pourrions également affirmer qu'il existe un nombre infini d'avenirs potentiels. Tout peut changer du jour au lendemain. Il vous suffit d'avoir confiance en l'univers. Rappelez-vous qu'il y a autant de chances que se produise une circonstance négative qu'un événement positif.

Quand vous imaginez ensuite la journée du lendemain, la semaine qui va venir ou bien les dix prochaines années, vous ne pouvez nier qu'il y a énormément de choses qui peuvent advenir et transformer votre vie du tout au tout. Vous pouvez vous en rendre compte quand vous revoyez les années qui se sont écoulées. Certains événements imprévus ont fait basculer votre réalité de l'époque et vous ont propulsé dans une nouvelle trajectoire. Vous n'auriez pas pu deviner tout ce qu'il s'est produit par le passé. Une rencontre fortuite peut notamment transformer une destinée.

Encore une fois, vous êtes maître de votre destin, maître de votre futur. Décidez d'un changement que vous désirez voir se produire. Sachez vraiment que, dans le futur, il y a autant de chances qu'il vous arrive des choses négatives que des choses positives. Avoir peur des circonstances négatives ne peut vous attirer que du négatif par la loi de l'attraction. Vous devez changer votre optique, développer plus d'optimisme.

### Vous concevez vous-même votre destin

Les circonstances de la vie sont similaires pour de nombreuses personnes. Pourtant, il y a toujours quelqu'un qui arrive à s'en sortir. Ce ne sont donc pas les circonstances de la vie qui créent votre quotidien, mais la manière dont vous réagissez face à celles-ci. Rappelez-vous toujours que l'avenir est composé d'autant de bonnes choses que de mauvaises choses. C'est à vous de choisir les ingrédients de votre quotidien.

## Trois sortes de peur et comment les maîtriser

De nombreuses personnes m'ont consultée pour savoir comment ne plus jamais avoir peur de rien. Les gens font l'erreur de croire que les individus qui ont du succès n'ont peur de rien. Ils s'imaginent, à tort, que le chemin de la réussite comprend l'élimination de toutes nos peurs. En réalité, seuls les morts n'ont pas peur. Les individus qui ont du succès se distinguent par le fait qu'ils réussissent à avancer malgré la peur.

**Le saviez-vous ?**

Il existe trois sortes de peurs que vous pouvez apprendre à connaître afin de les dépasser. La première est une peur « naturelle ». Les deux autres peurs ne sont pas « réelles » en tant que telles. Cependant, le système nerveux ainsi que notre cerveau les associent à de « vraies » peurs. Il est de notre rôle de les contrôler consciemment.

» **La première peur, naturelle, est créée par un danger réel : la possibilité de se faire attaquer et, par conséquent, de voir sa vie mise en péril.** Cette première forme de peur est un sentiment nécessaire et fondamental qui nous a permis de survivre. Elle a protégé nos ancêtres contre une mort certaine. Vous pouvez remercier vos ancêtres, car, grâce à eux, vous êtes plus alerte en cas de danger, ce qui vous permet d'éviter des accidents.

» **La deuxième peur se manifeste dès que nous sortons de notre zone de confort.** Elle est ancrée dans notre être profond. Elle vise à nous protéger des dangers que nous risquons d'affronter en dehors de cette zone, autrefois associée à la caverne confortable dépourvue d'animaux sauvages et féroces de nos ancêtres.

  Il est inutile et dérisoire de vouloir se départir de cette peur, car elle est créée pour nous protéger. Il est cependant possible d'agir malgré elle. Les individus qui ont du succès éprouvent plus de peur que la plupart des gens. Ils sortent sans cesse de leur zone de confort, car c'est à l'extérieur de celle-ci que se trouve la réussite. Désirer plus de succès signifie avancer à l'extérieur de sa zone de confort, et donc avoir constamment peur. Il n'y a rien de négatif là-dedans. Le tout est d'être capable de ne pas réagir dans la peur, mais de la maintenir sous contrôle en comprenant son rôle. La peur est uniquement un système d'alarme qui se déclenche pour vous avertir d'un danger réel ou imaginaire. Vous pouvez prendre le temps d'évaluer la situation et de déterminer si la peur est fondée ou pas.

Il ne faut pas essayer d'éviter d'avoir peur, sinon, vous risquez de rester bloqué là où vous êtes. Vous ne devez pas non plus faire l'autruche et vous détourner des circonstances qui vous effraient, il pourrait s'agir d'un réel danger.

» **La troisième peur est fondée sur des craintes de « ce qui va peut-être arriver ».** Cette peur s'appuie sur de faux concepts et jugements reposant en grande partie sur des idées préconçues négatives. Elle peut être ressentie fortement, comme si nous allions mourir si ce que nous imaginons se produisait réellement.

Dans ce cas, il est nécessaire de se créer (par écrit) le devenir que l'on souhaite voir se réaliser. Il est important de se débarrasser de cette peur. Le meilleur moyen est de ne pas la nourrir. Si vous arrêtez de prêter attention à ce genre de peur, vous la verrez disparaître.

## Se débarrasser des croyances qui nous empêchent d'avancer

Lorsque l'on travaille sur l'énergie, que l'on veuille s'améliorer ou que l'on étudie la loi de l'attraction, on nous dit souvent que nous devons libérer nos croyances négatives et limitantes. Qu'entendons-nous exactement par « libérer les croyances négatives » ?

**Le saviez-vous ?**

À l'origine, nous sommes énergie pure et positive, vibrant à une fréquence très élevée. Tout à l'extérieur de nous est énergie, y compris nos pensées. Une croyance est simplement une idée que nous avons activée, à laquelle nous avons donné beaucoup d'attention et qui s'est concentrée au fil du temps. Sa vibration est donc assez forte. Les croyances négatives sont les pensées qui ont une fréquence beaucoup plus faible que celle qui vibre à l'intérieur de notre être. Cela crée une vibration discordante, et ce n'est pas agréable.

Lorsque vous avez en vous ces basses fréquences, elles peuvent vous amener à réagir aux situations d'une manière qui ne vous sert pas. Vous réagissez à partir d'un schéma de peur, vous vous limitez, vous vous considérez comme étant sans importance et vous ne vous permettez pas d'être qui vous êtes vraiment. Vous ne vous sentez pas « grand ». Vous vous demandez : « Pourquoi ai-je fait cela ? Pourquoi ai-je dit ça ? » Vous désirez vous comporter différemment, mais quelque chose – une croyance négative – est à l'origine de votre comportement et de vos pensées, et vous restez coincé dans un modèle. Ainsi, il est incroyablement bénéfique de se libérer de cette croyance limitante.

## D'où viennent nos croyances ?

Les croyances peuvent se former de deux manières différentes : nous pouvons prendre la vibration de notre environnement, ou bien notre esprit peut se forger une conviction fondée sur un événement.

Chaque fois qu'une personne a une pensée, l'esprit est activé. Il y a une vibration. Cette vibration ne disparaît pas simplement parce que cette personne s'arrête de penser. Elle peut être captée par quelqu'un d'autre, qui s'approvisionne dans la fréquence de cette pensée.

Exemple

Un nouveau-né, qui vient de commencer sa vie dans le monde physique, est désireux de commencer à traduire l'énergie par l'intermédiaire de ses sens. Il pourrait alors facilement capter cette forte vibration. C'est la raison pour laquelle vous pouvez transporter des croyances culturelles ou autres en vous, même si votre famille ne vous les a pas enseignées.

Vous pouvez également créer une croyance fondée sur un événement. Beaucoup de ces croyances sont également formées dans notre enfance et ne sont souvent que le résultat d'une incompréhension totale. Un enfant va interpréter les événements à travers un filtre très limité. Il essaie de mettre les choses dans leur contexte, mais il manque de recul pour le faire efficacement. Par exemple, si un petit garçon voit ses parents se disputer, il pourrait bien en venir à la conclusion que c'est à cause de quelque chose qu'il a fait. Ce moment singulier peut former en lui la croyance qu'il est « mauvais ». Plus tard dans sa vie, il deviendra peut-être un homme qui se sent indigne ou qui vit tout comme un échec, peu importe ce qu'il fait.

L'essentiel ici est de retenir que nos croyances se sont souvent formées de façon mineure et tout à fait innocente, surtout de notre perspective adulte. Ce combat a été très traumatisant pour le petit garçon, alors qu'en tant qu'homme, ce vécu semblera anodin. Il peut aussi ne jamais développer ces sentiments d'indignité, qui sont à l'âge adulte apparemment inoffensifs.

## Comment libérer une croyance négative ?

Il existe de nombreuses méthodes qui permettent de libérer des croyances limitantes, de la psychothérapie, qui fonctionne à un niveau axé sur l'esprit, à la guérison chamanique, qui peut être faite sur un plan purement énergique.

D'après mon expérience, la plupart de nos croyances limitantes sont ancrées dans notre esprit. Afin de libérer une croyance négative, il peut être très utile de savoir à quel moment elle a été formée. Cela n'est pas absolument nécessaire, mais la libération sera plus facile si vous comprenez d'où elle vient. Cependant, soyez conscient que vous ne cherchez probablement pas un événement énorme, traumatique. L'origine peut être un argument simple, un moment de déception, quelques paroles dures qui ont amené l'enfant que vous étiez à tirer une conclusion à propos de lui-même ou à propos d'autrui.

**Conseil**

Concrètement, comment libérer une croyance que vous avez intégrée inconsciemment ?

» **Identifiez ce en quoi vous croyez maintenant et qui provient du passé.** Ne vous attendez pas à ce que la croyance soit logique. Ensuite, trouvez un moyen de déplacer votre point de vue à propos de cette croyance. En d'autres termes, vous devez trouver un moyen de justifier une nouvelle croyance. Plus positive, elle doit avoir un sens pour vous.

- **Changez votre point de vue.** Si vous pouvez identifier l'origine de la croyance – un incident dans votre enfance, par exemple –, une méthode qui fonctionne est d'amener l'enfant qui a connu cet incident vers le haut de l'échelle émotionnelle au sujet de l'événement. N'essayez pas d'analyser l'événement en tant qu'adulte. L'enfant qui fait l'expérience est effrayé par son vécu. Les drames sont vécus beaucoup plus intensément par les enfants.

> **Faites-vous aider**
>
> Vous pouvez obtenir de l'aide. Trouver un bon thérapeute, un coach, un praticien EFT (voir l'Annexe en fin d'ouvrage) ou un chaman pour vous aider à identifier et libérer les croyances limitantes que vous avez. Savoir quelles sont vos croyances limitantes est souvent la partie la plus difficile. Un bon praticien peut vous aider à les débusquer et à les libérer beaucoup plus rapidement que vous ne pourriez le faire vous-même.

Dans tous les cas, lorsque vous libérerez enfin la fréquence négative, lorsque vous changerez votre perspective et accepterez la nouvelle croyance, vous sentirez un flot d'énergie. C'est à ce moment-là que beaucoup se mettent à pleurer ou à respirer plus lourdement. Ce que vous ressentez est votre vibration qui augmente. En libérant la fréquence plus basse, vous permettez à votre vibration de revenir à son état naturel, plus élevé.

## Et après ?

Si vous avez retrouvé une vibration particulièrement forte qui affectait une grande partie de votre vie, cela va entraîner des conséquences. Vous pouvez notamment être forcé à faire face à des croyances ayant des vibrations connexes. C'est-à-dire que la croyance que vous avez déplacée a été liée à beaucoup d'autres vibrations ; en la relâchant, vous avez provoqué une sorte d'effet domino. Toutes les croyances connexes vont tomber l'une après l'autre.

Vous remarquerez également que vos pensées et vos comportements changeront dans les prochains jours, semaines et mois. Vous vous comporterez différemment ; vos réactions reposeront dès lors sur votre nouvelle croyance. Faites attention à cela et réagissez aussi délibérément que vous le pouvez. Essayez de cimenter cette nouvelle croyance. Maintenez votre nouvelle vibration intentionnellement. Ceci est particulièrement important si les gens autour de vous ont toujours renforcé la vieille croyance. Vous pouvez être affecté par leurs vibrations si vous ne stabilisez pas la vôtre.

Plus vous expérimenterez l'identification des croyances négatives, plus cela deviendra aisé de le faire. Ne soyez pas surpris si les déplacements énergétiques que vous rencontrez deviennent moins spectaculaires au fur et à mesure. Comme vous aurez moins de fréquences basses à libérer, celles qui resteront seront de plus en plus faibles. Vous risquez même de ne pas ressentir très fortement le sentiment incroyable de libérer certaines structures de croyances vraiment énormes, laides. Mais ne vous inquiétez pas. Quand vous arrivez à ce point, vous vous sentirez si bien et serez de si bonne humeur que cette déception sera de courte durée !

## Demander de l'aide n'est pas se plaindre !

Quelle est la différence entre se plaindre et demander de l'aide ? Il est important de comprendre cette différence, parce que si vous vous plaignez, vous allez vous attirer plus de raisons de vous plaindre. En revanche, vous trouverez de l'aide et une solution si vous demandez de l'aide ou si vous recherchez la solution. Les deux sont très rapprochés l'un de l'autre, et beaucoup de gens ne savent pas faire la distinction entre ces deux attitudes.

Exemple

Qu'est-ce qu'une plainte ? C'est la description de tout ce qui ne va pas bien dans une situation : « Je n'ai plus d'argent, je n'arrive pas à payer mes dettes, je suis au bord du gouffre, je suis à la limite du suicide. Je ne sais pas quoi faire avec mon mari, je ne sais pas où me rendre, je ne sais pas comment faire pour avoir une meilleure vie. Je ne sais pas comment perdre du poids, je me sens gros, je me sens moche, je suis abandonné, il me trompe, elle me ment, etc. » Voilà ce qu'on appelle des plaintes.

Quand vous vous plaignez, vous soulevez beaucoup de poussières négatives et vous remuez beaucoup d'énergies négatives. Vous vous plaignez peut-être à vos amis. Vous leur racontez vos problèmes, par exemple. Mais les autres se sentent démunis lorsque vous vous plaignez, et ils risquent de se plaindre à leur tour de leurs propres ennuis. Ces échanges vont créer encore plus d'ondes négatives.

Lorsque vous demandez de l'aide, vous cherchez une solution et êtes orienté vers la résolution du problème. Vous parlez alors de circonstances dont vous avez le contrôle, et non de situations extérieures (les embouteillages, l'économie, votre patron...). À partir de là, vous pouvez rétablir la situation.

Lorsque l'on cherche une solution, on définit d'abord clairement le problème. Par exemple : « Mon problème est que mon mari me trompe », ou bien : « Je ne sais pas comment je vais payer le loyer à la fin du mois », ou encore : « Je me sens démuni face à mes finances. »

**À retenir**

Lorsque vous serez capable d'exposer précisément et clairement votre problème, vous vous rendrez compte que la solution se cache à l'intérieur du problème exposé. La question vous offre une opportunité, une direction, une porte ouverte vers les solutions.

Une fois que vous avez énoncé le problème, posez clairement la question, la demande. Par exemple : « Comment faire pour qu'il arrête de me mentir ? » ou : « Comment faire pour arriver à payer mes factures en fin de mois ? » ou encore : « Comment faire pour avoir une meilleure relation amoureuse, pour avoir une meilleure santé ? Comment faire pour me débarrasser de ces kilos en trop ? »

Vous vous orientez alors vers la solution. Vous êtes moins axé sur le gouffre, le problème, moins victime de votre sort. Vous reprenez le contrôle de votre vie.

## Les solutions ne se trouvent pas au rayon « problèmes »

La plupart des gens se penchent sur leurs problèmes et se concentrent sur ces derniers en espérant y trouver la solution. Ils n'analysent pas, ne décortiquent pas la situation problématique. Ils se sentent victimes, impuissants. Cela ne va qu'envenimer davantage la situation et les entraîner dans une spirale encore plus négative.

La solution ne se trouvera jamais en observant le problème. Votre état d'esprit, vos pensées, vos paroles, vos actions – tout ce qui a créé le problème en somme – ne peuvent vous mener vers la solution. Je dis souvent que les solutions ne se trouvent pas au rayon « problèmes ».

Les solutions se trouvent ailleurs. Vous devez changer d'état d'esprit et de perception afin de les faire apparaître. Pour cela, au lieu d'observer le problème, il faut s'orienter vers des questions qui mènent vers la solution. Il faut se poser la question : « Où est la solution ? Comment vais-je trouver la solution ? Comment puis-je résoudre cette énigme ? » Et il faut savoir que les réponses existent.

99 % des problèmes vécus ont déjà été résolus par quelqu'un d'autre à un moment donné. Il y a de fortes chances que cette personne ait laissé des traces. La question « comment » est celle qui trouve le plus facilement une réponse. Nous vivons à l'ère de l'information. Le plus courant, de nos jours, ce sont les « comment ». Grâce à Internet, vous pouvez trouver des réponses en un millième de seconde.

**Conseil**

Par conséquent, quand vous avez un problème, arrêtez de vous concentrer sur lui. De plus, rappelez-vous qu'il ne représente qu'une partie de votre existence. Votre vie entière n'est pas un problème. Le problème fait partie de votre vie, mais il n'est pas votre vie dans sa totalité. Ramenez le problème à sa juste mesure et orientez votre pensée de manière à lui trouver une solution.

### Les problèmes nous servent à grandir

Le coach en développement personnel Anthony Robbins a dit un jour : « Nous souhaitons tous des surprises dans la vie. Mais nous souhaitons uniquement les surprises que nous souhaitons... Les autres, nous les appelons des problèmes. Or, nous avons besoin des deux pour grandir ! » Rappelez-vous que les problèmes nous servent à grandir. Nous ne pourrions jamais courir si nous n'avions pas résolu, en tout premier lieu, le problème de savoir marcher. Chaque expérience de votre vie vous aide à apprendre, grandir, vous donne des outils qui vous seront utiles plus tard.

Une façon de visualiser la solution à un problème est de s'imaginer être plus grand que celui-ci. Quand le problème est tout petit, il est beaucoup plus facile d'y trouver une solution.

## Convaincre son subconscient

Votre subconscient dirige majoritairement votre vie. Le meilleur moyen de transformer vos pensées négatives est d'aller les éradiquer directement au niveau du subconscient.

La meilleure manière de convaincre son subconscient d'une nouvelle croyance est de répéter celle-ci sous forme d'affirmation tout au long de la journée.

### Une pensée chasse l'autre

Sachez que vous ne pouvez jamais avoir deux pensées à la fois. La loi de la substitution nous enseigne qu'une pensée remplace l'autre (voir **chapitre 10**). Si vous vous forcez à penser positivement, il n'y a plus de place pour les pensées négatives.

Une affirmation se construit à la première personne du singulier, de manière positive et dans le moment présent. Par exemple : « J'attire de l'argent tout le temps », « J'ai une santé parfaite », « Je me sens en pleine forme, rempli d'énergie »...

Conseil

Créez des pensées positives qui vont à l'encontre de vos croyances négatives, des pensées qui vont dans le sens inverse de ce à quoi vous ne voulez pas penser. Répétez ensuite ces pensées tout au long de la journée. Même si elles semblent fausses au départ, vous finirez par y croire. Sachez que vos croyances négatives ne sont pas vraies. Vous y croyez, car vous les avez répétées très souvent. Une fois acceptées par votre subconscient, vos croyances positives se manifesteront dans la réalité.

## La nuit porte conseil

Le subconscient est plus ouvert le matin et le soir. La nuit, le conscient s'endort et le subconscient travaille.

Conseil

Avant de vous coucher, posez-lui une question. Il travaillera toute la nuit afin de vous offrir une solution. Vous pouvez aussi faire une liste de gratitude juste avant d'aller dormir (nous verrons plus en détail ce dont il s'agit au **chapitre 10**) afin d'impressionner votre subconscient par ces pensées positives. Durant la nuit, il va ruminer ces pensées et planifier différentes manières de vous attirer davantage de circonstances similaires.

## L'art de l'« afformation »

De plus, je vais vous expliquer quelque chose qui fonctionne très bien au niveau du cerveau, et qui s'appelle une *afformation*. Qu'est-ce qu'une afformation ? Une afformation est un moyen de tromper le cerveau, de lui faire croire quelque chose à son insu. Croyant cela vrai, notre cerveau va ensuite nous aider à nous rendre à nos fins beaucoup plus rapidement.

Comment fonctionne l'afformation ? C'est très simple. Pour comprendre, partons d'abord des affirmations. Une affirmation est une phrase positive qui vous décrit dans une situation voulue, par exemple : « Je gagne un million de dollars par an. » Pour arriver à vos fins, je conseille de répéter une affirmation au moins trois fois par jour jusqu'à ce qu'elle devienne partie intégrante de votre raisonnement. Ainsi, vous la considérerez comme vraie et vous y croirez.

Exemple

Le problème avec une affirmation, c'est que le cerveau ne s'accorde pas toujours avec celle-ci, car il y a un trop grand décalage entre la réalité qu'il pense percevoir et l'affirmation que vous lui donnez. Par exemple, si je dis : « Je pèse 54 kilos » alors que j'en pèse 70, le cerveau va dire : « Non, ce n'est pas vrai, tu pèses 70 kilos », tandis que moi, je vais dire : « Si, je pèse 54 kilos », en essayant de me convaincre.

Lorsque l'affirmation est trop loin de la réalité que vous pensez voir – n'oubliez pas, tout est perception –, votre cerveau va entrer en conflit et va dire : « Non, ce n'est pas vrai, ce que tu me dis, je ne le vois pas, je ne le crois pas. » Par exemple, si vous dites : « J'ai un million de dollars sur mon compte en banque », le cerveau peut dire : « Mais non, j'ai vu ton compte en banque l'autre jour, et ça fait pitié, tu n'as pas un million de dollars. »

Comment changer cette situation ? Il y a un moyen de tromper le cerveau qui s'appelle l'afformation. Il s'agit de poser la question « pourquoi » avec l'affirmation que l'on souhaite utiliser pour convaincre le cerveau. Par exemple, au lieu de dire : « J'ai un million de dollars sur mon compte en banque », je vais poser la question : « Pourquoi ai-je un million de dollars sur mon compte en banque ? » Votre réaction mentale et émotionnelle sera automatiquement différente.

Le cerveau ne peut pas remettre une question en question. C'est impossible. Donc, lorsqu'on lui pose une question, le cerveau va chercher la réponse. Au lieu de nier ce qu'il ne peut pas croire, il va chercher la réponse au « pourquoi ». Il va chercher les raisons pour lesquelles ce que vous lui avez demandé est vrai.

Le fait de poser cette question-là force le cerveau à accepter ce que vous désirez comme réalité. Vous allez même le ressentir immédiatement au niveau de votre énergie. Testez-le. « Pourquoi suis-je avec l'homme de ma vie ? » va, par exemple, provoquer un sentiment de bien-être. Le cerveau va se mettre à nous trouver beaucoup de raisons pour lesquelles on a ce que l'on désire.

### En pratique

Prenez l'affirmation de ce que vous voulez obtenir et écrivez « pourquoi » devant l'affirmation. Donc : « Pourquoi mon livre est-il devenu best-seller ? », « Pourquoi mes peintures se vendent-elles comme des petits pains ? », « Pourquoi suis-je avec l'homme de ma vie ? », « Pourquoi est-ce que je gagne un million de dollars par an ? », « Pourquoi ma santé est-elle au top, meilleure qu'elle n'a jamais été ? » Ne posez que des questions positives.

**Conseil**

Écrivez votre afformation sur un petit carton. Laissez-le à côté de votre lit. Lisez cette phrase le matin en vous éveillant et surtout le soir avant d'aller vous coucher.

### Pas de « pourquoi pas » !

Surtout, ne vous posez pas la question « pourquoi pas ». La plupart des gens se questionnent sur le « pourquoi pas ». C'est une grande erreur : posez la mauvaise question et vous obtiendrez la mauvaise réponse, celle que vous ne désirez pas, et vous vous dirigerez dans la direction opposée. En vous demandant « pourquoi pas », vous poussez votre cerveau à chercher justement « pourquoi pas »... c'est-à-dire pourquoi vous ne méritez pas ce que vous désirez.

La question « pourquoi pas » est très négative. On la pose souvent sans réfléchir, mais les mots, les pensées et les paroles dirigent notre vie. C'est ainsi que l'on part dans la direction non désirée.

# Augmenter son champ vibratoire

Afin d'attirer le meilleur, il est important de disposer d'une énergie positive et de vibrer à haute fréquence. Nous vibrons toujours, nous avons toujours de l'énergie. Nous sommes constitués d'énergie comme tout ce qui nous entoure, et nous vibrons continuellement. Comme un diapason, nos pensées et nos émotions vibrent dans un certain sens. Dans la vie, nous recevons ce que nous dégageons comme vibrations. Plus nos pensées et nos émotions vibrent sur la même haute fréquence et plus nous attirerons rapidement à nous les meilleures circonstances.

Tout le monde connaît la différence entre être de très bonne humeur et plein d'énergie positive, et être triste, déprimé et fatigué. Les hautes fréquences sont produites lorsque vous dégagez de l'énergie positive.

Afin d'utiliser au mieux la loi de l'attraction, vous devez vous habituer à vibrer à haute fréquence. Ce faisant, vous allez manifester encore plus de raisons de vous sentir bien, heureux et positif.

**Conseil**

Comment augmenter son niveau vibratoire ? Il est important de se diriger continuellement dans le sens de pensées positives, d'actions positives, de paroles positives, et de croire fermement que notre volonté va se réaliser.

Vous pouvez ainsi devenir un aimant grâce à la loi de l'attraction. Plus vous êtes « aligné » au niveau énergétique, entre ce que vous voulez recevoir et votre bonheur ressenti au moment présent quand vous pensez à ce que vous voulez recevoir, plus vous allez rapidement recevoir ce que vous souhaitez.

Il y a plusieurs moyens d'augmenter son énergie vitale et de contrôler ses émotions :

» respirer ;

» méditer ;

» pratiquer une activité physique ;

» bien s'alimenter ;

» écouter son corps ;

» bien dormir ;

» s'entourer de personnes positives.

## Réapprendre à respirer

Il y a de nombreux avantages à respirer correctement. Deux d'entre eux sont directement liés à la loi de l'attraction : le contrôle des émotions et l'augmentation de sa vibration positive. Pourtant, la plupart des gens ne savent pas respirer. Ils respirent (et attirent) par défaut, et non consciemment.

Voici la liste – non exhaustive – des avantages d'une bonne respiration :

» vivre une vie plus longue et en bonne santé ;

» réduire le stress et l'anxiété ;

» combattre la peur ;

» contrôler ses émotions ;

» mieux digérer, avoir plus d'énergie et une meilleure alimentation en oxygène pour vos cellules. Des docteurs suggèrent même que le stress étant une cause du gras du ventre, la respiration peut considérablement vous aider à le réduire. Vous faites ainsi d'une pierre deux coups !

### La « bonne respiration »

La « bonne » respiration se fait en emplissant son corps entier d'oxygène (pas uniquement ses poumons). La plupart des gens ont une respiration rapide et ne respirent jamais profondément. Apprenez à respirer profondément, et vous changerez ce que vous attirez dans la vie.

**Conseil**

Lorsque vous inspirez, prenez le temps de remplir vos poumons au maximum, et sentez votre cage thoracique s'ouvrir et s'agrandir. Ensuite, poussez cet air jusque dans votre abdomen : c'est votre *chi*, l'énergie vitale selon le feng shui. Sentez l'air débloquer les nœuds de votre estomac. Sachez que vos émotions se situent au niveau du ventre. En respirant par le ventre, vous contrôlerez de plus en plus vos émotions.

Lorsque vous expirez, imaginez que vous avez nettoyé votre corps de toute sa négativité et que l'air qui ressort est plus sale que celui inspiré. Chaque respiration purifie votre être, soyez-en conscient.

### Vous êtes stressé ?

Si vous ressentez de l'anxiété ou du stress, prenez une pause « respiration ». Arrêtez d'agir et prenez le temps de vous calmer. Comme nous l'avons vu, l'intention est plus forte que l'action. Il est préférable d'agir dans le calme que de se sentir poussé par l'urgence et la panique. Si vous êtes d'un naturel plutôt anxieux, installez un système d'alarme sur votre téléphone afin qu'il vibre toutes les heures et vous rappelle ainsi de respirer.

## Intégrer la méditation dans son quotidien

2 % de la population, celle qui excelle, celle qui réussit, celle qui est fortunée dans tous les sens du terme, prennent le temps de méditer au moins vingt minutes par jour. N'est-ce pas un exemple que nous devrions tous suivre ?

Qu'est-ce que la méditation ? Il s'agit de faire le vide dans ses pensées. Cela semble impossible à première vue, mais c'est faisable avec de la pratique.

Il est fondamental de prendre le temps de méditer afin de mieux utiliser la loi de l'attraction. Il y a plusieurs autres raisons pour lesquelles la méditation est importante :

» **Elle augmente tout d'abord votre capacité à réfléchir et à trouver les bonnes solutions.** Lorsque vous êtes dans un silence complet, c'est comme si vous éteigniez tous les fichiers de votre ordinateur afin que le programme principal puisse fonctionner à pleine capacité. La méditation vous permet d'éteindre tous les fichiers qui prennent de la place dans votre cerveau pour laisser le gros mécanisme du cerveau travailler tranquillement, dans le silence.

Ainsi, vous trouverez de meilleures idées, des idées créatrices de solutions.

» Ensuite, **vous retrouvez un calme et un bien-être profonds.** La méditation vous permet de vous recentrer et de reposer votre âme (votre être profond).

» **Vous êtes capable de ralentir vos pensées.** Ce qui veut dire que vous serez plus à même de choisir les pensées que vous souhaitez garder, celles qui vous aident à attirer le meilleur.

» Enfin, **vous améliorez votre concentration.** La méditation est en effet un exercice de concentration très exigeant, difficile à effectuer au début, mais c'est comme lorsque l'on veut développer ses abdominaux : vous vous construisez des « abdominaux du cerveau ». Vous développez ce muscle, vous le travaillez, et vous devenez de plus en plus fort dans la concentration. Votre concentration sera améliorée dans tout ce que vous faites, vous travaillerez plus rapidement et avec plus d'efficacité.

## Comment méditer ?

Il existe de nombreuses manières de méditer. Il est important de savoir que vous ne deviendrez pas maître de la méditation du jour au lendemain. Cela demande de la pratique et de la détermination.

**Conseil**

La manière que je préfère consiste à se trouver dans un endroit calme et silencieux, s'installer confortablement et ne penser à rien (ou, du moins, ne pas s'embarquer dans le flux des pensées) durant vingt minutes.

Passez ce temps à vous concentrer sur votre respiration et à observer les pensées qui passent, et laissez-les partir. Le plus important est de se retenir de réagir et de répondre aux pensées qui surgissent. Elles seront nombreuses au départ. Avec le temps, vous en aurez de moins en moins. Un jour, vous serez surpris et heureux de constater que vous avez vécu dans un silence mental complet pendant plusieurs secondes. Il est quasi impossible de faire le silence total durant des minutes entières. Si vous arrivez à tenir vingt secondes, ce sera déjà un bel exploit !

## L'exercice physique et son lien au bonheur

Tous les gens qui réussissent dans la vie s'entraînent physiquement plusieurs fois par semaine. La raison en est simple. Le fait de bouger son corps active non seulement vos capacités physiques, mais produit aussi, au niveau du cerveau, une drogue naturelle qui s'appelle l'endorphine : l'hormone du bonheur.

L'endorphine est générée de nombreuses manières. Elle est produite par la gratitude, la générosité, l'amour et le sport. Par conséquent, si vous désirez avoir plus de bonheur dans la vie, bougez votre corps. Mettez-vous à faire de l'exercice.

L'endorphine vous protège de la dépression. Plus vous en produirez, moins vous aurez d'idées négatives, des idées qui attirent encore plus de négativité dans la vie. Vous développerez davantage d'idées positives, optimistes, qui vont vous attirer plus de bonheur et plus de belles circonstances de vie.

Ressentir le bonheur au quotidien, c'est possible. En développant votre bonheur intérieur, vous attirerez le meilleur autour de vous. Et comme les circonstances positives qui vous entourent proviennent du bonheur que vous avez à l'intérieur, votre monde et votre vie seront plus heureux. Pratiquez donc une activité physique pour créer cette endorphine qui vous permet non seulement de vous protéger de vos idées obscures, mais également d'amener plus de bonheur dans votre vie !

**Conseil**

Lorsque vous vous sentez négatif, sortez, prenez l'air, bougez, marchez, allez dans la nature, regardez l'abondance qui existe autour de vous, regardez vers le ciel, levez la tête.

Nul besoin de faire quelque chose d'extraordinaire. Vous pouvez débuter par une marche quotidienne, un trajet de vingt minutes à une demi-heure. Au fur et à mesure que vous intégrerez cette routine, vous aurez envie de marcher davantage. Vous pourrez ensuite passer au vélo, à la course à pied, etc., si cela entre dans vos aptitudes physiologiques de bien-être. Vous aurez de plus en plus envie de maintenir votre corps en bonne santé, tout en faisant des exercices qui sont en harmonie avec vos capacités physiques.

## Vous êtes ce que vous mangez

Pour « recevoir » plus rapidement, pour attirer plus de meilleures circonstances dans la vie, il est important d'être capable d'augmenter son niveau de vibrations, de vibrer plus fort. Plus vous vivez intensément de manière positive, plus vous attirerez de conséquences positives dans votre vie.

**Conseil**

Pour augmenter votre niveau vibratoire, vous devez augmenter votre niveau d'énergie. Pour ce faire, il est nécessaire de faire attention à votre alimentation : moins de gras, moins de sucres, moins d'alcool, moins de poison. Vous pouvez réduire les viandes et vous concentrer sur une nourriture vivante constituée de plus de plantes vivantes et de moins de nourriture morte. Buvez aussi beaucoup d'eau afin de vous maintenir suffisamment hydraté.

Évitez l'alcool et autres drogues. Les gens qui boivent de l'alcool ressentent plus de déprime, car l'alcool est un dépresseur. Il bloque et abaisse l'énergie. Évitez également tout ce qui demande beaucoup de travail digestif. Plus vous usez d'énergie pour digérer, plus vous vous fatiguez. La fatigue mène aux idées sombres, qui entraînent des circonstances de vie négatives. Celles-ci nous stressent et nous fatiguent en retour. Nous pouvons alors rapidement tomber dans une spirale d'attraction négative. Pour s'en sortir, il est fondamental de se calmer et de se reposer.

## Écouter son corps

Il est important d'écouter attentivement son corps. Lorsque vous êtes fatigué, reposez-vous. Le sommeil est crucial pour mener une vie saine. Lorsque vous remuez trop d'idées négatives, prenez le temps de vous allonger et de faire une sieste.

Conseil

Ne vous surmenez pas, allez vous coucher avant d'être exténué pour permettre à votre corps d'être bien reposé. Plus vous êtes fatigué, plus votre niveau d'énergie physique et mentale est bas, plus vous risquez d'entrer dans un état de pensée négatif, d'être déprimé, et donc plus vous risquez d'attirer des conditions de vie négatives, et ainsi de suite.

Écouter son corps veut aussi dire être attentif à ce qui vous énerve ou vous fatigue dans votre environnement. Faites attention à ce que vous regardez et écoutez. Vous n'êtes pas obligé de regarder des émissions dramatiques ou de suivre des nouvelles négatives. Veillez à ce que vous écoutez à la radio. Ce dont vous nourrissez votre cerveau doit être fait d'éléments positifs. Les médias nous offrent fréquemment des poisons du cerveau, de l'information négative qui mine notre énergie.

## Attention aux « vampires d'énergie » !

Nous l'avons vu, nous sommes tous remplis d'énergie. Nous disposons de cette énergie vitale qui nous permet de bouger, de réfléchir, d'être positifs.

Lorsque nous discutons avec d'autres personnes, nous échangeons de l'énergie.

Vous offrez constamment de l'énergie parce que toute énergie s'échange. Elle ne reste pas en place ni sur place. Vous envoyez de l'énergie et vous en recevez. Imaginez que vous teniez un seau plein d'énergie. Quand vous rencontrez des gens, vous envoyez de l'énergie et on vous en envoie. Pour que les relations avec les autres soient positives, il doit y avoir un équivalent d'échanges. Le seau ne doit pas uniquement se vider. Il doit également se remplir proportionnellement.

Les « vampires énergétiques » sont des gens qui ont peu d'énergie et en cherchent : soit ils sont extrêmement négatifs dans leur vie, soit ils manquent tout simplement d'énergie. Ces personnes vont puiser dans votre seau. Ils vont dévorer votre énergie vitale.

- **Si vous ne sentez rien de différent à la suite d'une rencontre ou d'une conversation, cela veut dire que l'échange a été égal.**
- **Si vous vous sentez boosté d'énergie, cela veut dire qu'il n'y a pas eu d'équivalence. Vous avez pris l'énergie de l'autre et vous en avez donné moins.**
- **Si, à la fin de la conversation, vous vous sentez déprimé, négatif, fatigué ou vidé, c'est que l'autre vous a pris votre énergie.**

Si vous prenez l'énergie de quelqu'un, il faut espérer que cette personne va aller s'en remplir au contact d'autres. Sinon, elle va peut-être arrêter de vous côtoyer pour éviter que vous lui dévoriez sa réserve. Dans ce cas, vous êtes le vampire.

Vous avez plusieurs options si vous constatez que quelqu'un vous prend de l'énergie. Soit vous vous « réalimentez » auprès de quelqu'un de plus positif que vous, soit vous vous refermez sur vous-même pour reconstituer votre réserve. Vous pouvez aussi sortir, faire du sport, vous changer les idées, méditer, faire des exercices de respiration, mieux manger ou dormir. Vous pouvez également décider d'arrêter d'être en compagnie de vampires d'énergie.

**Conseil**

Faites la liste des gens avec lesquels vous entretenez des rapports réguliers, et évaluez si vous êtes le vampire, s'ils le sont ou si vos apports sont équivalents. Cela vous donnera une idée des gens avec lesquels vous voudrez passer plus de temps. Surtout, ne devenez pas vampire !

**DANS CE CHAPITRE**

L'importance de l'action dans la loi de l'attraction

•

Poser des actions inspirées

•

Apprendre à gérer son temps

# Chapitre 6
# Agir

Beaucoup de gens comprennent la loi de l'attraction comme la capacité d'attirer le meilleur à l'aide d'affirmations, de visualisations, par des pensées positives et l'imagination. Mais qu'en est-il de l'action ? Il faut effectivement agir pour créer quelque chose dans l'univers. On ne peut pas juste s'asseoir sur son chèque d'abondance et attendre que la richesse arrive à nous, sans rien faire.

**Conseil**

Faites un pas décisif dans la direction dans laquelle vous souhaitez aller pour obtenir les résultats escomptés. Une fois que vous avez décidé de ce que vous voulez dans la vie ou dans un domaine particulier, au niveau romantique, financier, de votre emploi, de votre santé... agissez ! Avancez avec conviction dans la nouvelle direction choisie, peu importe le but que vous vous êtes fixé. Cela démontrera votre foi dans l'univers, votre certitude qu'il vous aidera à atteindre ce but.

Si vous voulez, par exemple, trouver un nouvel emploi, ne quittez pas l'ancien, mais agissez dans la direction du nouveau : inscrivez-vous à un cours qui est en lien direct avec ce nouvel emploi, ou envoyez votre *curriculum vitae* à différents employeurs. S'il s'agit de rencontrer un partenaire, sortez seul au restaurant, préparez-vous à rencontrer l'âme sœur. Si vous désirez plus d'argent, lancez-vous dans les affaires. Vous pouvez commencer petit, à temps partiel. Quoi qu'il en soit, agir est la clé.

# Savoir agir

L'important est de persévérer. Il faut garder le cap. Lorsque vous décidez de changer de vie et de vous diriger vers le succès dans tout ce que vous entreprenez, changez une habitude à la fois. Identifiez un comportement qui ne vous convient pas, et remplacez-le par une habitude qui vous servira. Une fois que cette nouvelle habitude sera incorporée à votre vie sans que vous ayez à y penser ou à vous forcer, trouvez la prochaine habitude que vous voulez changer. Allez-y petit à petit. Ainsi, les changements seront permanents.

## Quand agir et quand ne rien faire

La loi de l'attraction nous enseigne que si nous nous concentrons sur quelque chose d'important, si nous lui donnons assez d'énergie pour que cela ait une influence sur la réalité, si cela vibre en nous, nous pouvons recevoir ce que nous voulons. Quels que soient nos désirs, nous pouvons les réaliser.

Parfois, l'univers nous envoie exactement ce que nous souhaitons.

Parfois, nous nous sentons inspirés pour agir, comme aller dans un magasin où nous ne sommes jamais allés et que nous n'avions même jamais remarqué. Et là, nous rencontrons l'amour de notre vie.

Parfois, nous avons juste à attendre patiemment que l'univers accomplisse sa tâche.

Alors, comment savoir quand il faut agir ? Il y a une énorme différence entre prendre des mesures afin de faire quelque chose pour obtenir un résultat, et prendre des mesures *inspirées*, qui utilisent l'énergie en mouvement. Il est important de reconnaître les moments où on essaie de *faire* se produire quelque chose, c'est-à-dire de forcer par l'action, au lieu de *permettre* que les manifestations se présentent en suivant le flot de l'univers.

## L'action inspirée

L'action inspirée se produit lorsque vous recevez une impulsion à charge positive et que votre intuition vous dit de foncer. L'action semble alors facile et essentielle. Les étapes de l'action sont tout simplement logiques. Il ne semble pas nécessaire de les légitimer, elles paraissent justes. Vous vous sentez excité par l'action, cela ne semble pas être un travail. Vous vous plaisez dans le processus. Vous faites beaucoup de progrès très rapidement et avec peu d'efforts ; vous obtenez beaucoup de retours sur vos investissements en temps et en énergie. Vous permettez aux choses de se produire naturellement. Votre action est la pièce d'un puzzle. Vous autorisez l'univers à orchestrer les événements sans vous sentir obligé de tout contrôler.

Lorsque vous agissez sans être inspiré, vous passez beaucoup de temps à essayer de comprendre les actions à faire. Vous dressez des listes de toutes les options afin de justifier quelles actions sont les meilleures. Vous vous sentez frustré et accablé. Vous vous sentez fatigué et appauvri. Cela vous semble être un « travail ». Vous ne voulez pas le faire, mais vous sentez que vous le devez et cela vous fatigue ; vous êtes, par exemple, arrêté en permanence par des barrages. Les choses ont l'air de ne pas avancer. Il faut toujours agir plus. Vous avez l'impression d'être dépassé par la tâche et qu'il y a trop à faire.

### Agir sans effort

Quand vous posez une action inspirée, vous vous sentez bien. Vous appréciez le moment présent. Vous suivez le courant de l'univers et tout semble facile. Vous utilisez alors l'énergie universelle, et ainsi, vous obtenez beaucoup plus en beaucoup moins de temps. C'est facile, presque sans effort.

Une action commencée alors qu'on ressent de l'impatience, de la peur (« Cela n'arrivera pas assez vite », « Il y a quelque chose que je devrais faire ») est frustrante. C'est comme essayer de pousser un lourd rocher vers le haut d'une grande colline ou de ramer contre le courant. Ce n'est pas amusant, vous faites peu de progrès et c'est vraiment, vraiment dur.

L'univers a le pouvoir d'aligner parfaitement toutes vos actions afin de vous apporter facilement ce que vous désirez. Vous n'avez alors qu'à suivre votre cœur, votre instinct et votre intuition.

Conseil

Si vous êtes frustré et sentez que vous en faites trop, que vous essayez de faire le travail de l'univers, alors arrêtez, prenez du recul et détendez-vous. N'oubliez pas que ce n'est pas votre métier, votre travail, et concentrez-vous sur ce que vous voulez vraiment. N'oubliez pas que la vie est censée être amusante. Vous êtes supposé vous sentir bien. Manifester votre réalité ne devrait pas être un combat, mais simplement l'alignement sur l'énergie universelle et l'autorisation de la manifestation de vos souhaits. Si l'univers a besoin de vous pour quelque chose, il vous préviendra.

## Remuer de la poussière ne vous fera pas avancer

Certaines personnes veulent absolument être très occupées. Elles remplissent leur journée avec un tas de choses à faire. C'est ce que j'appelle « remuer la poussière ». Elles vont s'activer énormément. Elles vont brasser du vide. Mais rien ne va se produire réellement dans leur vie.

Ce problème intervient lorsque l'on ne sait pas gérer ses priorités, qu'on ne sait pas utiliser son temps convenablement, qu'on ne sait en fait pas quoi faire pour parvenir à ses buts plus rapidement. Alors, on s'active, on bouge, on a l'impression d'être très occupé, d'avoir beaucoup de choses à faire. À la fin du mois, on s'aperçoit qu'on en est toujours au même stade, avec les mêmes problèmes toujours pas réglés.

On n'a, par exemple, toujours pas de relation amoureuse, toujours pas l'argent qu'on voulait avoir sur son compte en banque, le corps que l'on souhaitait avoir. Pourtant, on a l'impression d'avoir fait tellement de choses dans le mois ! On a été tellement occupé ! À la fin du mois, on n'a rien obtenu. L'année passe, des années également, et c'est toujours la même chanson.

Conseil

Au lieu de remuer de la poussière, déterminez vos buts clairement, précisément. Ensuite, créez-vous la liste des actions à entreprendre pour atteindre ces buts. Puis, faites la liste des priorités, des choses qui comptent réellement, qui sont vraiment importantes pour l'obtention de vos résultats.

Lorsque vous agissez, demandez-vous toujours : est-ce que je suis en train de remuer de la poussière ou bien est-ce que mes actions me dirigent réellement vers un but concret ? Si vous êtes en train de remuer de la poussière, arrêtez-vous. Rappelez-vous les actions importantes que vous devez faire afin de parvenir à vos buts.

### Écrire ses buts et ses succès

Écrivez votre but le matin pour le garder en tête et agissez tout au long de la journée pour le réaliser. Une fois que votre but est écrit, concentrez-vous sur les actions pertinentes à faire. Ne soyez pas obsédé par votre but. Agir vous permettra de maintenir le cap et d'accroître votre confiance en vous. En retour, vous aurez plus de foi en la réalisation de votre souhait.

Je vous conseille aussi de noter rapidement sur un bout de papier, une fois par semaine, les succès que vous avez eus au cours des jours précédents. Commencez dès à présent. Quels succès avez-vous vécus dans les sept ou dix derniers jours ? Notez les petits et les grands succès, le fait que vous soyez arrivé à l'heure à un rendez-vous, que vous ayez bien dormi, que vous ayez appris quelque chose de nouveau, que vous vous soyez comporté avec gentillesse, que vous ayez réussi à contrôler vos émotions... Ces succès vont vous redonner confiance en vous. Vous allez vous sentir capable d'atteindre vos buts, de vous rendre là où vous le souhaitez.

La raison principale pour laquelle les gens n'atteignent pas leurs buts est qu'ils ne font pas ce qu'ils doivent faire pour s'y rendre. Ils procrastinent sur ce qui est important, et bourrent leur agenda de choses prétendument urgentes, mais qui mangent leur temps. À force de faire des choses qui sont « à faire », mais qui ne sont pas essentielles, vous passez votre temps à brasser de l'air, à remuer de la poussière, sans jamais avancer.

## Bien gérer son temps

La gestion du temps est très importante pour la loi de l'attraction. En effet, vous avez besoin de temps pour expérimenter les belles circonstances que vous voulez attirer. Si, par exemple, vous rêvez d'avoir l'homme de votre vie auprès de vous, mais que votre agenda est rempli d'activités qui ne concernent que votre travail, vous n'aurez pas le temps nécessaire pour accepter une nouvelle personne dans votre vie. Par conséquent, vous risquez de bloquer cette rencontre.

Si vous voulez disposer de beaucoup plus d'argent dans votre vie, mais que vos habitudes de vie ne permettent pas d'inclure tous les loisirs que vous souhaiteriez avoir lorsque vous aurez plus d'argent, vous ne pouvez pas attirer cet argent.

Le temps doit se créer avant d'avoir l'argent pour le dépenser, avant d'avoir la relation amoureuse, la santé. Le temps se gère avant. En effet, plus d'argent, plus de relations ou plus de santé impliquent plus d'activités qui prennent du temps. Si vous n'êtes pas capable de gérer votre temps maintenant, vous serez encore moins capable de le gérer quand vous aurez tout ce que vous souhaitez obtenir.

À retenir

Gérer son temps est par conséquent capital pour attirer le meilleur. Afin de gérer votre temps, déterminez vos priorités. Créez-vous du temps supplémentaire en éliminant les activités qui ne vous servent pas. Un élément crucial de la gestion de temps est la suppression de la procrastination (voir **chapitre 15**).

Tergiverser fait également perdre un temps considérable qui pourrait être employé à s'amuser, une fois que vous aurez terminé ce que vous devez faire pour avancer.

## Faites toujours de votre mieux

Si vous voulez avancer rapidement vers plus de succès et de bonheur, faites toujours de votre mieux. Pour cela, vous devez d'abord déterminer la liste des actions que vous devez faire durant la journée. Organisez-les par ordre de priorité et commencez par la plus importante.

**Conseil**

Décidez de finir chaque tâche dès le début, dès que vous la commencez. Décidez de vous y atteler et de rester dessus tant qu'elle ne sera pas terminée. Vous allez avancer bien plus rapidement et cette progression vous remplira de joie. La joie attirera encore plus de raisons de célébrer vos réussites (voir **chapitre 4**).

**À retenir**

Chaque nouvelle journée offre de nouvelles chances d'améliorer sa vie et d'avancer vers ses objectifs. Si vous faites de votre mieux, votre bien-être et votre sentiment d'accomplissement croîtront quotidiennement.

Demandez-vous fréquemment au cours de la journée : « Est-ce que je fais de mon mieux en ce moment précis ? » Il ne s'agit pas d'être parfait. Au contraire. Il est simplement question d'être le meilleur que l'on puisse être à chaque moment de la journée.

Vous n'êtes en compétition avec personne. Tout ce que vous devez essayer est de vous dépasser sans cesse un peu plus. Vous devez tenter d'offrir chaque jour le meilleur de vous-même. Ainsi, vous ne raterez pas d'opportunité et vous développerez plus de confiance en vous.

Chaque jour est différent, et nous ne sommes pas semblables à la personne que nous étions la veille. Il se peut qu'un jour, nous ayons plus d'énergie et d'entrain, et que nous soyons plus fatigués un autre jour. L'important est de faire de son mieux, d'être au meilleur de ses capacités du moment. Ainsi, vous profiterez de chaque journée au maximum.

# Partie 3
# Développer son génie intérieur

## Dans cette partie...

Le génie intérieur se développe lorsque l'on est capable d'écouter son être profond. Pour cela, il est fondamental de s'aimer. Beaucoup de gens pensent avoir construit un amour de soi inconditionnel et satisfaisant, mais il n'en est rien. Vous recevez toujours à la hauteur de ce que vous pensez mériter. Si vous n'êtes pas satisfait dans certains domaines de votre réalité, c'est peut-être dû au fait que vous n'avez pas développé assez d'estime de vous-même.

Lorsque l'on s'aime inconditionnellement, que l'on avance vers son but en faisant des actions intentionnelles quotidiennes, on augmente son bonheur intérieur. Ce faisant, l'atteinte du but en soi perd de son importance. Nous pouvons vivre le moment présent dans la joie et le détachement complet. Nous cessons alors de vouloir tout contrôler et lâchons prise. Nos actions deviennent inspirées, et nous arrivons alors à attirer le meilleur beaucoup plus rapidement.

**DANS CE CHAPITRE**

Qu'est-ce que le lâcher-prise et quelle est son importance pour la loi de l'attraction ?

Le lâcher-prise en amour

Le pouvoir du bonheur constant

Le lâcher-prise en pratique

# Chapitre 7
# Apprendre à lâcher prise

Voulez-vous attirer plus d'argent, d'amour, de santé dans votre vie ? Lâchez prise ! Voilà un conseil qui va vous permettre d'utiliser la loi de l'attraction pour ces projets.

En acceptant de vous détacher de votre but, vous envisagez la possibilité de ne pas être entièrement celui ou celle qui contrôle tout ce qu'il vous arrive. L'ego a souvent du mal à accepter cet état, et c'est pour cette raison que de nombreuses personnes s'inquiètent du résultat au lieu de laisser faire l'univers. En lâchant prise, vous acceptez l'apport de l'univers dans votre cheminement. Vous acceptez de ne pas posséder toutes les réponses, de ne pas savoir exactement comment toutes les pièces du puzzle vont s'imbriquer.

À retenir

Au lieu de vouloir contrôler votre monde à tout prix, acceptez qu'une meilleure option est toujours possible, et laissez ainsi l'univers s'organiser pour vous offrir ce qu'il y a de mieux. Il y a toujours certaines conditions que vous ne pouvez pas contrôler. Par conséquent, laissez celles-ci à l'univers.

Cette façon d'agir vous rend en fait beaucoup plus responsable que vous le pensez. En laissant l'univers s'occuper de l'incontrôlable, vous devenez responsable de toutes les tâches qui vous incombent pour accéder à votre but. Vous pouvez ainsi passer à l'action et travailler sur votre liste d'étapes à accomplir en vue d'obtenir vos résultats, au lieu de perdre votre énergie à vous préoccuper d'aspects probables, mais incontrôlables.

Utiliser la loi de l'attraction implique donc à la fois de s'atteler à l'action en usant de détermination et de persévérance, et de se détacher du résultat, car une meilleure option pourrait être envisageable.

# Qu'est-ce que le lâcher-prise ?

Le lâcher-prise se résume à dire que si votre but n'est pas atteint, vous serez tout de même heureux. La plupart des gens n'y arrivent pas, car ils confondent résultats obtenus et bonheur ressenti. Or, le bonheur doit être constant, peu importe ce qu'il vous arrive dans la vie. C'est ce bonheur qui vous permettra d'atteindre vos buts, et non l'inverse.

La plupart des gens sont prisonniers de leur objectif. Ils accordent trop d'importance à la réalisation finale du but, ce qui veut dire que le bonheur manque à la source. Pour eux, le but promet ce bonheur. Si vous vous acharnez à vouloir atteindre un objectif, vous indiquez à l'univers que vous vivez dans le manque et la pénurie. Et par la loi de l'attraction, vous allez vous attirer plus de manque.

## Le piège du but à atteindre

De nombreuses personnes sont obsédées par le fait d'atteindre leur but et négligent le chemin qui y mène. Pourtant, avez-vous remarqué à quel point ils oublient rapidement leurs succès ? Dès qu'un but est atteint, ils passent au suivant. La plupart des gens ne célèbrent même pas leur victoire. Parvenus à leurs fins, ils font preuve d'ingratitude et se lancent vers une nouvelle destination.

L'ingratitude et le désarroi sont des signaux que l'on veut éviter d'envoyer à tout prix. Ce sont des vibrations qui n'apportent rien de positif. De plus, lorsque l'on s'attache à un but, on perd de vue qu'il existe peut-être une alternative plus bénéfique. L'obstination joue des tours et peut nous mener à la catastrophe. Nous risquons alors d'attirer le malheur que nous essayions d'éviter en visant l'objectif.

À retenir

Lorsque l'on s'attache à un but en particulier, on finit par s'identifier à celui-ci. Rater son but signifie alors être un raté. Faites attention de ne pas tomber dans ce piège !

D'autre part, s'attacher à la finalité d'un but reflète un manque de confiance en soi. Si vous tenez tellement à vous rendre à une certaine destination, c'est que vous doutez de votre capacité à vous débrouiller dans n'importe quelle circonstance. Si vous n'arrivez pas à lâcher prise, cela démontre que vous doutez de pouvoir y arriver. Lorsque l'on est sûr de soi ou de sa capacité à se rendre quelque part, on ne ressent plus l'obsession quant à la destination.

## Ayez confiance

Le manque de lâcher-prise reflète aussi un défaut de confiance en l'univers. L'univers (ou votre moi supérieur, la Source – voir **chapitre 2**) en sait davantage que vous. Peut-être que le but que vous vous êtes fixé n'est pas le meilleur qui soit, sur le long terme. Peut-être qu'il vous causera plus de tort que de bien. Peut-être que vous ne réalisez pas encore toutes les implications liées à sa réalisation ou les tracas que cette réussite vous causera.

Peut-être que l'univers vous réserve des surprises, quelque chose d'encore mieux que ce que vous vous êtes fixé comme but. Le but est parfois uniquement une leçon à apprendre afin de se rendre vers quelque chose de plus intéressant. Gardez l'esprit ouvert. Si vous avez appris votre leçon, ce but n'est peut-être plus nécessaire.

## Un but en cache un autre

J'ai coaché énormément de monde. La première étape de mon coaching est toujours axée sur les buts. Je me suis rendu compte que la plupart des gens confondent les buts et les moyens. Ils se fixent un but et y tiennent *mordicus*, alors qu'en fait, ce but n'est qu'un tremplin pour réaliser leur rêve.

**Exemple**

Sonia désire avoir une promotion et monter les échelons dans la compagnie avec laquelle elle travaille. Elle en rêve la nuit et y pense toute la journée. Quand on creuse un peu, on s'aperçoit qu'en fait, ce qu'elle désire est un meilleur salaire. Elle déteste son emploi. Elle tomberait probablement malade si elle avait plus de responsabilités et de tâches à remplir à la suite de sa promotion. Pourtant, elle n'en démordra pas tant qu'elle ne comprendra pas le but réel de l'objectif qu'elle s'est fixé.

**Exemple**

Catherine, quant à elle, veut gagner 10 000 euros par mois dans un marketing de réseau en ayant 20 partenaires dans son équipe. Elle veut absolument 20 partenaires, car elle est certaine que c'est le seul moyen d'atteindre son objectif financier. Elle ne laisse pas de flexibilité à l'univers pour lui offrir une meilleure solution. Elle se démène et se tourmente à chercher et former 20 personnes. Elle pourrait obtenir le même revenu dans une autre activité ou avec un nombre plus restreint de personnes.

Elle n'a pas réfléchi aux conséquences négatives de devoir gérer une équipe aussi importante ni aux surplus d'heures de travail que cela occasionnera. Du coup, elle se sentira déçue tant qu'elle n'aura pas atteint cet objectif de 20 personnes. À force d'acharnement, l'univers lui offrira sûrement ce qu'elle désire ardemment. Et elle passera probablement le reste de son temps à se plaindre des conséquences de cette victoire.

**Exemple**

Paul veut absolument gagner 3 500 euros par mois. S'il n'y arrive pas, il sera déçu et pensera avoir raté sa vie. Il ne s'aperçoit pas à quel point sa famille l'aime tel qu'il est. Il veut gagner cet argent pour payer ses dettes. Il ne réalise pas qu'il existe d'autres solutions : ne pas vivre au-dessus de ses moyens, par exemple. Il ne comprend pas que s'il ne sait pas gérer ses finances, ses habitudes dépensières lui feront dépenser ce qu'il gagnera. S'il gérait bien ce qu'il possède, il pourrait payer ses factures, se débarrasser de ses dettes et même épargner.

**Conseil**

Lorsque vous vous créez un but, il doit vous apaiser et non vous stresser. S'il vous rend anxieux, votre but n'est peut-être pas vraiment ce que vous désirez. Vous avez peut-être peur de rêver ou de croire que vous êtes capable (ou que vous méritez) de recevoir ce que vous désirez. Peut-être pensez-vous que ce but est le seul tremplin possible vers l'objectif que vous désirez réellement. Si votre but vous tracasse trop, demandez de l'aide à l'univers et retournez à vos occupations. Vous devez avoir l'esprit ouvert pour être capable d'accueillir toutes les opportunités, toutes les possibilités que l'univers peut vous offrir. Rappelez-vous qu'elles sont infinies.

# Le lâcher-prise en amour

Il semble parfois bien difficile de se détacher de ce que l'on convoite le plus fortement. Il faut vous demander quelle est la vraie raison qui se cache derrière votre course, votre attachement, votre acharnement.

Est-ce que la personne que vous convoitez vous apportera du bonheur une fois que vous aurez conquis son cœur ? C'est une erreur à éviter.

Personne ne peut vous rendre heureux. Vous seul pouvez choisir de vivre dans le bonheur, par vous-même, peu importe la personne qui vous accompagne.

## Le mythe de la personne idéale

Lorsque vous avez absolument besoin d'« avoir » l'autre, il le ressent et prends de la distance. Il perçoit cela comme une prison qui se referme sur lui.

Vous obtiendrez beaucoup plus d'amour et d'affection si vous laissez cette personne libre de venir à vous ou non, et de vous choisir comme partenaire.

Si cela ne se produit pas, cela veut simplement dire que quelqu'un de mieux vous attend. Il ne sert à rien de vous acharner. Vous n'aimeriez pas non plus ressentir le désespoir de l'autre qui s'attacherait à vos basques. Vous le fuiriez probablement aussi. Mettez-vous à sa place de temps à autre, et vous saurez davantage comment vous comporter.

Exemple

Imaginez que vous ayez rencontré un jeune homme ou une jeune femme qui vous plaît. Les événements ne se déroulent pas nécessairement tels que vous l'espériez. La relation se termine plus ou moins bien. C'est la fin du monde, la catastrophe. Cette personne-là était l'élue de votre cœur. C'était celle qui vous était divinement destinée, vous en êtes certain. Vous désespérez et pensez que vous ne rencontrerez plus jamais personne.

Puis, un mois ou deux passent. Trois mois passent, et vous tombez de nouveau amoureux. Vous rencontrez quelqu'un de merveilleux. Vous regardez derrière vous et vous dites : « Bah, c'est une chance que je ne sois pas resté avec l'autre personne. Qu'est-ce que j'ai bien pu lui trouver ? Cette personne-là est bien meilleure pour moi. J'arrive enfin à m'identifier au bonheur grâce à cette personne. » Souvent, les buts que l'on veut atteindre sont simplement des apprentissages de la vie.

La loi de l'attraction, ou l'univers, fonctionne de manière cocasse. Nous voulons absolument quelque chose, puis, quand on l'obtient, on se dit : « Ce n'est pas vraiment ce que je voulais. Je veux quelqu'un qui soit un petit peu plus comme ci, un petit peu moins comme ça. Je ne voulais pas du tout quelqu'un comme ça. Je voulais autre chose… » Puis l'univers retravaille, et *boom !*, il vous redonne quelque chose d'autre. Et là, vous redites : « Eh bien, je veux ça, je ne veux pas ça… » et ça continue…

Lorsque vous aurez complètement confiance en l'univers, vous comprendrez qu'il n'y a aucune malice derrière ce qu'il vous arrive. À moins d'avoir fait du tort à autrui (et cela aussi serait une leçon apprise), vous ne serez jamais puni.

À retenir

L'univers n'est pas mauvais et ne vous offre pas des événements négatifs exprès. Soit vous recevez ce que vous pensez mériter. Soit vous développez vos aptitudes, vos connaissances et vos habiletés afin de rencontrer la personne idéale pour vous.

## C'est lorsqu'on ne cherche plus qu'on trouve

Je ne sais pas si vous l'avez déjà remarqué, mais c'est souvent quand on s'y attend le moins, quand on cherche le moins, quand on s'occupe de ses petites affaires et qu'on a oublié le but que l'on voulait atteindre désespérément, qu'il se passe soudainement quelque chose qui nous permet de l'obtenir. Parfois, juste avant de laisser tomber, on fait un dernier effort en désespoir de cause, et soudain, victoire !!

L'abandon est une forme de lâcher-prise, bien que ce ne soit pas la même chose. Cependant, l'énergie dégagée est la même et la vibration semblable. Votre bonheur ne dépend plus de ce but. Comme par magie, il se réalise alors. Lorsque vous tenez à quelque chose trop fermement, vous empêchez le flot de l'univers de permettre sa réalisation.

À retenir

Lorsque vous laissez tomber, vous ne vous préoccupez plus de la réussite ou de l'échec de votre projet. C'est à ce moment précis que vous permettez à l'univers de vous apporter des solutions. L'univers agit simplement et facilement. Plus vous forcez, plus vous empêchez son flot naturel.

Pour attirer, il faut savoir reculer : c'est une des lois de l'attraction. Le principe de l'attraction est que vous êtes là, présent, et que vous attirez à vous. Plus vous allez courir après ce que vous recherchez, plus vous allez le repousser. Il faut prendre du recul, un temps d'arrêt, ménager cet espace entre votre désir et sa réalisation. Vous offrez alors la possibilité à l'univers de remplir cet espace et de vous offrir ce que vous souhaitez recevoir.

# Le pouvoir du bonheur constant

Mieux vous vous sentez, mieux vous vous sentirez. Les gens optimistes et positifs ont tendance à attirer plus de circonstances positives, peu importe leur situation du moment. Le bonheur n'est pas seulement un but à rechercher, mais aussi le moyen grâce auquel vous allez attirer à vous les gens et les événements positifs.

## L'habitude de se sentir bien

Il est facile de commettre l'erreur, en observant une personne qui semble refléter l'image du bonheur, de se dire : « Bien sûr qu'elle est heureuse, elle a énormément de choses qui fonctionnent dans sa vie ! » Il faut se rendre compte que cette personne a probablement autant de choses qui fonctionnent dans sa vie *parce qu'elle* est heureuse.

La loi de l'attraction ne fonctionne pas par ce que vous faites, mais plutôt par le biais de votre intention. Le secret de la loi de l'attraction réside plus précisément dans la manière dont vous vous sentez. Vous n'avez pas besoin de faire une fixation obsessionnelle sur des images d'événements que vous souhaitez. Il s'agit plutôt de développer une attitude positive en sachant que tout ira pour le mieux. Il est nécessaire de développer une habitude de pensées positives qui vous aidera à surmonter les obstacles, car alors, vous verrez au-delà de ceux-ci.

**À retenir**

Le vrai secret réside dans l'habitude de se sentir bien. Il est nécessaire de s'habituer à vivre dans la gratitude, d'apprécier chaque moment de la vie en s'attendant au meilleur. Prenez le pli d'apprécier ce qu'il y a de positif dans chaque moment, et vous attirerez de plus en plus de circonstances positives.

## Ne pas prendre ses problèmes personnellement

Ne pas prendre ses problèmes au sérieux est un art. C'est difficile au départ, j'en conviens. Essayez de ne pas vous sentir impliqué émotivement dans vos problèmes. Vous allez me dire que c'est impossible : « Évidemment, Slavica, si j'ai un problème, je vais me sentir impliqué émotionnellement. »

À retenir

Il est pourtant vraiment nécessaire de dédramatiser le problème. Il faut que vous arrêtiez de vous plaindre et de paniquer à son sujet. Cela n'y changera rien à part vous faire paniquer davantage. Plus vous ressentez d'angoisse et de stress, moins vous serez capable de trouver des solutions.

### Détendez-vous...

Vous pouvez utiliser plusieurs moyens pour vous détendre : la respiration, la relaxation, la méditation. Vous pouvez sortir faire une marche. Vous pouvez vous changer les idées. Vous pouvez utiliser l'EFT (voir l'Annexe en fin d'ouvrage) ou des techniques de nettoyage émotionnel par rapport à vos problèmes...

Conseil

Il existe de nombreux moyens de vous relaxer afin de ne pas vous stresser à cause de votre problème. Vous devez le voir et le rationaliser comme si c'était le problème de quelqu'un d'autre, comme si quelqu'un d'autre vous l'avait apporté et que vous aviez à le résoudre. Vous vous sentiriez beaucoup moins impliqué personnellement si c'était le souci d'une autre personne, n'est-ce pas ?

Vous pouvez aussi vous imaginer que c'est un problème qui est survenu il y a cinq ans et que vous l'avez déjà résolu. Vous trouverez une solution plus aisément en vous demandant : « Qu'est-ce qui se passerait si j'avais déjà la solution ? » L'important ici est de toujours diriger votre conscient vers la solution et de vous orienter le moins possible vers le problème. Regardez loin devant vous : où est-ce que vous voulez vous diriger plutôt que de vous concentrer sur le problème ?

### ... et relativisez !

Peu importe votre problème, il a déjà été résolu dans 99,99 % des cas par quelqu'un d'autre qui a déjà vécu ce problème. Arrêtez donc de dramatiser comme si c'était la pire des choses qui vous soit arrivée ! Il y a toujours plus grave que votre problème, un plus gros drame que celui que vous vous imaginez.

Le plus gros drame dans la vie, c'est de ne plus vivre, de ne plus exister. Tant que l'on est encore en vie, quand on est dans la vie, on a le droit de jouer à la vie, de vivre cette vie. Regardez alors votre problème comme un jeu qu'il faut solutionner, un casse-tête, une énigme à résoudre.

Essayez de moins le prendre au sérieux et allez jusqu'à utiliser l'humour, même s'il semble vraiment dramatique. Vous devez vous en détacher et utiliser des méthodes pour vous relaxer. Il est essentiel de regarder vers la solution, parce qu'elle est ailleurs que là où se trouve votre problème (voir « Les solutions ne se trouvent pas au rayon "problèmes" » au **chapitre 5**).

#### Demandez de l'aide

Recherchez autour de vous. Il y a toujours des solutions. Arrêtez de dramatiser, de vous plaindre, de gémir. Posez-vous les bonnes questions. Cherchez quelqu'un qui peut vous aider. Allez sur le Web. Vous trouverez des gens qui sont déjà passés par quelque chose de similaire et qui peuvent vous aider à résoudre votre énigme.

Il est sûr que si vous êtes endetté, vous pensez être pris à la gorge par vos problèmes financiers. Il est difficile dans ce cas de lâcher prise et de se dire : « Bof, dans le fond, avoir ou ne pas avoir de l'argent, ça ne change rien dans ma vie. Je vais développer mon bonheur. » Mais vous ne mourrez pas de vos dettes. Vous allez mourir de votre stress si vous vous en faites trop, si vous prenez ça comme la fin du monde.

Vous ne mourrez pas d'une peine d'amour non plus, à moins que vous ne décidiez que c'est la fin du monde et que vous vouliez que ce soit la fin de votre vie. Rappelez-vous : rien n'est la fin du monde. Malheureusement, il y a toujours des gens qui vivent des circonstances bien pires que les vôtres et qui se portent bien malgré tout.

Il est parfois difficile de le croire, mais tout arrive vraiment pour le mieux, pour le bienfait ultime de votre être. Plus vous vous aimerez, plus les circonstances de votre vie s'aligneront, s'enchaîneront harmonieusement, pour vous apporter du mieux, du bien, du bonheur. Moins vous vous respecterez, vous et votre environnement, plus vous attirerez des circonstances négatives.

L'univers est là pour vous apporter des circonstances de plus en plus belles. Peut-être que ce qu'il vous réserve est bien meilleur que le plus fou de vos rêves.

## Comment se concentrer sur son but tout en lâchant prise ?

L'art de la loi de l'attraction est un équilibre sur une corde très mince tissée de deux principes qui semblent s'opposer : votre désir ardent de réussir et d'atteindre votre but et, en même temps, votre capacité de vous détacher de cette finalité. De nombreuses personnes se heurtent à ce principe, car elles confondent le détachement avec l'abandon.

À retenir

Lâcher prise ne veut pas dire se désintéresser. Lâcher prise signifie se détacher des résultats en vivant dans le bonheur du moment présent. Se désintéresser veut dire abandonner son projet et ne plus y tenir.

## En pratique

Il existe des moyens de développer votre désir ardent de réussite, d'atteindre votre but, tout en lâchant prise. En pratiquant l'appréciation, vous serez déjà heureux de la vie que vous menez et ne ressentirez plus le besoin pressant de réussite. Nous verrons au **chapitre 10** à quel point la gratitude peut vous servir à atteindre et dépasser vos buts. Elle vous aidera à avoir une vie plus épanouie. La gratitude permet de transformer nos besoins en désirs.

Les désirs sont atteignables et nous procurent du bien-être lorsque nous y songeons. Les besoins sont stressants et repoussent l'échéance de notre réussite.

Conseil

En vous créant de nombreux buts, vous ne vous attacherez plus au but unique que vous vous êtes fixé. Le succès ne se fondera plus uniquement sur une destination, mais reposera sur plusieurs piliers. Si l'un vient à tomber, les autres soutiendront la forteresse de votre réussite. Il n'y a pas de limites au nombre de buts que vous pouvez vous fixer.

Développer l'art du moment présent vous permettra d'avoir plus de détachement. Dans le **chapitre 8** consacré à cette pratique qui semble surhumaine et que, pourtant, tous les enfants exercent sans réfléchir, vous verrez comment vous pouvez profiter pleinement du temps qui passe. Vous vivrez ainsi plus de bonheur au quotidien et attacherez moins d'importance au but que vous vous êtes fixé.

## La leçon du train qui déraille

J'ai remarqué avec le temps que, plus nous vivons le moment présent dans le bonheur et la gratitude, plus les circonstances se dévoilent d'elles-mêmes. Nul besoin de courir après quoi que ce soit. Les choses se dévoilent un peu comme des cadeaux. Les surprises de cet univers nous ouvrent le chemin les unes après les autres. Le meilleur vient à nous.

Si vous vous remémorez les cinq dernières années de votre vie, je suis certaine que vous pouvez retrouver des circonstances fortuites qui vous ont aidé. Vous pouvez vous rappeler certains événements grâce auxquels vous êtes parvenu là où vous êtes. Certaines circonstances de votre vie, positives ou négatives, vous ont aidé à vous rendre jusqu'ici.

Beaucoup de choses ont changé dans mon cas. J'ai énormément voyagé. J'ai fait beaucoup de choses. Il y a quelques années, je n'aurais pas pu m'imaginer vivre ici, en Floride, à quelques pas de l'océan, et me promener quotidiennement au bord de l'eau.

En observant votre passé, vous vous rappellerez certains buts que vous vouliez atteindre à tout prix, et qui ne vous intéressent plus. En fin de compte, vous ne les désiriez pas tant que ça. À l'époque, pourtant, vous y teniez fermement. Vous avez changé, vos besoins et envies ont changé également.

**Conseil**

Par conséquent, ne forcez pas les choses. Lorsque vous voyez que ça tire ou qu'il y a trop de blocages, arrêtez-vous. Analysez d'où peut provenir le blocage. Il n'est pas nécessaire de ramer à contre-courant. C'est d'ailleurs l'inverse. Vous devez voguer avec le courant. Tout se produira dans votre vie comme prévu par l'univers, de la meilleure manière possible. Vous devez développer votre foi. Celle-ci grandit grâce à la gratitude et au bien-être du moment présent.

Il m'est arrivé un jour de rater un train dans un pays qui était au bord d'une guerre civile. J'ai eu extrêmement peur. J'étais très déçue d'avoir raté ce train. J'en ai pleuré pendant six heures, le temps nécessaire pour attraper le train suivant. J'avais vraiment peur pour ma vie. Je me suis dit : « Ah, mon Dieu, je suis coincée ici pendant six heures. Je risque de mourir. » J'étais hyper-stressée. J'aurais donné ma vie pour rattraper ce train. J'aurais d'ailleurs réellement donné ma vie si je l'avais attrapé, parce que ce train a déraillé à cause de l'explosion d'une bombe à son bord...

**À retenir**

On rate parfois un train. On n'atteint parfois pas le but que l'on visait absolument. Et, parfois, cela nous sauve la vie. Par conséquent, il n'est pas nécessaire de vouloir absolument atteindre un but précis et de se sentir déçu de ne pas y arriver.

Pratiquez le lâcher-prise. C'est possible. Respirez profondément. Plus vous respirez bien, plus vous contrôlez vos émotions. Rappelez-vous des succès passés. Il arrive que certaines choses ne se produisent pas afin de permettre à de meilleures choses de prendre leur place. Rappelez-vous que chaque chose arrive en son temps. Il y a fort à parier que de meilleures choses vous attendent.

**DANS CE CHAPITRE**

Exercices pour savourer le moment présent

•

L'art de la contemplation

•

Une autre perception du temps

•

La manifestation instantanée

•

L'écoute active

# Chapitre 8
# Vivre le moment présent

Dans le moment présent, nous pouvons constater les signes de l'univers nous indiquant le meilleur chemin à suivre pour atteindre nos buts plus rapidement. En nous préoccupant des soucis possibles d'un avenir qui n'existe pas encore, nous ratons le présent. Celui-ci est pourtant rempli de milliards de miracles qui attendent d'être vus si l'on y porte attention.

À retenir

Seul compte le moment présent. Le passé n'existe plus. Le futur n'existe pas encore. Il n'y a que ce moment, maintenant, qui existe.

Vous savez, la vie passe quoi qu'il arrive. Les instants, si nous n'en profitons pas tels qu'ils sont au moment présent, passent. Ils se diluent si nous ne les vivons pas à leur plein potentiel. Si nous vivons pour le futur, nous ne vivons pas encore. Si nous vivons pour le passé, nous ne vivons jamais vraiment.

L'univers travaille sans relâche pour vous apporter les expériences présentes. Se plaindre de ces expériences présentes équivaut à insulter l'univers en lui disant qu'il ne fait pas un assez bon travail. En fait, il vous apporte exactement ce que vous avez attiré par vos pensées et vos émotions, ni plus ni moins.

Être dans le moment présent vous permet de développer votre capacité réceptive et d'identifier les solutions. Vous pouvez ainsi reconnaître les signes qui indiquent la voie à emprunter, c'est-à-dire dans quelle direction vous diriger pour vivre plus de bonheur, plus de succès et plus de réussite.

## Exercice facile pour augmenter sa capacité à vivre le moment présent

La méditation est une façon vraiment efficace d'augmenter votre présence. Votre cerveau sera moins « éparpillé ». Plus vous réduirez le nombre de pensées que vous avez au quotidien, plus vous serez à même de faire le silence, et donc de profiter de l'instant présent.

Comment faire ? Voici un exercice qui va grandement vous aider à développer votre présence consciente.

Conseil

» **Asseyez-vous confortablement sur un siège.** Soyez à l'aise et gardez les yeux ouverts. Portez ensuite votre attention sur la chaise sur laquelle vous êtes assis. Prenez le temps de sentir tous les endroits de votre corps qui touchent la chaise, vos bras, vos doigts, vos mains... Sentez les doigts se crisper sur le bois du siège. Sentez comme vos pieds sont bien ancrés dans le sol.

» **Pensez à la lourdeur de votre corps et à la sensation que procure la chaise.** Est-elle froide ? Est-elle chaude ? Pensez à votre posture : êtes-vous droit ? Êtes-vous bien équilibré sur la chaise ? Un côté est-il plus lourd que l'autre ? Bougez lentement pour sentir votre corps en mouvement. Redressez-vous. Redressez votre tête.

» **Visualisez l'air qui entre dans vos poumons.** Ressentez-le, il est plus froid une fois qu'il entre et plus chaud une fois qu'il sort. Pensez à tous les petits détails. Pensez à vos cheveux : comment sont-ils placés sur votre visage ? Concentrez-vous sur vos organes. Pensez aux os qui ont bâti la structure de votre corps.

- **Écoutez le battement de votre cœur.** Si vous n'êtes pas capable de l'entendre, posez votre main sur votre cœur. Réfléchissez au toucher, au fait que vous avez touché une autre partie de votre corps. Essayez de distinguer ce qui est ressenti par la main au toucher et par le corps qui est touché par votre main. Ensuite, portez votre attention sur ce battement.
- **Reportez votre attention sur votre respiration**, sur l'air qui entre, sur l'air qui sort. Ne faites pas attention aux pensées qui vous traversent l'esprit. Elles ne sont pas importantes au moment présent.
- Pensez à vos genoux qui sont pliés, à vos bras qui sont suspendus ou bien posés sur le canapé, le divan, la chaise sur laquelle vous êtes installé. Réfléchissez à vos reins : est-ce qu'ils sont confortables ? Est-ce qu'ils vous font mal ? Pensez à votre ventre. Portez votre attention sur votre système digestif.
- **Imaginez toutes vos molécules en train de travailler.** Pensez aux atomes que vous êtes en train de perdre et aux autres atomes qui sont en train de s'accrocher à votre corps. Vous êtes continuellement en train de changer, de vous métamorphoser.
- **Pensez à vos yeux, à votre visage, laissez-le se relaxer.** Est-ce qu'il est tendu ? Est-ce que vos oreilles sont détendues ? Est-ce que votre nez est relâché ? Est-ce que votre langue est coincée au niveau du palais ou est-elle posée entre vos dents ?
- **Prenez le temps de vous relaxer complètement.** Maintenant, pensez à vos yeux, regardez devant vous. Qu'est-ce que vous voyez ? Qu'est-ce que vous entendez ? Prêtez attention à tous les bruits que vous percevez. Est-ce que vous pouvez entendre l'électricité ? Êtes-vous capable d'entendre le bruit de l'eau dans les tuyaux ? Votre cœur sans poser votre main dessus ? Votre respiration ? Êtes-vous capable d'entendre la digestion qui se fait au niveau de votre estomac ? La circulation de votre sang ?
- **Essayez de forcer votre vision afin qu'elle s'élargisse.** Vos yeux voient-ils grand ? Voient-ils petit ? Voient-ils rapproché ? Prenez un point sur le mur et fixez-le. Ensuite, essayez d'élargir votre champ de vision. Faites en sorte de voir une partie de plus en plus grande du plafond et du sol. Agrandissez consciemment votre champ de vision. Cet exercice va, en plus, vous permettre d'agrandir votre champ de vision réel dans tous les aspects de votre vie.

- Une fois que vous avez pris le temps de vous remettre dans le temps présent, imaginez que vous êtes une âme assise sur cette chaise et que votre corps est en train de se placer pour être synchronisé avec cette âme. Vous sentez-vous bien ancré dans votre âme ? Votre âme est-elle bien ancrée dans votre corps ? Les deux sont-ils en symbiose et en harmonie ?
- **Réfléchissez maintenant à votre présent, à ce moment présent.** Est-ce que vous avez faim ? Est-ce que vous avez mangé jusqu'à satiété ? Avez-vous soif ? Avez-vous envie d'aller aux toilettes ? Avez-vous un toit au-dessus de votre tête ? Êtes-vous comblé ?

Au moment présent, il ne vous manque rien. Vous avez tout à l'intérieur de vous pour résoudre tous vos problèmes. À cet instant précis, vous êtes parfait. Vous êtes divin. Il n'y a pas mieux que vous.

Réfléchissez au fait qu'en ce moment même, vous êtes rempli de vous. Votre âme occupe chaque particule de votre corps. Toutes vos molécules fonctionnent au mieux dans votre corps. Déjà, cet instant précis est parti. Un nouvel instant prend sa place. Réfléchissez à toutes ces petites choses qui font que vous vivez maintenant, ici. Pas demain, pas hier. Vous êtes ici avec moi, en ce moment. Réfléchissez à toutes les petites circonstances de la vie qui font que vous vivez le moment présent.

Pratiquez cet exercice tous les jours. Pratiquez-le pendant cinq à dix minutes. Quand vous vous sentirez à l'aise, exercez-vous trois fois par jour pendant quelques minutes. Par la suite, cet exercice deviendra une habitude, et vous y retournerez naturellement dès que vous vous sentirez trop embarqué dans le flux excessif de votre quotidien.

## L'art de la contemplation

Plus vous vivrez dans le moment présent, plus votre vie deviendra magique. Vous allez profiter de chaque instant. Vous allez vous concentrer sur ce que vous êtes en train de faire. Vous aurez un meilleur rendement et plus d'efficacité. Vous ferez moins d'erreurs et gagnerez beaucoup de temps.

À retenir

Plus vous ralentirez vos pensées et vos actions, plus vos manifestations vont s'accélérer. Plus vous vous ralentirez, plus vous avancerez rapidement. Cela semble contradictoire, n'est-ce pas ? Avancer à toute allure en ayant une intention négative ne vous mènera nulle part. Prendre des décisions hâtives par manque de confiance ou par panique vous poussera à faire des erreurs parfois coûteuses. Plus vous tirez de votre côté pour que les choses arrivent rapidement, plus vous ralentissez l'univers.

Une manière de ralentir ses pensées se trouve dans l'art de la contemplation.

## Une marche dans la nature

Si vous entreprenez une marche, concentrez-vous sur les sons de la nature autour de vous. Écoutez le bruit de vos pieds sur le sol. Ressentez les parfums qui vous entourent. Contemplez la beauté alentour. Laissez vos pensées passer et écoutez votre cœur.

L'un des miracles que vous expérimentez quand vous vous concentrez sur le présent est que vous devenez beaucoup plus intuitif et inspiré. Lorsque vous centrez votre attention sur le présent, vous créez de l'espace libre dans votre esprit. Ce dernier permet à votre esprit de générer de nouvelles pensées et idées.

Vous pouvez trouver des réponses aux questions qui vous inquiétaient, et la meilleure manière de traiter certains problèmes ou préoccupations.

Exemple

Promenez-vous dans la nature. Portez votre attention sur votre corps en mouvement, notamment sur vos pieds. Comment se déplacent-ils ? L'herbe est-elle fraîche ? Est-elle sèche ? Marchez-vous sur du sable ? Sur des cailloux ? L'environnement dans lequel vous évoluez fait partie de vous. Nous faisons partie d'un tout unique. Trouvez ce qui vous lie à cet environnement et comment cet environnement est lié à vous.

Essayez de voir à quel point vous êtes identique à cet univers. Vos molécules s'échangent avec celles de l'univers. Pendant que vous respirez, vous prenez des atomes, vieux de milliards d'années. Vous les renvoyez ensuite dans l'atmosphère. D'autres personnes respireront vos atomes et prendront ainsi une partie de vous.

Nous sommes tous pareils. Nous possédons les atomes de dinosaures, des atomes de l'univers entier. Cet exercice va vous amener à développer plus de compassion envers l'humanité entière.

### Observer : tout un art !

Pendant que vous vous promenez dans la nature, notez les détails. Explorez la beauté. Soyez un enquêteur de beauté. Regardez autour de vous. Analysez toutes les parcelles de beauté que vous pouvez voir. Écoutez tous les bruits autour de vous, ceux des feuilles qui bougent, des petits oiseaux, des enfants qui rient.

Observez, explorez chaque moment. Ancrez votre perception dans ces instants et le temps va s'allonger. Il va ralentir et vous verrez les choses se dérouler au ralenti. Concentrez-vous sur chaque petite feuille, sur chaque petit brin d'herbe, sur votre respiration, sur l'air.

Quel parfum a-t-il ? Sent-il bon ? Sent-il mauvais ? Fait-il froid ? Fait-il chaud ? Transpirez-vous ? Sentez-vous la petite goutte de transpiration couler dans le bas de votre dos ; prenez vraiment le temps d'analyser tout ce qu'il se passe autour de vous pour vous imprégner du moment présent.

L'art de la contemplation s'apprend au quotidien. Vous pouvez également vous asseoir dans un endroit public et contempler la vie des autres. Vous pouvez imaginer chacune de ces vies, remplies de joie et de soucis comme la vôtre. Ainsi, vous saurez que vous n'êtes pas seul. Nous sommes tous semblables, uniques et exceptionnels.

# La perception du temps

Le temps semble être une préoccupation importante pour beaucoup de gens.

Beaucoup se plaignent de l'absence de celui-ci ou du fait que la vie passe trop vite. Le temps est une partie essentielle de notre vie. Il est fondamental de savoir comment le gérer pour en tirer le meilleur parti, d'apprendre tout simplement à ralentir le temps.

N'est-il pas important de trouver un moyen de réduire le gaspillage de temps et d'énergie afin d'obtenir des résultats plus rapides ? Que feriez-vous si vous étiez en mesure de créer du temps ou de le compresser ?

**Exemple**

La plupart d'entre nous sont très familiers avec l'équation : $R = T \times E$, qui signifie que les résultats (R) sont créés en multipliant le temps (T) par l'effort (E). Il semble logique que plus vous consacrerez d'efforts à une certaine tâche, plus vous obtiendrez de résultats en un temps donné.

En conduisant mon vélo, je suis arrivée au bas d'une très petite colline que je ne pouvais pas monter. De toute évidence, je ne pouvais pas blâmer le poids supplémentaire que le pauvre vélo n'était pas en mesure de porter jusqu'au sommet de la colline. Cela aurait signifié que je devais faire un effort supplémentaire pour perdre du poids. Je ne voulais pas non plus accepter le fait que je ne suis pas en forme. Cela aurait voulu dire que je prenais la responsabilité de mon manque de condition physique. Alors, j'ai fait ce que la plupart des gens font : blâmer mon vélo. Je me suis dit : « Si seulement j'avais un meilleur vélo, je pourrais monter toutes les collines sans effort. »

Cette pensée m'a offert un éclair de semi-intelligence. Je me suis aperçue que l'équation $R = T \times E$ n'est pas suffisante. À la place, nous pouvons utiliser $R = (T \times E) \times e$. Le petit « e » signifie l'efficacité. Si nous sommes efficaces, nous pouvons obtenir les mêmes résultats en moins de temps et avec une moindre quantité d'effort, et donc comprimer le temps.

## Comment devenir plus efficace ?

Comment devenir plus efficace sans dépenser une fortune dans des outils coûteux ?

### De la concentration, voyons !

Premièrement, nous pouvons être plus concentrés sur chaque tâche que nous voulons accomplir. Combien de gens pensent à une chose tout en en faisant une autre ? En étant concentrés sur l'action que nous faisons réellement, nous pouvons accomplir une tâche en beaucoup moins de temps. En outre, en nous concentrant, nous réduisons le risque de commettre une erreur, qui signifie souvent avoir à refaire la même tâche.

Avec de la pratique durant toutes nos actions, nous pouvons apprendre à nous concentrer pendant des tâches quotidiennes simples, comme laver la vaisselle, conduire ou prendre un bain. Apprenez à vous concentrer sur ce que vous faites au moment où vous le faites. Avec le temps, vous allez « muscler » votre aptitude à vous concentrer sur toutes les tâches que vous réalisez.

**Exemple**

Pourquoi pensez-vous que, lors d'un accident routier par exemple, tout semble se dérouler au ralenti ? L'adrénaline causée par la peur augmente considérablement notre capacité de concentration. On peut ainsi éviter un accident à la dernière milliseconde. Imaginez que vous soyez capable d'être concentré à ce point à volonté. Vous pourriez exécuter des tâches monumentales en un rien de temps. Les seuls bâtons dans les roues qui vous empêchent d'avancer plus rapidement sont les pensées qui n'ont rien à voir avec ce que vous faites et qui viennent vous déranger dans l'exécution.

### Un soupçon d'éducation

Deuxièmement, développez vos connaissances et votre expertise. Le manque de connaissances nous ralentit. Prenez le temps de vous éduquer. Il existe au moins un livre dédié à chaque problème que vous aurez à surmonter. Au lieu de vouloir vous en sortir tout seul, servez-vous de l'esprit de tous ceux qui vous ont précédé.

### Un peu de force

En même temps que votre connaissance, vous devez développer vos forces. Il est facile de comprendre que je dois développer mes muscles si je veux être plus rapide à vélo, car cela augmentera mon efficacité en poussant sur les pédales. Le principe est également vrai avec un muscle très important du corps : notre cerveau. Nous en sommes arrivés à tellement dépendre des machines que nous avons abandonné l'utilisation de notre plus grande machine.

**Conseil**

Lire, jouer à des jeux de mémoire mentale, passer moins de temps devant la télévision, prendre le temps de penser, tout cela construit notre cerveau. C'est votre outil le plus utile. Il est plus puissant que le plus puissant des ordinateurs. Développez votre force intellectuelle, votre puissance de réflexion. Encore une fois, cela se pratique.

Pour ceux qui se demandent si j'ai grimpé cette petite colline, je l'ai fait à pied, en poussant mon vélo.

## La manifestation instantanée, ou le pouvoir de l'intention

Lorsque vous êtes bien dans votre peau, que vous vibrez positivement, que vous êtes parfaitement aligné avec la source universelle, vous pouvez manifester instantanément vos désirs. Il faut que ceux-ci soient clairs. Vous devez vibrer d'une façon très positive, dans la gratitude, sans autre considération que l'amour universel (voir **chapitre 9**).

En vibrant dans la gratitude, l'amour universel, la paix, l'harmonie, vous êtes complètement dans le lâcher-prise. En vibrant positivement sans attachement, vous déclenchez la *manifestation instantanée*. C'est ce que j'aime nommer la réalisation à la vitesse de Dieu, recevoir à la vitesse de l'éclair.

## Comment ça marche ?

Cette manifestation se produit lorsque vos pensées sont parfaitement synchronisées avec vos désirs et que vous lâchez prise complètement. Vous n'y pensez même plus. Comme si ce que vous désiriez allait de soi et que vous n'aviez même pas à en ressentir le besoin. Préparez-vous à lacer vos chaussures de course, parce que les choses peuvent arriver très rapidement !

On obtient ce que l'on désire d'une manière assez fulgurante, par des moyens souvent inimaginables. Ceux-ci appartiennent à l'univers. Notre rôle est de vibrer dans le bonheur. Faites taire votre esprit, définissez votre intention réelle, alignez vos comportements. Détachez-vous ensuite et permettez à l'univers de gérer les détails. Ayez une foi complète et imaginez que ce que vous voulez existe déjà. Demandez, et il vous sera donné. Ceci est l'art de la manifestation instantanée.

Comme tout art, il se pratique. Vous pouvez noter toutes les fois où vous avez fait un souhait et où il s'est immédiatement réalisé. Il peut s'agir de synchronicité : votre volonté et celle de quelqu'un d'autre coïncident au même moment. Par exemple, une personne que vous vouliez appeler et qui vous a contacté.

## Petits miracles deviendront grands

Avant que vous ne pratiquiez cet art, vous constaterez que ces miracles semblent petits. Les demandes émises qui se sont réalisées immédiatement n'étaient pas très importantes. Pourquoi, à votre avis, en est-il ainsi ? Simplement parce que vous n'avez pas mis de frein. Vous n'étiez pas stressé à la pensée que cela ne se produirait pas. Vous n'aviez pas toute votre attention portée sur la réalisation de ce souhait à chaque seconde de la journée. C'est vous qui ralentissez le processus universel de manifestation instantanée par vos doutes et vos craintes.

**Conseil**

Vous pouvez augmenter la rapidité avec laquelle obtenir tout ce que vous désirez dans la vie avec de la pratique. Vous pouvez expérimenter la manifestation instantanée en commençant petit. Incitez l'univers à vous offrir la manifestation immédiate d'un appel téléphonique aimable, par exemple. Choisissez des intentions dont la réalisation n'a pas beaucoup d'impact sur votre vie. Quand vos résultats seront satisfaisants, demandez la réalisation de rêves de plus en plus grands, de la même manière que vous avez réussi avec les souhaits moins importants.

Vous pouvez instantanément manifester tous vos désirs. Il est néanmoins parfois nécessaire de ralentir leur déroulement. Nous ne voulons pas nous téléporter dès que nous pensons à un pays que nous souhaiterions visiter, par exemple. Comprenez que l'univers vous protège en vous offrant un certain temps de délibération avant de vous offrir ce que vous demandez. Cela vous permet de vous préparer et de changer d'avis.

# L'écoute active

J'aimerais que vous pratiquiez un autre exercice, celui d'être dans le moment présent avec les autres. Souvent, lorsque l'on est en compagnie d'une ou de plusieurs personnes, on ne les écoute pas. Au lieu de ça, on réfléchit à sa réponse. Parfois, on n'attend même pas la fin de la phrase de son interlocuteur pour y mettre son grain de sel.

Projetés, nous ne tenons pas compte du présent. Nous préparons l'avenir de cette conversation qui n'a pas encore eu lieu.

## En pratique

Pratiquez l'écoute active de la manière suivante :

**Conseil**

Prenez le temps d'écouter cette personne uniquement pour ce qu'elle a à dire ; sans la juger, sans vouloir apporter une réponse, sans vouloir apporter une solution, sans vouloir y répondre, sans vouloir réfléchir à ce qu'elle est en train de dire. N'essayez pas de comprendre tous les éléments de ce qu'elle est en train d'expliquer. Essayez tout simplement de vous imprégner de cette personne.

Comment se sent-elle ? De quoi a-t-elle l'air ? Quels sont les aspects de sa beauté qui ressortent d'après vous ? Qu'est-ce qu'elle essaie de dire vraiment ? Quelle est la position de son corps, de ses mains, de ses yeux ? Qu'essaie-t-elle de vous offrir ? Prenez, acceptez tout cela avec de l'amour inconditionnel, imbibez-vous de cet instant présent avec cette personne.

Écoutez ses paroles, ne faites que ça. N'essayez pas de répondre à l'avance. Soyez simplement présent, comme un caillou, comme une rivière, comme un arbre, juste là. Être présent. C'est juste ça. Être. Exister. Et durant cet espace d'existence, vous vous remplirez de gratitude. Vous nagerez dans le bien-être. Vous verrez à quel point vous êtes déjà complet et que vous n'avez rien à prouver.

Plus vous vous sentirez complet et entier, plus vous vous rendrez compte qu'il ne vous manque rien, plus la loi de l'attraction vous apportera ce que vous souhaitez avoir. Vous ne ressentirez plus le besoin de posséder quoi que ce soit. Vous serez tout simplement déjà rempli de bien-être. Tout ce que vous aurez, ce seront des désirs, qui s'ajouteront à d'autres désirs, des rêves qui s'ajouteront à d'autres rêves.

## Cinq autres moyens de vivre dans le moment présent

### Faites-vous plaisir

Réfléchissez à ce qui pourrait vraiment vous faire plaisir. Quels sont vos désirs du moment, petits et grands ? Penchez-vous un moment sur ceux-ci et dressez-en la liste. Ensuite, choisissez un de ces petits bonheurs et faites-vous-en le cadeau. Que ce soit une glace à la vanille, une promenade en vélo ou un bain rempli de bulles, offrez-vous cette gâterie.

Pendant que vous profitez de cet instant, imprégnez-vous-en au maximum. Goûtez l'instant. Remarquez à quel point le temps s'allonge ou se raccourcit. Délectez-vous de ce cadeau que vous venez de vous faire. En associant le plaisir au moment présent, vous serez plus enclin à vouloir multiplier les occasions de profiter du moment présent.

## Développez une activité qui vous passionne

Que ce soit la photographie, le tricot ou la peinture sur toile, trouvez votre hobby. Lorsque l’on fait quelque chose que l’on aime, le temps s’arrête.

## Trouvez votre mission

Encore une fois, lorsque vous vous consacrez à un travail que vous aimez, vous êtes complètement investi dans celui-ci et vous vivrez dans le moment présent intensément. Vous ne regardez plus l’heure en pensant à la fin du travail. Vous ne pensez plus au vendredi le lundi.

## Faites du sport

Que ce soit un sport d’équipe ou en solo, certaines activités demandent toute notre attention. Si vous pratiquez déjà, développez votre capacité à être complètement présent durant l’activité. Vous vous rendrez compte que votre performance augmentera.

### Comme un coureur dans l'eau

Une partie importante de l'entraînement des sportifs de haut niveau consiste à développer leurs aptitudes mentales. Ils apprennent, entre autres, à garder toute leur attention focalisée sur leur activité. Imaginez un sportif qui court dans de l'eau et un autre sur la terre ferme. Lequel, d'après vous, à capacités égales, se rendra plus vite à destination ? Celui qui court sur la terre ferme, n'est-ce pas ? Chaque fois que vous pensez à autre chose qu'à ce que vous êtes en train de faire, vous ressemblez à ce coureur dans l'eau. Vous ralentissez vos efforts par des pensées qui ne vous servent pas dans le moment.

### Interrogez les signes

Le matin, en vous levant, décidez de ce que vous aimeriez remarquer autour de vous. Vous pouvez choisir une couleur ou bien une forme. Passez ensuite la journée à porter attention autour de vous afin de découvrir cette couleur ou cette forme.

Une fois que vous serez habitué à faire cela, demandez à l'univers de vous offrir les solutions à un problème que vous vivez. Vous pouvez aussi lui demander de vous indiquer la meilleure décision à prendre. Veillez ensuite à votre environnement. Cet exercice vous aidera non seulement à pratiquer l'art d'être dans le moment présent, mais aussi à être guidé tout au long de la journée.

## Vous êtes parfait

À ce moment précis, vous avez déjà tout. Il ne vous manque rien. Vous êtes déjà parfait. Vous avez déjà toutes les solutions. Votre âme possède déjà les réponses à toutes vos questions. Prenez le temps d'être dans le moment présent, tout le temps. Habituez-vous pour que cela devienne votre seconde nature. Cela va prendre du temps, surtout si vous êtes habitué à courir.

Si vous prenez l'habitude d'agir dans le présent, d'agir lentement, vous verrez à quel point tout est possible. Vos résultats seront percutants. Ils auront une portée plus importante sur le long terme. Réfléchissez avant d'agir. Ne répliquez pas lors d'une conversation qui s'en va dans la mauvaise direction. Apprenez à vous arrêter régulièrement. Les gens qui réussissent sont ceux qui agissent très lentement, mais de façon efficace.

**À retenir**

Il ne sert à rien d'être confus, il ne sert à rien d'agir beaucoup, d'être trop occupé, d'être perdu et perturbé. Tout ce que vous réussissez dans ce cas, c'est de vous attirer plus de confusion et de désagréments dans la vie. Il est important de ralentir pour réussir. En vous exerçant dans le moment présent, c'est ce qu'il va se produire. Vous allez apprendre à ralentir de plus en plus, ce qui accélérera votre succès.

Vivez maintenant, car c'est maintenant que la vie se déroule. Dans ce moment présent, tout est possible. Tout est possible, car rien n'est encore arrivé. Vous pouvez tout faire. Prenez le temps de choisir votre action délibérée. Celle-ci va vous apporter tout ce que vous désirez. Prenez votre temps, mais posez des actes inspirés qui porteront leurs fruits. Je vous le souhaite, car cela vous permettra de vivre une meilleure vie.

**DANS CE CHAPITRE**

La grande force de l'amour

•

Aimer les autres, même son pire ennemi

•

S'aimer soi-même avant tout

# Chapitre 9

# Ressentir l'amour en tout temps

La loi de l'attraction vous permet de vous attirer ce à quoi vous portez le plus d'attention. Y a-t-il quelque chose de plus beau que de s'attirer de l'amour en abondance ? Plus vous développerez ce sentiment magique et plus vous attirerez des miracles dans votre vie.

## La force la plus puissante de l'univers

L'amour ne se limite pas au sentiment que l'on peut avoir lorsque l'on est amoureux. Il n'est pas uniquement contenu dans les battements de cœur que l'on ressent en voyant notre enfant, dans le rire sincère qui nous secoue à la vue du bonheur de notre animal de compagnie. L'amour ne se limite pas à notre désir d'affection, de tendresse et de compassion.

À retenir

L'amour englobe tout et est tout. Il ne tient qu'à vous de prendre la voie de l'amour ou bien d'emprunter le chemin de la peur. Sachez qu'avec la loi de l'attraction, le chemin que vous aurez choisi (et que vous choisissez continuellement tout au long de la journée) vous attirera du bonheur ou des difficultés.

J'ai traité, au début de cet ouvrage, de notre libre choix (voir **chapitre 1**). Votre libre arbitre est celui-ci : à tout moment de la journée, vous pouvez décider d'être amour ou de vous soumettre à la peur. Vivre dans l'amour implique de nombreux petits changements de comportement. Êtes-vous prêt à faire ce pas ?

### Plus fort que tout

« L'amour est un fruit de toutes les saisons, à la portée de quiconque veut le cueillir. » Mère Teresa

L'amour est l'élément le plus important de la vie, du succès, du bonheur et de la liberté. Sans amour, le monde n'existerait pas. L'amour de l'univers permet notre existence. Nous sommes sur cette Terre grâce à l'amour des êtres humains. L'amour nous donne de la puissance et de l'énergie. Lorsque vous ressentez de l'amour inconditionnel, vous vous sentez invincible, et vous l'êtes.

L'amour est au-delà de toute chose. La peur, la haine, la colère, le ressentiment et la jalousie (pour n'en citer que quelques-unes) disparaissent devant l'amour. Lorsque l'amour grandit en vous, la croissance du bonheur suit de près.

## L'amour vaincra la peur

De nombreuses personnes parlent d'amour, mais succombent à la peur au moindre souci. Choisir l'amour est un acte délibéré qui peut se faire et se défaire à tout moment. Votre rôle est de devenir constant dans vos pensées et vos émotions d'amour.

La loi de la substitution nous enseigne que nous ne pouvons pas vivre deux émotions à la fois (voir **chapitre 10**). Si vous ressentez de l'amour, vous ne pouvez ressentir en même temps de la peur. L'amour est un choix de tous les instants, et il ne tient qu'à vous de changer et de l'adopter.

## Test

Voici une liste de questions qui vont vous permettre de vous connaître davantage et de savoir si vous choisissez l'amour ou la peur. Plus vous serez honnête et plus vous aurez de chance de vous améliorer. En transformant vos façons de penser et d'agir, vous vous attirerez de meilleures circonstances de vie, et tout le monde en bénéficiera autour de vous.

» Pardonnez-vous rapidement ou bien gardez-vous des rancunes longtemps ?

» Offrez-vous le bénéfice du doute ou bien sautez-vous aux conclusions pour lesquelles vous êtes convaincu d'être réaliste ?

» Avez-vous peur, lorsque vous dépensez de l'argent, qu'il vous en reste moins ? Dans quels cas faites-vous attention à vos dépenses et dans quels cas dilapidez-vous vos ressources ?

» Lorsque vous ressentez de la douleur émotionnelle, attaquez-vous immédiatement la personne qui, à votre avis, en est la cause, ou bien demandez-vous des explications avant de vous laisser aller à la douleur ?

» Avez-vous tendance à blâmer ou à agir en commère ?

» Ressentez-vous de la jalousie ou de l'envie concernant le succès d'autrui (que ce soient des inconnus ou des amis) ?

» Ressentez-vous de la colère et de l'injustice en vous comparant aux autres ?

» Associez-vous le succès (quel qu'il soit) à la négativité ? En pensant par exemple : « Les riches ont volé leur fortune. Les gens heureux et amoureux finiront par avoir des malheurs… »

» Avez-vous peur de donner généreusement ? Trouvez-vous des raisons et des excuses pour ne pas avoir à être généreux (comme le manque de vos ressources, par exemple) ?

- Vous mettez-vous en colère facilement, et regrettez-vous ensuite vos actes ou vos paroles ?
- Êtes-vous accro à quoi que ce soit (alcool, drogues, médicaments, sexe, travail, jeux de hasard...) ?
- Passez-vous du temps en compagnie des gens que vous aimez en leur offrant de l'amour inconditionnel, sans rien demander en échange ?
- Votre logis est-il propre et rangé ?
- Faites-vous attention aux nourritures de votre corps et de votre esprit ?
- Complimentez-vous les autres facilement ?
- Insultez-vous les autres (ou vous-même) facilement ?
- Voulez-vous gagner à tout prix, avoir raison et avoir le dernier mot, ou bien choisissez-vous l'amour de l'autre et la compassion ? Essayez-vous de voir le point de vue de l'autre et de le comprendre comme ce qu'il est : un angle différent de perception ?
- Lorsque vous avez un choix à faire, cherchez-vous « le meilleur pour tous ceux impliqués » ou bien « ce qui me servira le plus » ?
- Mentez-vous facilement ? (Attention, si vous venez de penser « je ne mens jamais », vous venez de mentir.) Mentez-vous pour sauver la face, pour ne pas déplaire, pour exagérer afin de vous offrir plus d'importance... ?
- Tenez-vous parole ? Faites-vous, à vous-même et aux autres, des promesses que vous tenez ?
- Vous contentez-vous de ce que vous avez avec appréciation et gratitude, ou bien voulez-vous toujours plus et plus vite sans prendre le temps d'honorer et de respecter ce que vous avez reçu ?

N'ayez crainte de vos réponses. Elles vous indiqueront uniquement où vous en êtes dans votre chemin de l'Amour. Vous pouvez changer à tout moment, tout le temps. Il suffit de prendre le temps de vivre et respirer l'Amour. Si vous n'aimez pas ce qui est ressorti de ce petit test, promettez-vous de changer. Et tenez votre promesse !

### Changez vos habitudes

Des études ont montré que nous changeons en moyenne dix habitudes par an. Vous pouvez décider dès aujourd'hui de vous départir d'une habitude qui ne vous sert plus et de la remplacer par une nouvelle qui vous sert. Développer une nouvelle habitude prend environ vingt-huit jours consécutifs. Vous avez tout à gagner à démarrer dès à présent. Rappelez-vous que votre réalité est le reflet des habitudes de votre quotidien. Si vous n'aimez pas votre réalité, changez vos habitudes.

## L'amour peut guérir

*« La signification spirituelle de l'amour est mesurée par ce qu'il peut faire. L'amour est censé guérir. L'amour est destiné à nous renouveler. L'amour est destiné à nous rapprocher de Dieu. »*

Deepak Chopra

**Le saviez-vous ?**

Il a été démontré que l'énergie de l'amour peut guérir. Dans des études en laboratoire, la levure croît plus rapidement devant des individus lui envoyant de l'amour. Des aliments bombardés de mots haineux vont pourrir plus vite que des aliments recevant des mots d'amour. La méditation effectuée par un groupe d'individus sur le thème de l'amour abaisse le taux de criminalité des quartiers dans lesquels ils se trouvent.

Les plantes sont en meilleure santé lorsque leur propriétaire est aux petits soins et leur prodigue de l'amour en leur parlant tous les jours. Les gens qui ont un animal de compagnie ont moins de problèmes d'anxiété et de maladies liées au stress. Leur animal leur offre de l'amour inconditionnel tous les jours.

## Une énergie magique

L'amour est l'énergie la plus puissante du monde. Nous avons vu qu'aucune énergie ne se perd. L'amour se transforme en moments magiques. L'énergie n'est pas arrêtée par la distance ou par les obstacles visibles par l'œil humain. Cette énergie se propage à la vitesse de l'éclair, instantanément.

Lorsque vous vivez dans l'amour tout au long de la journée, vous êtes dans le *vortex* (voir **chapitre 10**). Vous faites un avec la Source (voir **chapitre 4**). Tout vous arrive comme par miracle, au bon moment. Vous ne ressentez plus d'anxiété, car vous savez que vous allez recevoir le meilleur au moment idéal. Si vous ne le croyez pas, ou si ce concept d'abandon total vous fait peur, c'est que, justement, vous vous êtes laissé gagner par la peur.

Chaque décision que vous prenez nourrit soit la peur, soit l'amour. Si vous choisissez l'amour, vous ne souffrirez jamais. La plupart d'entre vous pensent peut-être : « On souffre quand on aime quelqu'un et que cette personne nous quitte. » Ce que vous décrivez n'est pas de l'amour. C'est de la peur. La peur de perdre quelqu'un, car vous n'avez pas confiance en l'univers et vous ne pouvez pas croire qu'il vous offrira mieux que ça, la peur de ne pas avoir eu le dernier mot, la peur de ne pas avoir été capable de garder quelqu'un, la peur de faillir, la peur d'annoncer une nouvelle à vos amis et de ce qu'ils vont penser de vous. Il n'est aucunement question d'amour dans tout ceci.

## Soyez amour

En étant amour, vous serez compassion. Vous allez comprendre et accepter les décisions d'autrui pour leur bien. En étant amour, vous aurez complètement confiance en l'univers. Vous saurez que l'univers n'est qu'amour et que vous recevrez le meilleur de ce que vous pensez mériter au moment précis où vous en avez besoin.

Si vous dissociez vos désirs de votre être actuel, vous ne recevez pas ce dont vous avez besoin. Le jour où vous comprendrez que vous êtes un être lumineux, entier, parfait, sans besoins, vous

vous rapprocherez de la source de toute chose. Vous n'aurez plus de besoins, car vous aurez compris que vous n'en avez pas. Tout se produira alors de façon magique et idéale. Il n'y a aucune séparation entre vous et ce que vous désirez.

L'amour est tout autour de vous. Observez la beauté de l'univers. Que ce soit dans l'amour des chiffres et de leur perfection, ou bien dans le scintillement d'une étoile, l'amour est partout. Observez avec quelle perfection les moments synchroniques s'enchaînent. Lorsque vous êtes dans le flot de l'univers, tout arrive exactement au moment idéal. Pensez à certaines circonstances passées durant lesquelles vous avez pensé à quelqu'un qui vous a appelé juste à ce moment-là. Vous aviez besoin d'un renseignement, et un inconnu vous l'a offert sans que vous le lui demandiez. Tous les petits miracles qui entourent votre existence se présentent à vos yeux quand vous leur prêtez attention.

Ces miracles se construisent d'amour. Les discordances, les heurts, les bouleversements, les disputes, les douleurs, les maladies... se forment tous hors de l'amour. Les malaises sont créés lorsque nous sortons de l'harmonie offerte par l'amour de l'univers. Tout peut aller à merveille, parfaitement bien et facilement. Si vous doutez, si vous ressentez de la peur en lisant ces mots, devinez quoi ! Vous avez choisi la peur et non l'amour.

## Exercez votre capacité à aimer

Développez votre amour pour l'univers. L'amour se pratique. Certains de mes clients ne savent pas ce que c'est que de ressentir de l'amour. Il leur est très difficile de provoquer cette émotion sur demande. Pourtant, c'est en ressentant de l'amour et du bonheur inconditionnellement tout au long de la journée que vous attirerez à vous les meilleures circonstances de vie possibles.

## Au quotidien

Conseil

Afin de développer plus d'amour :

» **Remémorez-vous toutes les circonstances heureuses de votre vie.** Pensez aux êtres qui vous sont chers. Rappelez-vous les animaux ou les gens qui ont fait « fondre votre cœur ». Si votre esprit retourne immédiatement vers des idées sombres, reprenez le gouvernail de vos pensées et efforcez-vous de penser « amour ». Vous pouvez même répéter comme un mantra : « amour, paix, bonheur, pardon… amour, paix, bonheur, pardon… ».

» **Envoyez de l'amour tout autour de vous.** Vous pouvez vous imaginer porter un seau rempli d'étoiles scintillantes ou de poudre d'or, que vous avez imprégnées d'amour. Prenez-en ensuite une poignée que vous déverserez sur chaque être qui passe, sur chaque enfant, sur chaque maison, sur chaque école, sur chaque mendiant…

» **Observez un arbre, parlez-lui, aimez-le.** Sentez une fleur, regardez sa beauté. Lorsque vous réalisez combien le monde autour de vous est magnifique, quand vous prenez le temps de capturer la beauté de votre environnement quotidien, vous ne pouvez que vous réjouir. Développez votre capacité à voir la beauté. Cherchez-la et, quand vous la trouvez, admirez-la. L'univers veut vous donner son amour, il suffit de tendre votre main et d'ouvrir votre cœur.

» **Pratiquez le sourire actif.** Chaque animal et chaque végétal percevra ce sourire et réfléchira cette énergie vers vous. Le sourire renforcera votre sentiment de joie et changera instantanément votre état d'esprit. Riez plus souvent. Faites une promenade dans la nature et laissez-vous aller à rire. Votre cœur sera rempli de joie.

## On ne s'attire que ce que l'on pense mériter

Avant de pouvoir recevoir toute l'abondance et la prospérité qui existent tout autour de vous dans l'univers, vous devez comprendre ce que vous pensez mériter. En effet, si vous avez une trop basse estime de vous-même, vous ne recevrez pas autant que si vous pensez mériter beaucoup. Vous recevez toujours au niveau équivalent à celui auquel vous vous considérez.

Si vous pensez que les gens vous maltraitent, si vous êtes dans des situations relationnelles difficiles, c'est que, quelque part dans votre subconscient, vous pensez le mériter. Cela peut être très difficile à accepter. Vous vous en rendez compte dès que vous changez le niveau d'estime de vous. Dès que vous commencez à vous respecter et à vous aimer davantage, vous réclamez votre droit à plus de respect, plus d'amour... Lorsque vous vous sentez petit, vous vous laissez marcher dessus.

### Un instinct

Nous possédons tous encore notre instinct animal, très présent au fond de nous. Nous sentons les fréquences émises tout autour de nous, même si nous n'en sommes pas conscients. Vous allez d'ailleurs dire : « Je ne le sens pas, celui-là », par exemple. Les autres vous « sentent » aussi. Ils vont vous traiter comme vous acceptez d'être traité ou comment vous pensez le mériter. Ni plus ni moins.

Si vous ne recevez pas beaucoup d'argent, c'est que vous pensez tout simplement que votre valeur financière est basse. Il est important d'augmenter son estime de soi et son amour-propre pour savoir que l'on mérite davantage. Ainsi, vous ouvrez le flot de la loi de l'attraction en vous permettant de recevoir beaucoup plus.

Conseil

Avez-vous déjà refusé le geste généreux de quelqu'un en disant : « Non, je ne peux pas accepter, c'est bien trop » ? Que pensez-vous qu'il se produit à un niveau universel ? Votre valeur vient de diminuer et vous vous mettrez à attirer moins. Au lieu de ça, habituez-vous à dire « merci » à tout ce que vous recevez et acceptez spontanément les gestes généreux d'autrui, sans vous sentir obligé de rendre quoi que ce soit en retour. Prenez l'habitude de demander ce dont vous avez besoin sans vous sentir gêné de le faire.

Je vous souhaite de développer beaucoup d'amour-propre, de vous aimer énormément, de faire attention à vous, et ainsi de pouvoir mériter beaucoup plus, car l'abondance et la prospérité existent tout autour de vous. Donc, si vous n'en bénéficiez pas, ce n'est pas qu'elles n'existent pas, c'est tout simplement que vous les bloquez. Je vous souhaite de les débloquer et de pouvoir recevoir cette abondance le plus rapidement possible.

## Une manière positive d'être égoïste

> *« Lorsque quelqu'un vous traite d'égoïste, cela signifie en fait que vous ne vous êtes pas occupé de cette personne. Qui est vraiment l'égoïste, alors ? »*
>
> Abraham, *via* Esther Hicks

Vous ne pourrez jamais offrir ce qui vous manque. L'égoïsme, lorsqu'il n'est pas maladif, est la capacité de se concentrer sur ses besoins et de se mettre au premier plan. Nous sommes tous égoïstes, même si nous ne voulons pas l'admettre. Lorsque l'on demande à un enfant de rester tranquille, ce n'est pas pour son bien, mais pour avoir la paix. Lorsque l'on se dispute avec quelqu'un, ce que l'on désire est de montrer que nos valeurs sont meilleures et que l'on a raison. C'est « nous contre les autres ».

Dans la plupart des cas, l'égoïsme n'est pas synonyme d'amour. Lorsque nous cherchons la séparation et la victoire, nous ne sommes pas dans l'amour. Dans ce cas, l'honnêteté serait de mise. Expliquer ce que l'on souhaite réellement avec vulnérabilité et transparence nous rapprocherait de l'amour inconditionnel de l'univers.

### S'aimer d'abord et avant tout

Il est cependant essentiel de développer de l'égoïsme afin de maintenir son niveau d'estime de soi et d'augmenter sa capacité à offrir de l'amour. L'égoïsme positif est la capacité de s'aimer d'abord et avant tout. Il s'agit de savoir plaire à l'autre parce que cela nous plaît, et non par peur de déplaire. Il s'agit de faire plaisir à l'autre parce que cela nous fait aussi plaisir, et non par obligation, automatisme ou peur de l'abandon.

Afin d'être égoïste positivement, vous devez apprendre à dire non. Vous devez connaître vos limites et ne laisser personne les dépasser. Vous devez prendre du temps pour vous, pour vous connaître et vous découvrir. Vous devez savoir que vous n'êtes pas le reflet de l'opinion de l'autre, mais ce que vous désirez être à tout moment. Vous ne devez pas vous limiter à l'étiquette que l'on vous a collée ni accepter moins que le meilleur.

À retenir

Vous ne devez jamais vous plier à une insulte ou à de l'intimidation. Vous n'avez pas à prendre les remarques des autres personnellement, car vous savez qu'il s'agit simplement de leurs opinions.

Cet égoïsme s'apprend. Plus vous avez passé de temps à détruire votre amour de vous, plus vous aurez de travail à faire pour le reconstruire. Il n'est jamais trop tard. Commencez une étape à la fois. Développez votre amour de vous et votre estime de vous. Reprenez confiance en vous et sachez qui vous êtes : un être qui mérite le meilleur. Le droit de tout être humain est de vivre dans la paix, l'harmonie, le bonheur, la facilité. C'est un droit de naissance. Commencez par vous traiter non pas comme votre pire ennemi, mais comme votre meilleur ami.

# Vivre avec son pire ennemi

Dans mon métier, je rencontre de nombreuses personnes, et tout au long de ma carrière, j'ai remarqué que beaucoup vivent avec leur pire ennemi. Même lorsqu'ils sont célibataires !

## Votre pire ennemi n'est pas celui auquel vous pensez !

L'ennemi n'est pas celui auquel vous songez. C'est la personne qui vous fait le plus de tort et peut nuire à votre santé, votre bien-être et votre succès. Sur le long terme, les conséquences d'une telle relation pourraient être désastreuses. La plupart d'entre vous sont très proches de leur pire ennemi.

Prenons la peine de nous mettre d'accord sur l'identité de cet ennemi qui vit sous votre toit. Afin de le découvrir, je vous invite à chercher dans votre vie qui se conduit comme suit :

- » **ne tient pas ses promesses ;**
- » **ment (même si ce sont de tout petits mensonges qui semblent inoffensifs à première vue) ;**
- » **vous empêche de faire du sport ou de prendre soin de votre corps ;**
- » **vous critique en permanence ;**
- » **vous « descend » devant les autres ;**
- » **vous ignore et ne vous salue pas ;**
- » **vous critique négativement quand vous êtes seul en sa compagnie ;**
- » **vous manque de respect en vous invitant dans un endroit sale et désordonné ;**
- » **n'a pas confiance en vos capacités ;**
- » **vous nourrit de nourritures indigestes qui peuvent vous causer du tort, et va même jusqu'à vous empoisonner en vous offrant des cigarettes.**

Pouvez-vous imaginer une relation sur le long terme avec quelqu'un qui agirait de la sorte avec vous sur un ou plusieurs de ces points ? Même si ces dix items vous semblent inacceptables, je suis quasiment certaine que la grande majorité d'entre vous expérimente au moins la moitié de ces abus quotidiennement. Comment en suis-je aussi sûre ? Vous ne seriez pas en train de lire ce livre si ce n'était pas le cas. En fait, je le sais, car vous êtes la personne qui agit ainsi... avec vous-même.

## Découvrir son pire ennemi

Eh oui, ce pire ennemi, c'est vous. Vous ne vous rendez même pas compte de la manière dont vous vous traitez. Vous ne permettriez jamais à quiconque d'agir de la sorte avec vous.

- Ne vous dites-vous pas, parfois : « Demain, je vais commencer à m'exercer » ou : « Je vais prendre soin de mon corps » ou : « Je vais me réveiller tôt », et vous manquez à votre promesse ?
- Faites-vous une liste de choses à faire dont vous ne terminez jamais la plus grande partie ? Vous trouvez-vous des excuses pour tergiverser ? Ne vous arrive-t-il pas de ne pas payer vos factures à temps ? Un petit mensonge ici et là ruine la confiance que l'on peut avoir en quiconque, surtout en soi.
- Évitez-vous de faire de l'exercice et attention à votre corps ?
- Est-ce que vous vous signalez toutes vos imperfections quand vous vous regardez dans le miroir ?
- Partagez-vous avec les autres vos plus grandes erreurs en expliquant à quel point vous êtes stupide ?
- Vous offrez-vous parfois au moins un sourire en regardant votre reflet dans le miroir ? Ou un simple bonjour ?
- Est-ce que vous vous répétez souvent des phrases négatives telles que : « Je ne peux pas le faire », « Je ne termine pas ce que j'ai commencé », « Je suis gros »… ?
- Nettoyez-vous votre maison uniquement quand vous avez de la visite, mais jamais pour vous faire plaisir ? Préparez-vous de bons plats pour les autres, mais pas pour vous ?
- Pensez-vous que vous n'êtes pas en mesure de réussir tout ce que vous souhaitez accomplir ? Vous faites-vous rarement confiance ? Croyez-vous que vous ne pourrez pas atteindre tout objectif que vous définissez ?
- Est-ce que vous vous servez de la nourriture malsaine, empoisonnez votre corps avec des cigarettes ou autres poisons ?

Si, en toute honnêteté, vous avez répondu « oui » à certaines de ces questions, vous serez d'accord que vous vous traitez comme si vous étiez votre pire ennemi.

Ne voulez-vous pas vous empêcher d'être votre pire ennemi ?

Vous êtes la personne avec laquelle vous passerez le plus de temps durant votre vie. Voulez-vous développer une relation positive et harmonieuse avec vous-même, ou voulez-vous continuer à vous saboter et toujours rester coincé ?

À retenir

Afin de transformer votre pire ennemi, vous devez réapprendre à vous aimer. Vous devez apprendre à vous traiter comme votre meilleur ami le ferait. Ne vous faites pas ce que vous n'aimeriez pas que quelqu'un d'autre vous fasse.

# Apprendre à s'aimer

Tout commence par soi. Si vous ne vous aimez pas suffisamment, comment les autres pourraient-ils vous aimer ? Si vous ne vous considérez pas comme votre meilleur ami, pourquoi l'univers vous traiterait-il amicalement ? Imaginez votre pire ennemi vous demander de vous rendre service. L'aideriez-vous ? Aucunement. Il en est de même lorsque vous ne vous traitez pas au mieux.

Commencez par vous aimer, vous respecter, vous traiter avec respect. Arrêtez de courir après l'approbation des autres. Arrêtez de vouloir plaire à tout prix. Vous n'arriverez jamais à plaire à tout le monde, de toute façon. Faites en sorte de vous plaire à vous d'abord et avant tout. Écoutez-vous et soyez aimable envers vous.

À retenir

Faites attention à vos paroles. Que dites-vous à votre propos devant les autres ? Que vous chuchotez-vous à l'oreille tous les jours ? Quelles sont les insultes que vous utilisez pour vous diminuer quand vous faites une erreur ? Vous adressez-vous des mots d'encouragement au quotidien ?

Croyez que vous méritez cet amour. Prenez le temps de vous détendre et de vous faire plaisir. Apprenez à apprécier votre reflet dans le miroir. Notez et transportez avec vous un message d'amour. « Je suis intelligent(e), je mérite l'amour, je m'aime, je suis extraordinaire, je suis un génie, je suis beau (belle). »

## Construire son estime de soi

Une façon d'augmenter l'amour que nous avons pour nous est de construire notre estime de soi avec intégrité. Comment faire ?

Conseil

- tenez les promesses que vous faites à vous-même et aux autres ;
- dressez une liste de vos succès quotidiens ;
- créez-vous de petits objectifs réalisables qui vous mènent aux plus grands rêves ;
- soyez réceptif aux compliments que vous recevez ;
- apprenez à dire non ;
- soyez plus honnête et responsable ;
- traitez-vous comme vous traiteriez votre meilleur ami ;
- prenez soin de votre corps ;
- prenez le temps d'être seul dans le silence ;
- prenez le temps de choisir les gens avec lesquels vous passez votre temps ;
- écoutez davantage et parlez moins.

## Exercice pour développer son amour de soi

Conseil

Le matin au réveil, lorsque vous vous rendez à la salle de bains, pratiquez ce simple exercice d'appréciation. Ce dernier a été créé par Louise Hay. Je m'en suis servi de nombreuses fois pour venir en aide à mes clients durant les séances de coaching. Il a sauvé des vies et guéri des maladies.

Notez sur un petit carton, que vous collerez sur le miroir de la salle de bains ou que vous emporterez partout avec vous, ces quelques mots d'amour : « Je t'aime, je te pardonne, tu mérites le meilleur, je ne t'abandonnerai jamais, tu es en sécurité, je t'aimerai toujours. »

Mettez-vous dans un état d'amour inconditionnel. Songez à votre animal de compagnie ou bien à quelqu'un que vous aimez de tout votre cœur. Lorsque vous ressentirez cet amour, regardez-vous dans les yeux, dans le miroir, et dites-vous les phrases que vous avez notées tout en ressentant cet amour inconditionnel. Nommez votre prénom à la fin de chaque phrase pour que celles-ci aient un impact encore plus significatif.

Il se peut qu'il ne se passe rien ou que vous ayez beaucoup de difficultés à faire cet exercice ou à ressentir de l'amour. Cependant, à un moment donné, l'amour va percer. Vous allez littéralement ressentir cet amour inconditionnel revenir vers vous et vous prendre le cœur.

Le jour où cela se produira, votre vie sera complètement transformée. Les autres vous feront remarquer que vous avez changé. Ils se comporteront différemment avec vous. Vous serez plus aimant et aimable. Vous deviendrez littéralement un aimant de la loi de l'attraction en vous attirant des circonstances de plus en plus belles. Persévérez et vous l'expérimenterez.

**DANS CE CHAPITRE**

La gratitude

•

La générosité

•

Le pardon

# Chapitre 10
# Les trois alliés de l'amour

Comme nous l'avons vu au chapitre précédent, l'amour est la force la plus puissante de l'univers. Plus vous vous baignez dans l'amour, plus vous expérimentez des miracles au quotidien. L'amour possède trois alliés. Ces trois qualités puisent leur énergie dans l'amour. En les développant, vous pourrez vous attirer plus que vous ne l'imaginez.

## La gratitude

Si vous désirez attirer de plus belles circonstances de vie, il est nécessaire d'apprécier ce que vous avez déjà. Plus vous augmenterez votre gratitude et plus vous serez un aimant puissant dans la force d'attraction.

Les gens qui se plaignent le plus sont ceux qui s'attirent davantage de problèmes. Les gens riches qui se plaignent de leur argent, des taxes, ou de leurs factures, finissent par perdre une grosse quantité d'argent ou par carrément faire faillite. Les gens qui se plaignent de leur santé ou de douleurs finissent toujours par vivre plus de maladies et de souffrances. Les gens qui se plaignent de leurs relations finissent tout seuls.

Par conséquent, arrêtez de vous plaindre : ça ne sert à rien, ça ne change rien à part vous apporter plus de négativité. Développez la gratitude. Apprenez comment apprécier ce que vous avez pour en avoir davantage.

Lorsque vous vivez dans l'appréciation, vous changez votre énergie intérieure en énergie plus positive. L'attitude d'appréciation vous permet d'attirer de bien meilleures expériences dans la vie.

À retenir

La gratitude est simple à pratiquer. Pourtant, peu de gens l'utilisent. Vous pouvez employer la gratitude pour facilement transformer votre état vibratoire (voir **chapitre 5**). La gratitude vous permet d'émettre une fréquence énergétique très élevée. La gratitude est en fait un des moteurs les plus puissants de la loi de l'attraction.

La gratitude n'est pas seulement un état mental, mais également un état émotionnel. L'appréciation est une forme de bonheur : être heureux de ce que nous possédons dans notre vie, des cadeaux dont nous bénéficions au quotidien. La gratitude est la combinaison mentale et émotionnelle de la plénitude, du contentement et du bonheur.

## La puissance de la gratitude

Nos émotions ont une importance capitale au niveau de la loi de l'attraction, car c'est ce sur quoi nous portons le plus notre attention, en ayant des énergies positives élevées, qui fait en sorte que nous attirons des événements positifs. Plus notre énergie (notre fréquence vibratoire positive) est élevée, plus nous allons attirer rapidement ce que nous souhaitons dans notre vie.

Plus nous ressentons des énergies négatives de ressentiment, d'aigreur, de colère ou d'amertume, plus nous baissons notre énergie. Plus notre capacité à attirer vers nous le positif diminue alors, et plus nous risquons de faire basculer l'attraction vers des circonstances négatives.

À retenir

Rappelez-vous que vous êtes toujours en train d'attirer à vous. Tout ce qui change provient de votre fréquence vibratoire.

Étant donné que la loi de l'attraction fonctionne sur le principe que nous attirons ce sur quoi nous portons notre attention, si vous développez de la gratitude, vous allez vous attirer de plus en plus de raisons d'en éprouver.

## Comment apprécier quand on n'a plus rien

Comment faire pour changer votre état si vous ne ressentez aucune gratitude, aucune appréciation, si ne vous voyez que les problèmes que vous vivez en ce moment, si vous sentez que vous êtes submergé de dettes ou déprimé ? Que faire s'il vous est presque impossible de penser aux choses que vous aimez dans votre vie ?

Exemple

Je vous garantis qu'il existe toujours des raisons de ressentir de la gratitude. Joe Vitale, intervenant dans le film *Le Secret*, raconte comment il a transformé sa vie grâce à la gratitude, alors qu'il était sans domicile fixe. Assis sur le bord d'un trottoir, il a trouvé un stylo. Il a passé une partie de sa journée à éprouver de la gratitude pour avoir au moins un stylo à sa disposition, au moins un pantalon, et au moins sa respiration. À force de gratitudes perpétuelles, il a réussi à s'accumuler des millions.

## Apprécier au quotidien

Vous pouvez transformer n'importe quelle situation négative en situation positive en pratiquant la gratitude. Alors, comment faire et par où commencer ?

Il existe deux façons de procéder :

» **pratiquer la gratitude le soir ;**

» **se lever dans la gratitude.**

## La gratitude du soir

Conseil

Tous les soirs, avant d'aller vous coucher, écrivez sur un cahier les dix choses pour lesquelles vous ressentez de la gratitude. Vous pouvez par exemple ressentir de la gratitude d'avoir des enfants, pour avoir eu de l'eau chaude durant la journée, pour l'eau que vous buvez, car beaucoup de gens n'en ont pas. Vous pouvez ressentir l'amour de vos proches, être heureux d'avoir des amis qui vous aiment, qui pensent à vous.

Vous pouvez également ressentir de la gratitude pour avoir pu manger cette journée-là, au moins un repas, pour avoir eu quelques minutes de repos, pour avoir reçu le coup de téléphone d'un ami, de quelqu'un que vous aimez ou d'un membre de votre famille. Vous pouvez apprécier le fait d'avoir une famille qui vous aime, qui pense à vous, qui s'inquiète pour vous.

Il existe un nombre illimité de choses pour lesquelles vous pouvez ressentir de la gratitude. Je vous conseille fortement d'écrire chaque soir au moins dix choses.

Faites-le tous les soirs. Habituez-vous dès aujourd'hui. Cela vous prendra trois ou quatre semaines pour développer cette nouvelle habitude, donc commencez dès maintenant. Le mois va passer de toute manière. Au début, vous allez peut-être sauter une journée par-ci, par-là. Ce n'est pas grave ; continuez à le faire. À force de pratiquer, cela va rentrer dans vos habitudes.

Surtout, ne vous forcez pas à ressentir de la gratitude. Le sentiment doit être fluide. N'écrivez pas simplement des mots. Allez plus loin et développez ce bonheur. Vous pouvez prendre de grandes respirations, ressentir à quel point ce que vous vivez est magique. Plus vous enverrez ces ondes-là dans l'univers, plus vous vous attirerez de meilleures circonstances dans la vie. Tout ira de mieux en mieux.

## La gratitude au lever

Conseil

Le deuxième exercice consiste à vous lever dans la gratitude. Dès que vous ouvrez les yeux, la première chose à vous venir à l'esprit devrait être une pensée de gratitude. Soyez heureux, par exemple, du fait que vous vous êtes réveillé, que vous êtes encore en vie. Soyez content d'avoir une chance de plus de vous attirer de meilleures circonstances que la veille.

Durant les cinq ou dix premières minutes de votre journée, alors que vous vous occupez de votre routine quotidienne, soyez content que vos reins fonctionnent, que vos intestins fonctionnent, d'être capable d'aller aux toilettes. Ce sont des détails importants. Souvent, nous ne nous en rendons compte que quand nous perdons l'usage de ces organes. Ayez de la gratitude pour votre système digestif, pour votre système immunitaire. Ayez de la gratitude pour le sang qui circule dans vos veines.

Remerciez l'électricité pour la lumière. Remerciez le petit déjeuner. Remerciez la cafetière, et soyeux heureux du fait que quelqu'un ait imaginé ce concept qui vous permet d'avoir votre dose de caféine. Remerciez tout ce que vous pouvez voir. Si vous avez un conjoint, réjouissez-vous de ne pas vous lever tout seul.

Profitez de cette occasion pour remercier toutes les circonstances possibles et imaginables qui font partie de votre quotidien. Je vous garantis que cela transformera votre vie.

Vous pouvez recommencer à zéro chaque jour. Comme un tableau que vous avez la chance de peindre avec les couleurs de votre imagination, de votre choix. Le passé n'influe pas sur le futur, tout peut changer en l'espace d'une journée, en l'espace d'une heure, en l'espace d'une minute. Votre vie peut complètement changer pour le meilleur.

Démarrez votre journée en vous baignant dans la gratitude avant même que votre pied ne touche le sol, avant même de sortir de votre lit. Dites-vous à quel point vous êtes heureux d'avoir pu dormir dans un lit et non pas dehors, sous la pluie, d'avoir un toit qui vous protège, d'avoir pu manger la veille. Ressentez déjà de la gratitude pour la journée que vous allez vivre, pour les miracles qui vont se produire dans votre quotidien. Imaginez que vous allez vivre ces miracles et ressentez de la gratitude pour toutes ces belles rencontres, toutes ces belles surprises, ces beaux événements qui peuvent se produire.

À retenir

Plus vous pratiquerez cet état d'être, plus les circonstances positives feront partie de votre quotidien. Je vous le garantis. Alors, pratiquez sans cesse, c'est une belle discipline.

### Une petite note qui dit merci

Mettez une petite note qui dit merci à côté de votre lit. Réveillez-vous en disant merci, en utilisant ce mot. Merci, merci, merci, merci. C'est un mot très puissant. « Merci pour l'argent », « merci pour l'amour »... Même si vous pensez que vous êtes endetté jusqu'au cou, rappelez-vous qu'il existe de l'argent en abondance autour de vous. Vous pouvez remercier l'argent qui existe, qui vient vers vous, qui court vers vous. Remerciez tout l'amour que vous avez déjà reçu dans votre vie pour vous en attirer davantage. Remerciez votre santé. Si vous êtes en bonne santé, remerciez l'univers. Si vous n'êtes pas en bonne santé, remerciez pour la santé que vous avez déjà vécue. Remerciez pour toutes les cellules qui fonctionnent quand même, malgré les douleurs, malgré les éléments qui fonctionnent moins bien dans votre corps.

À retenir

Portez toute votre attention sur le positif. Portez votre attention sur les belles choses de la vie pour vous en attirer d'autres, encore plus belles.

Si vous avez un euro dans votre poche et que vous en voulez des milliers, ne pensez pas aux milliers qui vous manquent. Pensez et bénissez le seul euro que vous avez. Il va se multiplier par la loi de l'attraction. Bénissez-le. Remerciez-le. Remerciez chaque pièce que vous accumulez. Remerciez tout l'amour que vous recevez. Remerciez la santé. Répétez le mot « merci » sans arrêt.

## Entrer dans le vortex

Le *vortex* peut se définir comme l'épicentre de l'attraction. Dans le vortex, vous atteignez un état de plénitude totale et vous attirez à vous magiquement tout ce que vous désirez. Là, vous faites un avec la Source (voir **chapitre 4**). Vous vous sentez parfaitement aligné avec votre moi supérieur et avec l'univers.

La meilleure manière de rentrer dans le vortex est de pratiquer l'appréciation pour tout ce que vous avez déjà. Passez une heure, une journée, puis une semaine à remercier l'univers de tout ce que vous avez déjà reçu. Observez ensuite votre vie se transformer par magie.

### La loi de la substitution

D'après la loi de la substitution, nous ne pouvons maintenir deux idées simultanément. Nous sommes incapables de ressentir de la douleur à deux endroits en même temps. Il nous est impossible d'expérimenter deux émotions à la fois. Par conséquent, lorsque l'on pratique la gratitude, nous n'avons pas de place pour penser à nos problèmes.

Conseil

Je vous conseille d'utiliser la gratitude dès que vous faites face à un problème. Si vous vous sentez démuni ou stressé devant une situation qui vous semble insurmontable, arrêtez tout ce que vous êtes en train de faire.

Prenez un cahier et écrivez toutes les raisons de ressentir de la gratitude, tout en vivant cette émotion. Ne vous arrêtez pas tant que votre main ne vous fait pas mal. Vous pouvez trouver au moins 500 différentes raisons de ressentir de l'appréciation. Vous verrez qu'en fin de journée, vous trouverez la solution. Elle vous viendra sous la forme d'une idée créatrice ou bien d'une rencontre fortuite.

Pratiquez la gratitude tous les jours et votre vie se transformera. Lorsque vous appréciez, vous êtes dans le moment présent et vous lâchez prise complètement. Ces deux éléments, certes difficiles à maîtriser, sont fondamentaux pour l'emploi de la loi de l'attraction. Vous vivrez alors dans le flot de l'univers et tout coulera facilement. Et vous saurez ce qu'est le vortex.

## La générosité

Pourquoi la générosité est-elle si importante pour la loi de l'attraction ? Lorsque l'on donne, on se place dans l'abondance de l'univers. Si l'on est capable de donner, c'est parce que l'on fait confiance à la générosité de l'univers. On sait au plus profond de nous que cela nous sera rendu. On est certain qu'il y en a assez pour tout le monde. On donne habituellement ce que l'on possède en quantité suffisante. Le plus dur est de donner ce dont on croit manquer. Or, c'est à ce moment-là que l'on provoque le plus la générosité de l'univers.

L'avarice bloque la loi de l'attraction, car elle vibre sur une fréquence très basse de pénuries et de manques. Imaginez tenir quelque chose fermement avec vos poings serrés. Vous démontrez de cette manière votre peur et risquez de vous attirer davantage de raisons d'avoir peur. Imaginez-vous ouvrir vos mains et les tendre vers l'univers. Vous créez ainsi l'espace nécessaire pour recevoir.

Il y a de nombreuses façons d'être généreux, que ce soit en amour, en finances et même dans le domaine de la santé. Si vous voulez plus de santé, vous pouvez donner votre sang ou de votre temps à des organismes. Le plus dur est de ressentir de la générosité lorsque l'on donne ce dont on pense manquer. C'est là que le travail doit se faire au maximum.

Si vous donnez en ayant un sentiment de générosité, vous provoquerez rapidement la générosité de l'univers. Vous devez, pour cela, ressentir de l'appréciation de pouvoir donner. Il est nécessaire de se baigner dans le lâcher-prise et d'offrir sans rien attendre en retour. Vous provoquerez alors la loi de l'attraction, dans le sens où vous allez recevoir de la même manière la générosité de l'univers. Exercez-vous donc à offrir ce dont vous manquez.

## Ce qui n'est pas de la générosité

Si vous manquez d'argent, offrez de l'argent. Si vous manquez d'amour, offrez de l'amour. L'univers vous en offrira davantage. D'autre part, c'est une preuve de votre foi en l'univers, de votre lâcher-prise. Ce dernier est parfois très difficile à ressentir. La principale raison qui nous empêche d'être généreux est la peur du manque. Nous croyons que si l'on donne quelque chose, il nous en manquera.

Nous avons probablement tous étudié les mathématiques de la même manière. Nous avons compris le principe de la soustraction. Paul a dix pommes. Il en offre deux à Marie. Combien de pommes lui reste-t-il ? Nous voulons tous répondre « huit ».

C'est une mauvaise réponse d'un point de vue de la générosité de l'univers. Nous pourrions répondre « 208 » ou bien « 2008 ». Les pommes offertes généreusement reviendront à Paul sous une forme ou une autre. Mais nous n'avons pas appris les mathématiques de cette manière, par conséquent, le sentiment de don a été associé à la soustraction, au manque et à la pénurie.

Et si, en fait, il en était tout autrement ? Je sais par expérience (avec tous les gens auxquels j'ai enseigné le principe de la générosité) que plus on donne, plus on reçoit. Nous ne recevons peut-être pas exactement ce que nous avons offert, mais nous devenons définitivement le récepteur de la générosité de l'univers.

Beaucoup de gens pensent qu'il est important d'être généreux à tout prix, donc de donner, donner, donner, pour pouvoir s'attirer davantage, pour pouvoir attirer le meilleur à soi. En effet, la générosité est importante ; l'acte de donner vous permet d'attirer à vous davantage de bien-être et de choses dont vous rêvez de disposer. Mais ce n'est pas tout de donner. Il faut savoir développer l'art du don. Il est nécessaire de ressentir la générosité.

### Contravention

Je vais vous donner l'exemple d'un événement qui s'est produit dans ma vie. À une époque où j'avais moins d'argent, je suis allée me garer pour deux courtes minutes, le temps de donner quelque chose à mon frère et de revenir à ma voiture. Je savais que j'aurais le temps d'aller et revenir sans recevoir de contravention. En garant ma voiture, j'ai hésité. Je me suis dit : « Devrais-je mettre deux dollars pour me garer ? » Au même moment, j'ai vu un mendiant à qui j'aurais préféré offrir cet argent. Le sentiment qui a accompagné mon don était très négatif. À l'époque, deux dollars représentaient une somme importante pour moi, puisque j'hésitais entre les lui donner ou les offrir au stationnement. Ce faisant, j'ai créé ce doute dans l'univers. J'ai vibré avec l'énergie du manque et non pas de la générosité universelle. J'ai reçu une contravention en moins de trente secondes.

## Apprenez à être généreux

La générosité est importante pour vous attirer davantage. Encore faut-il ressentir cette générosité. Beaucoup trop de gens me répondent habituellement : « Oui, je suis généreux, mais... » et ce qu'il se passe derrière le « mais » est affreux. Ce qu'il se passe derrière le « mais », c'est : « Oui, je suis généreux, mais on n'apprécie jamais ce que j'offre » ou : « Oh oui, j'ai offert à un moment donné, mais on ne me l'a jamais rendu » ou : « J'ai prêté, mais on ne m'a pas donné », « J'ai donné, mais je ne reçois jamais rien. »

Ce type de générosité-là n'est pas de la générosité. Il peut s'agir d'une incapacité à dire non aux gens. Il faut travailler là-dessus. Vous avez le droit de dire non.

Ce n'est pas non plus de la générosité si vous avez une attente par rapport au don que vous allez faire. Si vous avez du ressentiment après avoir fait un don, car vous n'avez pas reçu l'appréciation à laquelle vous vous attendiez, vous n'avez pas été généreux. Vous vouliez en réalité provoquer un échange avec l'autre, à son insu. Un vrai acte généreux n'inclut pas d'attente. Il ne contient pas de clauses sous-jacentes.

Conseil

Apprenez à être généreux. Je sais que ce n'est pas toujours facile, surtout lorsque l'on croit manquer de quelque chose. Ressentir cette générosité et être généreux vous attirera pourtant plein de bonnes de choses. Je me rappelle quand je pensais manquer d'argent. J'avais cinq dollars en poche, une fortune à l'époque. Je l'ai offert à une chapelle, alors que cela représentait ma nourriture pour la semaine. Plus tard, j'ai reçu 100 dollars. Comme par hasard, de l'argent m'est venu de nulle part. Et ainsi de suite.

## Le pouvoir de la générosité

Imaginez une rivière abondante qui coule à flots continus devant vous. Imaginez que vous y placiez de grosses pierres. Vous construisez un barrage afin de garder toute l'eau pour vous. À force, vous réussissez à bloquer la rivière. Disons que vous oubliez ensuite que vous l'avez bloquée. Au bout d'un moment, vous regardez derrière le barrage. Vous observez la sécheresse. Plus tard, vous vous mettrez à croire que l'eau ne parviendra jamais plus à vous.

Il en est de même avec l'illusion de la pénurie. Ce qui gêne la circulation de votre abondance, ce sont les blocages que vous avez vous-même créés. Imaginez chaque don comme une pierre que vous retirez du flot de l'abondance de l'univers. Plus vous offrez, plus le flot grossit.

À retenir

L'univers ne voit pas vraiment de différence entre 1 000 euros et 1 million d'euros. Pour lui, la seule différence est le nombre de 0 après le 1. Au niveau de l'univers et de son immensité, il n'est pas difficile de vous procurer 1 million d'euros. La seule difficulté se trouve au niveau de nos croyances. La pénurie n'existe que dans notre tête. Tout part de l'intérieur. Tout provient de notre intention.

Pour l'univers, vous apporter les outils dont vous avez besoin pour obtenir ce que vous désirez ne demande pas d'énergie. Pensez-vous que les feuilles qui poussent dans les arbres coûtent de l'énergie à l'univers ? Tout se fait naturellement. L'abondance est naturelle pour l'univers. Les arbres se départissent d'ailleurs de leurs feuilles afin de pouvoir se nourrir durant les mois d'hiver. Vous pouvez ainsi vous séparer de ce dont vous avez besoin afin d'en récolter par la suite.

## Comment donner facilement

Des millions de personnes sont sans emploi et des millions vivent dans la pauvreté. Résultat : les gens veulent instinctivement s'agripper à tout l'argent qu'ils peuvent avoir et je ne les en blâme pas. Cela va sans dire que si vous ne savez pas d'où viendra votre prochain repas, vous n'êtes pas disposé à donner votre dernier morceau de pain. Malheureusement, c'est le fait de s'agripper jusqu'au dernier centime qui fait obstacle à la possibilité d'attirer ce que les gens veulent le plus : plus d'argent. Il a été dit que l'argent ne fait pas le bonheur. Je dirais que l'argent ne fait pas le bonheur de ceux qui ne comprennent pas les relations harmonieuses entre richesse et paix de l'esprit.

Exemple

Vous avez très certainement entendu parler de célèbres millionnaires tels que Warren Buffet et Bill Gates. Pensez-vous qu'ils en sont là parce qu'ils ont stocké chaque centime gagné jusqu'à amasser des millions ? Non, ils ont au contraire réalisé l'importance de laisser le flux d'argent couler en harmonie avec leurs vies. Ils ont compris le concept de dépenser de l'argent pour gagner de l'argent, ainsi que celui de l'investissement judicieux. Ces hommes en étaient conscients ou bien ont découvert, il y a longtemps, que l'argent leur arrive facilement et fréquemment lorsqu'ils sont disposés à le laisser filer de temps à autre.

### La métaphore de la rivière

Pensez à l'argent comme à une magnifique rivière avec tous ses affluents fertilisant le luxuriant paysage qui, à son tour, nourrit l'abondance de la vie sauvage. Imaginez-vous flottant sur un bateau, votre esprit sidéré par la puissance du courant, tout en vous sentant en paix et en harmonie avec l'immense flux d'eau.

L'argent est semblable à cette rivière. Il peut être intimidant, poussant les gens à croire qu'il n'apporte rien sinon l'affliction. D'un autre côté, lorsque les gens sont insouciants et ne respectent pas sa puissance, il peut ruiner leur vie. Mais lorsque vous apprendrez à voguer avec le courant de l'argent plutôt qu'à essayer de le stopper ou de le garder pour vous, vous découvrirez que le flux d'argent vous transportera aussi loin que vous le souhaitez.

## Ne cherchez plus d'excuses

Comme vous, je peux donner. J'avais donc décidé de donner tout ce que je pouvais aux sans-abri. Chaque fois que je me rendais jusqu'au centre-ville, je faisais un effort conscient pour trouver une personne sans-abri à qui offrir ma monnaie.

Je me suis malheureusement retrouvée en train de questionner chaque individu que je voyais, et à porter des jugements éclairs fondés sur les apparences et les comportements. Je pensais des choses telles que : « Cet homme va utiliser l'argent pour aller acheter de l'alcool » ou : « Celui-ci semble capable de travailler » ou encore : « Je parie qu'elle est accro à une drogue. Je vais lui faire une faveur en ne supportant pas sa dépendance. »

Ce que je faisais, au final, était de me trouver des excuses pour ne pas donner. Je pensais que je questionnais les intentions de ces gens alors qu'en fait, c'était mes intentions que j'aurais dû examiner. J'ai ainsi appris que mon acte de donner n'était pas en harmonie avec mon aspiration d'attirer la richesse dans ma vie. Après en être venue à cette prise de conscience, je ne me suis plus inquiétée de ce que ces gens feraient de l'argent que je leur donnais. Leurs intentions ne dépendaient plus de moi. Ce qu'ils feraient avec mon cadeau était leur choix. Ce qui m'importait était de donner, simplement.

### Restez humble

Le désir ou le besoin d'argent est ressenti partout dans le monde. Beaucoup passent leur vie à essayer d'accumuler des richesses sans y arriver, alors que d'autres semblent les attirer comme s'ils étaient des aimants. Cette contradiction vient du déséquilibre des « rivières d'argent » flottant d'un bout à l'autre du monde. Je crois que l'obtention et le laisser-aller (le *yin* et le *yang*) de l'argent devraient être en équilibre pour obtenir la coexistence du bonheur et de la richesse véritable.

Je souhaite que ceux qui accumulent la richesse en utilisant la loi de l'attraction se souviennent d'où ils viennent et gardent à l'esprit ceux qui se débattent dans la pauvreté. Vous n'avez toutefois pas à attendre d'être riche. Pourquoi ne pas commencer maintenant ? Je ne suggère pas que vous donniez vos 100 derniers euros à une œuvre caritative. Mais si vous voulez être témoin de la puissance de la loi de l'attraction, envisagez de changer votre attitude en ce qui concerne l'argent.

**Conseil**

Donner librement avec un cœur ouvert envoie un signal à l'univers. Ce signal est que vous vous sentez riche parce que vous donnez librement. Et qu'avez-vous appris à propos de la loi de l'attraction ? Le semblable attire le semblable, donc le sentiment de richesse vous permettra d'attirer plus de richesse. Cherchez la paix et l'harmonie financières dans votre vie en laissant les rivières d'abondance couler, et donnez librement.

## Le pardon

Encore une fois, vous attirerez dans votre futur ce à quoi vous pensez le plus. Si vous ressassez les blessures passées, vous risquez d'en attirer davantage.

À retenir

Plus vous vous plaignez des problèmes que vous vivez, plus vous blâmez autrui et plus vous vous remémorez ce qui vous semble impardonnable, plus vous empêchez le flot d'énergie positive de venir naturellement vers vous.

Le ressentiment, la haine, le mépris et la culpabilité sont des émotions de très basse fréquence énergétique. Elles envoient à l'univers des signaux qui vous attireront des expériences provoquant plus d'émotions similaires.

Rappelez-vous que vous êtes aux commandes et qu'il ne tient qu'à vous de vous débarrasser de ces émotions négatives. La meilleure façon est de penser à une chose pour laquelle vous ressentez de la gratitude.

De plus, en pardonnant, vous vous libérez du poids qui vous empêche de vous envoler vers un plus grand succès.

## Pardonner n'est pas accepter

Pardonner ne signifie pas accepter, mais plutôt se laisser la chance de se libérer du poids de la douleur causée. Vous pouvez pardonner à une personne ou à un événement sans jamais laisser cette personne-là revenir dans votre entourage ou la côtoyer. Vous pouvez prévenir la répétition de son comportement.

Par conséquent, quand vous pardonnez, faites bien attention à ne pas sentir également l'obligation d'accepter la situation. Énormément de personnes n'arrivent pas à faire la distinction et mélangent pardonner et accepter. Pardonner signifie tout simplement vous donner la chance de vous débarrasser du sentiment négatif. Il n'est en rien question d'accepter la personne, l'événement.

Conseil

Arrêtez de vous torturer inutilement. Si vous considérez que quelqu'un vous a fait du tort, ou que vous avez subi une blessure qui vous a fait souffrir, cela s'est produit à un moment donné dans le passé. Chaque fois que vous vous remémorez la situation négativement, que vous vous blâmez, vous plaignez et éprouvez du ressentiment, vous rouvrez cette blessure et ravivez cette douleur. En pardonnant, vous vous permettez de guérir de cette blessure et de marcher libre sans elle.

## Comment pardonner ?

Il peut parfois être difficile de concevoir l'acte de pardonner, surtout si la blessure est profonde et douloureuse. Sachez que cela s'apprend. Vous pouvez commencer par pardonner les actes des personnes qui vous ont causé de petites blessures. Il est nécessaire de comprendre que chacun fait de son mieux au meilleur de ses connaissances.

Il est rare que quelqu'un fasse exprès de vous blesser. Si c'est le cas, il s'agit de comportements appris par cette personne. Elle les utilise comme étant la meilleure option. Rappelez-vous que vous aussi, vous faites des erreurs et peinez d'autres personnes dans votre chemin vers l'épanouissement.

### Pardonnez-vous vos erreurs passées

Le plus important est d'apprendre à se pardonner. Laissez aller cette haine envers vos actions ratées passées, envers vos choix qui se sont révélés mauvais. Pardonnez-vous de vous être laissé berner ou blesser. Apprenez à vous aimer davantage. En augmentant votre amour de vous-même, vous comprendrez que toutes ces expériences ont créé la merveilleuse personne que vous êtes devenue.

#### L'art du pardon

Le pardon est comme tout autre chose. C'est un art qui s'apprend. Vous n'êtes peut-être pas pro du pardon, mais vous pouvez le devenir. Commencez petit. Bâtissez-vous les muscles du pardon. Pardonnez d'abord au passant qui vous a bousculé, par exemple. Ne commencez pas par des événements ou des gens qui vous ont causé beaucoup de tort.

Comprenez que vous n'offrez rien à autrui en pardonnant, mais que vous vous offrez de l'amour. De nombreuses personnes ne souhaitent pas pardonner, comme si cela envoyait de la douleur à la personne qui les a blessées. Réfléchissez. Il n'en est rien. L'autre continue à vivre. Certaines personnes ne savent même pas qu'elles nous ont causé du tort. Leur en vouloir ne change rien à leur vie.

## Peut-on pardonner l'impardonnable ?

Vouloir pardonner à tout prix est très négatif et néfaste pour votre santé, votre bien-être et votre estime de vous. Il est important de d'abord vous placer sur l'échelle de vos valeurs. Vous ne pouvez pas pardonner tant et aussi longtemps que vous ressentez de la douleur. Pardonnez-vous de ne pas pardonner immédiatement. Il y a des étapes à suivre avant de pouvoir le faire.

Je reçois de nombreux courriers de lecteurs et lectrices me parlant de pardon. Ces lettres ressemblent souvent à : « Cette personne m'a causé du tort et je lui ai pardonné. Je ressens encore de la colère, mais je lui ai pardonné. » La colère et le mépris sont des indications que vous n'avez pas encore pardonné. Lorsque l'on a vraiment pardonné, on ne ressent plus aucune émotion négative. On peut même ressentir de la compassion et de l'amour pour la personne qui nous a fait souffrir.

### Un flot d'émotions

Les émotions négatives ne sont pas mauvaises en soi. Il n'existe pas de mauvaises émotions. Toutes les émotions sont bonnes, car elles vous indiquent ce qu'il se passe dans votre intériorité. Ce sont des émetteurs qui permettent de comprendre ce qu'il se passe dans votre tête. Vous n'avez donc pas à bloquer certaines émotions en pensant qu'elles sont mauvaises. Au contraire. Si vous bloquez ces émotions-là, elles risquent de rester en vous et de pourrir votre système. Elles peuvent se transformer en maladies. Elles vont vous empêcher d'aller plus loin sur votre route du succès parce qu'elles vont se transformer en blocages.

De nombreuses personnes pensent que, pour utiliser la loi de l'attraction, il faut se préserver des émotions négatives ou des problèmes. Il n'en est rien. Il faut régler ses problèmes et dépasser ses émotions après les avoir identifiées. Il faut comprendre comment elles ont été créées et modifier les comportements mentaux qui les ont provoquées.

À retenir

Ces émotions négatives doivent sortir pour que vous soyez en mesure de pardonner. Vous n'êtes pas Jésus ni Bouddha. Moi non plus d'ailleurs. Nous sommes humains. Nous avons tout un éventail d'émotions à accepter et à gérer.

## Accepter ses émotions

Devant une personne à laquelle vous voulez pardonner, vous allez ressentir de nombreuses émotions différentes. Les premières sont la colère, le ressentiment, l'envie de vengeance... Ensuite, vient la culpabilité. Vous allez vous en vouloir d'avoir choisi cette personne-là ou de lui avoir fait confiance.

Prenez le temps d'expérimenter et d'accepter toutes ces émotions. Donnez-vous ce droit. Quand vous les vivez, vivez-les pleinement. Pleurez, maudissez la personne s'il le faut – sans nécessairement porter des actions négatives –, puis débarrassez-vous de ce fardeau d'émotions négatives. Décidez que ce sera la dernière fois que vous ferez vivre cette mémoire du tourment.

Exemple

Imaginez une plaie qui vous a été causée par le passé. Chaque fois que vous vous remémorez cette plaie avec ressentiment, vous la rouvrez. Si vous gardez votre colère enfouie en vous tout en faisant semblant d'avoir pardonné afin de « bien paraître », c'est comme si vous aviez refermé la plaie, mais qu'elle s'était putréfiée. Vous vous empoisonnez. Vous devez ouvrir la plaie, laisser sortir le pus, la nettoyer et la guérir.

Le procédé du pardon est le même. Vous devez ouvrir le souvenir. Vider ensuite toute votre douleur, puis refermer la blessure en vous promettant de lui laisser le temps de guérir. En dernier lieu, soignez-la en lui offrant de l'amour.

### Vider sa colère

Vous pouvez étaler toute cette colère sur papier. Puis, tout simplement, brûler ou jeter ces papiers pour vous en débarrasser. Une fois que tout est sorti de vous, vous pourrez démarrer le processus du pardon. Pensez que tout le monde essaie de faire de son mieux dans les limites de ses connaissances. Vous commettez vous aussi des erreurs. Vous faites parfois du mal à autrui sans le vouloir. Vous pouvez aussi vous tromper et offrir votre confiance à quelqu'un qui vous blesse.

## Se libérer

D'autres personnes ont aussi à vous pardonner. Vous aurez à vous pardonner des erreurs que vous avez faites par le passé. Au moment où vous lisez ces lignes, vous êtes déjà une nouvelle personne. Vous n'étiez pas cette personne-là hier. Vous n'étiez pas cette personne-là le mois dernier. Vous ne serez pas cette personne-là dans un mois. Vous évoluez presque à chaque instant. De nouvelles données entrent. De nouvelles expériences vous transforment.

Nous jugeons et critiquons souvent les circonstances et les événements qui ont précédé notre état actuel de connaissances. Or, nous avons évolué depuis que nous avons pris des décisions durant ces circonstances et événements. Nous ne savions pas, au moment de les prendre, que ce n'était pas la bonne voie.

**À retenir**

Il est nécessaire, pour pouvoir avancer, de se libérer de cette culpabilité et de se pardonner les erreurs de jugement. C'est seulement en faisant des erreurs que nous pouvons évoluer. Les autres font de même. Ils nous blessent sans le vouloir. Pardonner, c'est se dire que chaque personne fait au mieux de ce qu'il est capable de faire. C'est comprendre que chaque personne transporte des blessures et écorche les nôtres sur son chemin vers plus de connaissances. Certains ne savent pas comment se comporter avec autrui autrement qu'à travers le langage de la douleur. Il est de notre responsabilité de reconnaître ces gens rapidement et de les éviter.

Si vous avez à pardonner à vos parents, réfléchissez à leur enfance. Qu'ont-ils enduré étant enfants pour vous avoir traité comme ils l'ont fait ? Les parents reproduisent souvent vis-à-vis de leurs enfants ce qu'ils ont vécu en tant qu'enfants. Nos parents n'avaient pas tous les outils que nous avons, ni les connaissances ou l'éducation dont nous bénéficions aujourd'hui. Le pardon s'établit dans la compassion et l'amour inconditionnel. Et la compassion envers l'autre commence par l'amour de soi.

# Partie 4
# Intégrer la loi de l'attraction dans sa vie de tous les jours

## Dans cette partie…

Comprendre les principes théoriques de la loi de l'attraction va vous permettre de réaliser ce qui vous manquait dans vos modes de comportement ou de réflexion. Dans cette partie, vous trouverez des exemples concrets pour vous aider à intégrer ces enseignements dans votre vie de tous les jours.

Côté travail, l'univers vous offre toutes les possibilités de vous épanouir. Le premier pas est souvent le plus dur : celui de décider de l'emploi dont vous rêvez vraiment.

Il en est de même en amour : ouvrez vos bras et votre cœur, et offrez l'amour que vous désirez recevoir.

Côté santé, il est important de développer sa gratitude pour tout ce qui fonctionne bien, et de se débarrasser de ce poison nommé « ressentiment » qui mine notre bien-être.

**DANS CE CHAPITRE**

Utiliser la loi de l'attraction pour l'emploi et les finances

•

Comment attirer l'emploi de ses rêves ?

•

Peut-on gagner de l'argent avec la loi de l'attraction ?

# Chapitre 11

# Attirer la réussite professionnelle et l'argent

Beaucoup de gens ressentent le besoin d'utiliser la loi de l'attraction pour attirer de grosses sommes d'argent. La loi universelle de l'attraction dit que vous attirez ce à quoi vous pensez continuellement ; celui qui s'implique sans discontinuer dans les systèmes permettant de générer des revenus finira donc par avoir beaucoup d'argent, parce qu'il attire à lui ce qu'il sème sur une base régulière.

Ce n'est cependant pas une chose facile à faire, car c'est une méthode qui ressemble à du jardinage, et tous les jardiniers savent que rien ne pousse du jour au lendemain. Il faut nourrir les plantes et en prendre soin régulièrement, ce qui demande de la persévérance, de la confiance et de la patience.

## Cultiver son jardin

Exemple

Un de mes amis millionnaires m'a expliqué qu'il avait appris le principe de la loi de l'attraction pour les finances en observant ses parents jardiner. Sa mère, très fière de son jardin, souhaitait de tout cœur avoir le plus beau jardin du quartier. Elle se mit à planter toutes les graines de plantes et de fleurs qui pousseraient à différents moments de l'année. Elle y mit tout son amour. Elle développa plus de connaissances pour comprendre comment nourrir ses plantes de la meilleure manière possible. Puis, elle lâcha prise.

Elle arrosait ses plantes régulièrement en leur offrant de l'amour et en s'attendant au mieux. Elle ne creusait pas la terre à tout bout de champ pour vérifier l'état des pousses. Elle ne tirait pas sur les pousses pour qu'elles grandissent plus vite. Elle croyait tout simplement que l'univers allait faire son boulot vu qu'elle avait fait le sien. Patiemment, elle observait son jardin pour s'assurer qu'aucune mauvaise herbe ne viendrait détruire son labeur.

Quelques semaines plus tard, de belles fleurs firent son bonheur et l'émerveillement de tout le quartier. Mon ami me confia qu'en effet, sa mère avait réussi à avoir le plus beau jardin des environs. Les gens venaient la complimenter et le prendre en photo.

Qu'apprenons-nous de cette analogie ? Faites votre travail. Œuvrez avec amour et patience en vous attendant au meilleur. Protégez-vous des mauvaises énergies en ayant foi que l'univers fera sa part. Ne vérifiez pas tout le temps l'état de vos finances (ou du manque d'argent). Sachez que vous recevrez votre dû en temps et en heure.

### Un réel engagement

La loi de l'attraction n'est pas une solution de facilité pour obtenir ce que vous voulez... Vous devez être totalement engagé envers votre but et consentir à tous les efforts pour réussir et pour que votre richesse augmente.

Soyez conscient que l'argent n'est qu'un outil. Il ne vous rend pas heureux et vous ne pouvez pas acheter l'amour. L'argent est une forme d'énergie qui vous permet d'obtenir ce que vous désirez.

N'oubliez pas que la loi de l'attraction est non seulement une théorie, mais aussi une réalité, et que ce sur quoi vous vous concentrez sans cesse se produira. Il vous faut accepter ce que vous obtenez de cette manière, alors faites attention à ce que vous souhaitez...

Il est louable de vouloir une vie meilleure pour votre famille en leur donnant plus que ce que vos parents vous ont donné. Gardez à l'esprit que vous trouverez le succès si vous vous engagez vraiment avec la loi de l'attraction. Ayez en tête vos objectifs pour pouvoir gagner de l'argent et croyez que vous recevrez ce que vous voulez. Tant de choses se produiront et s'accompliront cette année si vous lâchez prise et faites place à la loi de l'attraction.

## Comment attraper un écureuil

Enfant, mon père et moi avions pour habitude de nous asseoir sur le banc d'un parc à Montréal. L'un à côté de l'autre, nous ne bougions pas pendant de longues minutes. Nous n'échangions pas de regards, nous ne nous parlions pas. Ce furent peut-être là mes balbutiements en méditation.

Après un certain temps, un écureuil s'approchait. Bientôt, une douzaine, puis des dizaines d'écureuils nous entouraient. Nous avions tous deux des cacahuètes à la main et nos poches en étaient remplies. Le premier écureuil, prenant son courage à deux mains (ou devrais-je dire une cacahuète), sautait sur ma jambe, grimpait le long de mes pantalons jusqu'à s'approprier son dû.

Le premier écureuil ayant survécu à la tentative, tous les autres faisaient alors de même. En quelque temps, mon père et moi étions couverts d'écureuils. Nous bougions lentement pour sortir de nouvelles cacahuètes de nos poches. Les passants nous prenaient en photo, sidérés par le spectacle de ces petits animaux grignotant sur nos épaules, notre tête, nos bras. Au bout d'un certain temps, ils ne nous quittaient plus. Ils s'installaient confortablement, attendant de recevoir la prochaine cacahuète.

Avez-vous déjà essayé d'attraper un écureuil ? Il n'y a pas d'écureuil là où vous vivez ? D'accord. Avez-vous tenté de capturer une poule ? C'est quasi impossible si vous la poursuivez. La meilleure manière de capturer un animal est de ressentir de l'amour inconditionnel, de s'empêcher d'éprouver de la peur et de rester immobile à attendre.

Il en va de même pour l'argent. Si vous essayez de lui courir après, vous allez le faire fuir. Le meilleur moyen de « capturer » de l'argent est de vivre dans le moment présent en ressentant de l'amour inconditionnel. Vous devez passer du temps en méditation afin de devenir cet être immobile qui attire à lui le meilleur. Il ne faut pas craindre le manque d'argent, car cela le provoque.

**À retenir**

L'argent est une énergie comme une autre. Il est attiré par l'amour. L'amour de votre métier vous attirera des fortunes. En revanche, la haine de votre emploi repoussera l'argent, vous perdrez ce que vous gagnez presque automatiquement. L'argent vous fuira et ira rejoindre ceux qui aiment leur profession.

# Attirer un emploi

Avant d'attirer quoi que ce soit dans la vie, il est nécessaire de savoir exactement ce que l'on désire (voir **chapitre 4**). Décrivez clairement et précisément l'emploi que vous désirez occuper, même si vous en avez déjà un. 80 % des gens exercent un métier ou font un travail qui ne leur plaît pas. Si vous faites partie de ces gens, il est grand temps de changer de profession. La vie est trop courte pour perdre son temps dans une occupation qui nous déplaît.

## Un conseil pour vous attirer l'emploi rêvé

Conseil

Faites la liste de toutes les associations qui ont de près ou de loin un lien avec l'emploi rêvé selon vous. Allez vous inscrire au plus grand nombre d'entre elles. Trouvez-vous des mentors qui vont vous renseigner et vous motiver à réussir. Croyez-moi, la plupart des gens adorent raconter comment ils sont arrivés là où ils se trouvent. De nombreuses personnes seront ravies de pouvoir vous guider.

Demandez et vous recevrez. Rendez-vous aux réunions de ces associations. Offrez-vous pour mission de rencontrer un maximum de gens qui font déjà ce que vous rêvez de faire. Demandez-leur de l'aide. Vous aurez peut-être quelques refus, mais vous finirez certainement par trouver quelqu'un qui voudra vous soutenir.

Vous pouvez aussi décider d'offrir vos services d'apprenti (même gratuitement). Assistez, aidez quelqu'un qui pratique le métier que vous désirez faire. Vous apprendrez énormément et serez ainsi baigné de succès.

## Vivre de sa passion

Certaines personnes n'ont aucune difficulté à vivre de leur passion. Pourquoi pas vous ? Elles ne sont pas plus intelligentes que vous. Elles appliquent tout simplement les lois de la prospérité dans leur quotidien.

Pour commencer, il est nécessaire de vous demander ce que vous aimez faire. Y a-t-il des activités qui vous font tellement plaisir que vous pourriez y vaquer toute la journée ? Rappelez-vous de ne pas vous laisser piéger par le « comment » (« Comment vais-je faire de l'argent avec mon hobby ? », par exemple). Y a-t-il des activités que vous feriez gratuitement ? Lorsque l'on est passionné, on se moque bien de l'argent que l'on va gagner. C'est justement à ce moment-là que l'argent se met à nous poursuivre.

Afin de connaître vos passions, vous pouvez vous poser la question suivante : « Si j'étais multimillionnaire (si l'argent n'était pas un prérequis quant à ma décision), et qu'il me restait six mois à vivre (chaque minute est comptée), quelle occupation choisirais-je ? » Si l'argent n'est pas le but du travail et que le temps prend toute sa valeur, l'emploi choisi est celui qui vous passionne réellement.

**À retenir**

Chaque personne a une « mission de vie », une tâche à accomplir durant son existence sur cette Terre. En pratiquant le métier qui vous passionne vraiment, vous remplirez votre mission de vie et vivrez chaque jour dans une joie indescriptible.

Rappelez-vous que le bonheur vient avant tout autre chose. Vous gagnerez bien plus d'argent en exerçant un métier qui vous plaît (quel qu'il soit) qu'en travaillant par obligation. L'argent est attiré par le bonheur, et non l'inverse. Si vous êtes heureux dans votre occupation professionnelle, vous dégagerez de l'énergie positive, celle qui vous attirera des circonstances positives, en l'occurrence de l'argent.

# Augmenter ses finances

Vous devez tenir compte de certaines choses lorsque vous essayez d'obtenir de l'argent par le biais de la loi de l'attraction. L'idée principale est de croire que vous pouvez recevoir en abondance et de ne permettre à aucun doute de s'infiltrer.

## Voir l'abondance

Il est important de suivre quelques principes de base pour manifester plus d'argent dans votre vie. Le premier principe est de se rappeler que l'argent aime apparaître à ceux qui n'ont pas de problèmes avec lui. La raison est simple : ceux qui ont des problèmes avec leurs finances attirent d'autres raisons d'avoir des soucis d'argent.

Observez votre vie quotidienne. Rappelez-vous les moments où vos finances étaient catastrophiques : les dépenses imprévues et les factures arrivaient de plus en plus à ces moments-là... C'est parce que vous attiriez ce à quoi vous pensiez, c'est-à-dire à vos ennuis d'argent. Bien sûr, vous ne voulez pas ignorer ces soucis, mais si vous vous concentrez sur vos factures impayées, vous en recevrez encore plus. Vous devez changer votre point de vue et vous concentrer sur le fait d'attirer plus d'argent.

Le second principe à appliquer lorsque vous tentez d'attirer plus d'argent est de changer la manière dont vous vous sentez à son sujet. Les gens qui sont toujours préoccupés par des projets pour gagner de l'argent ont tendance à se sentir plus déprimés et plus régulièrement fatigués.

**À retenir**

Considérer l'argent comme étant une source de tracas attire des conditions financières plus destructrices encore. Or, l'argent est simplement un moyen pour vous aider à obtenir ce que vous désirez. Mettez l'accent sur vos rêves et vos désirs, positivement et joyeusement, et ils se réaliseront.

## Briser les barrières qui vous empêchent d'attirer l'argent

Vous êtes-vous déjà demandé pourquoi vous n'arrivez pas à attirer l'argent ? Ne vous êtes-vous jamais posé cette question importante : « Suis-je à l'aise lorsqu'il est question d'argent ? »

### Avez-vous peur de l'argent ?

Isolez-vous dans un endroit calme, asseyez-vous, détendez-vous, fermez les yeux et imaginez être riche, dans toutes sortes de situations. Vous possédez des biens immobiliers, vous conduisez une voiture de luxe, vous portez des vêtements onéreux, vous voyagez et vous vivez dans des hôtels élégants. Ressentez-le ! Vous sentez-vous détendu ? Vraiment détendu ?

Que pensez-vous qu'il se passe lorsque vous êtes riche ? Pensez-vous à quoi que ce soit qui vous importune et qui laisse une sensation d'inconfort ? Vous sentez-vous bien ou mal lorsque vous vous imaginez vivre dans cette grande maison qu'est la vôtre ? Avez-vous peur de vous en occuper ? Ne vous inquiétez pas, vous aurez des domestiques. Avez-vous peur que quelqu'un endommage votre voiture onéreuse si vous la garez dans la rue ? De la jalousie de vos amis ou d'étrangers ? De perdre beaucoup d'argent en Bourse ? De voir beaucoup de gens débarquer pour quémander de l'argent ?

Visualisez maintenant une journée entière, du matin au soir. Que feriez-vous si vous viviez une vie de riche ? Que ressentez-vous à cette idée ? Pensez-vous que vous êtes trop timide pour vous rendre dans un restaurant gastronomique luxueux afin de rencontrer un homme d'affaires prospère souhaitant vous parler de millions ? Avez-vous peur de prendre les mauvaises décisions lorsqu'il s'agit d'investir votre argent ? De devoir gérer vos fortunes ou de payer de grosses factures ?

Comment vous sentez-vous lorsque, dans votre entourage, quelqu'un parle d'argent ? Que dites-vous à ce sujet ? Pensez à votre enfance : que disaient vos parents au sujet de l'argent ? Pensez-vous de la même manière ? Pensez-vous qu'ils vous ont mal programmé lorsqu'il est question de richesse ? Que la programmation de vos parents vous bloque ?

À retenir

Vous devez vous sentir totalement à l'aise avec l'idée de l'argent, parce que, tant que vous ne le serez pas, vous connaîtrez des problèmes pour le réaliser. Lorsque vous vous sentez en harmonie avec l'idée, vous commencerez à attirer de plus en plus d'argent.

### Dans la peau d'un millionnaire

Ce qui vous met mal à l'aise lorsque vous pensez à l'argent vous empêche de vivre dans l'abondance. Prenez des notes à propos de tous ces blocages qui vous viennent à l'esprit et brisez-les en vous visualisant dans la peau d'un millionnaire qui s'y sent bien. Il est extrêmement important de lever ces blocages et de vous sentir bien, parce qu'il vous est impossible d'attirer l'argent si votre fréquence de vibration n'est pas en phase avec la fréquence de vibration de la richesse. Visualisez-vous avec de l'argent. Faites-le quotidiennement. Visualisez-vous dans tous types de situations où vous vivez dans l'abondance. Allez dans de grands restaurants. Fréquentez des magasins de grandes marques et choisissez des vêtements chics en vous imaginant vivre dans un quartier chic. Habituez-vous à vous sentir parfaitement bien à n'importe quel moment de votre vie de millionnaire, et appréciez le fait de vivre dans l'abondance.

## Faire de la place à plus d'abondance

Rangez votre habitation afin de faire place à plus d'abondance ! Beaucoup de gens accumulent des affaires et s'accrochent à tous ces objets, dont certains sont vraiment inutiles. D'autres ne veulent pas se départir des vieilleries, car ils ont peur de ne pas pouvoir s'acheter du neuf. Dans un cas comme dans l'autre, vous bloquez l'abondance universelle.

**À retenir**

La désorganisation matérielle mènera à une confusion intellectuelle. À force de voir le désordre autour de soi, on finit par être aussi désorganisé dans sa tête. Plus vous serez « rangé » à l'extérieur, plus votre esprit sera organisé.

## Faites circuler le flot de l'abondance

Ranger, organiser, jeter, donner crée le mouvement qui permet une fluidité universelle, le flot de l'abondance universelle. Vous pouvez faire circuler ce flot tout simplement.

**Conseil**

Prenez par exemple une journée pour ranger votre garde-robe. Donnez généreusement tout ce que vous n'avez pas porté depuis l'année dernière. Vous allez me dire : « Oh mon Dieu, mais qu'est-ce que je vais faire sans ces vêtements-là ? » Si vous ne les avez pas portés depuis les six derniers mois ou même l'année passée, il y a de fortes chances pour que vous ne les reportiez plus. Garder l'inutile envoie un message de pénurie à l'univers.

Vous conservez un vêtement en vous disant : « La prochaine fois qu'il y aura une fête ou une belle occasion, je mettrai cette vieille robe. » Ne trouvez-vous pas cette phrase étrange ? On pourrait plutôt penser que vous allez vous dire : « S'il y a une nouvelle occasion, je m'achèterai une nouvelle robe ! » Si vous gardez des vieilleries, ça veut dire que vous n'avez pas assez confiance que vous aurez assez, dans le futur, pour vous vêtir convenablement, que vous n'en aurez pas les moyens.

D'ailleurs, utilisez ce que vous achetez pour la « parfaite occasion » ; ne le conservez pas enfermé parce que c'est trop beau pour vous, trop cher pour être utilisé ce jour. Sortez votre argenterie pour vous faire plaisir. Ainsi, vous aurez les moyens de vous acheter de l'argenterie encore plus belle pour les grandes occasions !

## Utilisez ou jetez !

Profitez de la vie, de ce que vous avez. Ne réservez pas les jolis draps pour un jour particulier. N'utilisez pas votre belle vaisselle uniquement lorsque vous recevez à dîner. Servez-vous de votre belle vaisselle régulièrement. Vous le méritez ! Vivez dans cette beauté que vous avez accumulée autour de vous.

Puis, faites le vide ! Jetez les paperasses inutiles. On garde souvent de vieux papiers, de vieilles factures, des objets qui nous rappellent de mauvais souvenirs, pour rien ! Jetez, jetez, jetez tous les vieux trucs dont vous n'avez pas besoin et donnez les choses qui peuvent encore être utilisées et dont vous ne vous servez plus.

Ainsi, vous permettez deux lois de l'attraction. D'un côté, vous faites le vide, donc vous faites de la place pour recevoir. De l'autre, vous donnez généreusement, et donner, c'est recevoir. Plus vous donnerez, plus vous recevrez.

## Payer pour gagner

Remerciez vos factures, car vous voulez vous en attirer davantage, arrêtez de les fuir ! Vous les rembourserez plus rapidement. Avez-vous l'impression que vous n'arriverez jamais à bout de vos factures ? Saviez-vous que la facture est un signe de prospérité ? Au lieu de voir vos factures comme des indices du manque qu'elles provoquent dans votre compte en banque, prenez-les pour ce qu'elles sont vraiment : des signes de l'abondance de l'univers.

**À retenir**

Payez vos factures à temps. Plus vous fuyez vos factures, plus vous vous en attirerez selon la loi de l'attraction. Par conséquent, il est préférable d'affronter immédiatement les factures reçues afin d'éviter de les accumuler. De plus, vous vous sentirez soulagé ; un sentiment qui vous aidera grandement à vous attirer le meilleur.

### Réglez vos factures...

Comment payer ses factures ? Êtes-vous débordé par vos factures ? Vous ne savez plus lesquelles payer en premier ? Je vous conseille de toutes les étaler sur votre bureau et de les organiser par rapport aux montants que vous devez.

**Conseil**

Prenez la facture sur laquelle vous devez le moins et payez-la intégralement. Félicitez-vous de cet accomplissement. Ensuite, calculez combien vous pouvez payer sans nuire à vos dépenses nécessaires de la vie (tenant pour acquis que vous avez fait un budget...).

Payez toutes les factures que vous pouvez, de la somme la plus petite à la plus élevée. Félicitez-vous à chaque étape de ce processus.

### ... puis remerciez-les !

Chaque facture représente un bien que vous avez reçu. Remerciez vos factures pour l'électricité qui vous permet de profiter du luxe de vivre comme vous le désirez sans tenir compte de la température ou de la clarté extérieure, pour le téléphone qui vous permet de garder constamment le contact avec vos proches, pour l'éducation que vous avez reçue...

À retenir

Chaque facture est une preuve que vous vivez dans l'abondance et la prospérité. Vous les recevez, car vous pouvez les payer. Vous pensez de ne pas avoir les moyens, car vous vivez dans la crainte. Vous croyez à tort être dans la pénurie et le manque, mais l'univers, infini et abondant, pourvoit à tout.

## La théorie de la pile de vaisselle sale

La théorie de la pile de vaisselle sale vous aidera de deux manières. Elle vous permettra de vaincre votre procrastination. Elle vous aidera également à vous attirer plus d'argent. Ça vaut la peine de lire la suite, n'est-ce pas ?

Je vais partager un secret qui m'a aidée à terminer un diplôme de maîtrise en histoire, tout en ayant un emploi à temps plein et une émission de radio hebdomadaire comme critique littéraire. Je vais vous expliquer cette façon utile et facile de changer une habitude mentale négative.

Exemple

Pour beaucoup de gens, je suppose, faire la vaisselle ou la lessive est considéré comme une corvée. Je crois que c'est pourquoi nous avons inventé des machines pour le faire à notre place. Je fais partie de cette catégorie de gens. Je déteste laver la vaisselle.

Dans notre esprit, un plat équivaut à de nombreux plats. Quand vous voyez une assiette à laver et n'avez pas envie de le faire, vous

vous répétez probablement plusieurs fois : « Je dois laver la vaisselle » ou : « Je dois faire la lessive. » Avez-vous déjà remarqué qu'à chaque fois que vous le répétez, la corvée semble devenir plus volumineuse ? À la fin de la journée, vous avez l'impression que vous avez une tonne de vaisselle à laver !

## Un + un = deux

Le cerveau ressemble à une méga-machine à calculer. Il peut se comparer à un ordinateur puissant qui accumule les données. Lorsque vous dites à votre cerveau que vous avez un plat à laver, il « calcule » ce plat. Lorsque vous répétez cette phrase, le cerveau ne comprend pas qu'il s'agit toujours du même plat, il ajoute et comprend deux plats. Si vous répétez la phrase à plusieurs reprises, le cerveau va ajouter et vous créer une pile de plats inexistants. L'imagination étant plus forte que la raison, vous finissez par vous sentir fatigué avant même d'avoir commencé à laver votre plat.

Comment changer ? La meilleure façon de changer cela est de toujours accomplir rapidement et immédiatement la tâche que vous avez à faire. Si vous ne le pouvez pas, dressez une liste de choses à faire sur une feuille de papier, et relisez-la lorsque vous serez prêt à vous en occuper. Ne vous répétez pas ce que vous avez à faire. Écrivez-le sur du papier et n'y pensez plus.

Ne songez pas à vos problèmes à longueur de journée. Il se produit la même chose qu'avec la vaisselle : vous vous bourrez le crâne du même problème, qui prend de l'ampleur au fur et à mesure. En fin de compte, vous vous créez un tas de problèmes pour rien. Écrivez votre problème et cherchez la solution. Ne parlez pas de vos dettes, car vous allez croire que vous en avez davantage, ce qui vous en attirera encore plus.

## Quelle abondance !

**Conseil**

Vous pouvez utiliser la théorie de la pile de vaisselle sale afin de vous attirer plus d'argent. Voici comment. Prenez un billet de 100 euros (50 feront aussi l'affaire) que vous vous promettez de ne pas dépenser. Gardez-le dans votre portefeuille.

Chaque fois que vous en avez l'occasion, promenez-vous dans un magasin. Répétez-vous alors : « Je peux me payer ce que je désire vu que j'ai 100 euros dans mon porte-monnaie. » Plus vous vous le direz, plus votre calculatrice mentale va accumuler les billets de 100 euros dans votre imaginaire.

L'avantage supplémentaire de pratiquer cet exercice est que vous allez modifier une habitude mentale. La plupart des gens se répètent souvent qu'ils n'ont pas les moyens de se payer ce qu'ils désirent. À force de se le répéter, on finit par le croire, puis on le provoque dans la réalité. Lorsque la réalité nous renvoie l'imaginaire de nos croyances, nous la renforçons. Nous nous embarquons alors dans un tourbillon négatif. Si vous vous répétez sans arrêt que vous avez de quoi vous payer ce que vous désirez, vous vous attirerez plus d'abondance.

## Changer sa façon de penser aux dettes

Avec les nouvelles sur les crises économiques, que vous viviez à Montréal, à Paris, à Genève ou à Bruxelles, personne ne semble être à l'abri d'un surplus de dettes ni d'un problème financier. Cependant, partout où vous vous trouvez, malgré les nouvelles, certaines personnes continuent de prospérer. Et NON, elles ne sont pas plus méchantes ou intelligentes que vous. Elles connaissent simplement les règles pour se sortir des dettes et accumuler des richesses.

Si vous souhaitez utiliser la loi de l'attraction pour vous sortir de vos dettes, une des étapes primordiales est de changer votre façon de penser et de parler. Vous ne pouvez plus parler de « rembourser des dettes », mais de « vivre dans la prospérité ». Plus vous utilisez le mot « dettes », plus vous en attirerez.

**À retenir**

Les mots et les pensées sont très importants dans la loi de l'attraction. Tout ce à quoi vous pensez se transforme en énergie qui vous attirera ce à quoi vous pensez le plus. Si vous pensez « dettes », même si c'est dans le sens de vous en débarrasser, l'univers va entendre « dettes » et va vous en apporter davantage.

Conseil

Ouvrez-vous un compte d'épargne, aussi petit soit-il, et placez-y de l'argent régulièrement. Discutez avec votre banque d'un système de paiement automatique de vos dettes pour ne plus avoir à y penser et concentrez-vous sur l'argent que vous épargnez. Ainsi, vous inverserez le sens de votre attraction, car vous allez vous concentrer sur l'argent que vous accumulez et non sur celui que vous devez.

## Le cornet de glace

La loi de l'attraction peut grandement vous aider à améliorer votre situation financière, voire à vous rendre riche. Pour l'utiliser afin de s'attirer les richesses qui existent déjà tout autour de vous, il faut développer des habitudes de prospérité.

### Qui peut le moins...

Par exemple, vous devez avoir confiance dans votre capacité à gérer vos finances et votre prospérité. Tant que vous serez stressé à l'idée de gérer le peu de budget que vous avez et les factures qui vous arrivent, vous ne serez pas apte à gérer des chiffres plus élevés. Du coup, vous bloquez la loi de l'attraction, et les règles de la prospérité ne peuvent se mettre à l'œuvre.

Il est donc important de savoir précisément comment faire une gestion financière microscopique qui va vous attirer des montants beaucoup plus importants. Dans l'infinie immensité de l'univers, il n'y a pas de distinction entre 10, 100 ou 100 000 euros. Pour l'univers, cela ne demande pas plus d'effort : ce ne sont que des 0 de plus.

Exemple

Une histoire que j'ai entendue alors que j'étais sans le sou m'a grandement marquée et m'a motivée à développer ma gestion financière. Imaginez un petit enfant qui vient de recevoir un cornet avec une boule de glace. Il fait quelques pas et la boule tombe à ses pieds. Pris de panique, il demande à ses parents de lui en racheter une autre.

De retour chez le marchand, le garçon voit un petit enfant tenant à la main un gigantesque cornet de trois boules de glace. Il se tourne vers ses parents et leur demande de lui acheter trois boules au lieu d'une. La question se pose : les parents devraient-ils faire plaisir à l'enfant ?

La réponse est négative. Si l'enfant n'a pas été en mesure de gérer une boule de glace, il ne sera pas capable d'en gérer trois. Cette histoire illustre clairement l'importance d'une bonne gestion financière. Comme l'enfant et son cornet de glace, si vous n'arrivez pas à gérer le peu que vous avez, l'univers ne vous en offrira jamais plus.

## Se préparer à l'avenir

La loi de l'attraction de l'argent peut vous aider à affronter les défis se trouvant devant vous. Tout ce que vous avez à faire est de vous libérer de toutes vos inquiétudes et de tous vos problèmes. Des choses négatives ont eu lieu dans le passé. Votre mission présente consiste à changer le cours de votre vie.

Vous ne pouvez rien planifier clairement et positivement si vous vous sentez trop impliqué émotionnellement. Vous devez vous défaire des souvenirs négatifs du passé et vous orienter vers le futur. Il s'agit de vous préparer à ce que l'avenir est en mesure de vous offrir. Pensez à toutes les choses que vous êtes encore capable de faire. Cherchez dans vos aptitudes et vos atouts, puis creusez profondément pour découvrir et réaliser les choses qui font de vous un individu étonnant et remarquable. Une fois le doigt mis sur cette compétence, cette aptitude ou ce comportement, construisez votre vie autour de ceux-ci. Cet attribut personnel sera votre moyen de changer votre vie.

Conseil

Une fois la planification terminée, mettez-la en œuvre. Gardez un esprit ouvert à toutes les possibilités qui s'offrent à vous. Ne laissez jamais passer les chances qui se présentent. Si vous pensez qu'une opportunité est trop difficile ou si vous ne vous sentez pas bien à l'idée de vous lancer, obligez-vous à essayer. Essayer ne coûte rien, n'est-ce pas ?

**DANS CE CHAPITRE**

Utiliser la loi de l'attraction pour les relations amoureuses

•

Savoir quelle personne on recherche

•

Récupérer son ex ou rencontrer l'âme sœur

# Chapitre 12
# Attirer l'amour

Attirer l'amour, c'est possible. Le meilleur moyen d'y parvenir est de développer l'Amour, avec un grand A. En dégageant de l'amour, en étant amour, en rayonnant l'amour. Offrez-en tout autour de vous. Vous pouvez offrir de l'amour en souriant, en faisant des compliments, en montrant de la bienveillance, de la gentillesse, de l'écoute ou de la compassion. Soyez aussi aimable que vous aimeriez que les autres le soient envers vous. Pardonnez rapidement et riez souvent.

Soyez bonté et ayez le courage d'être vulnérable, gentil et bon avec les autres, et vous attirerez de l'amour. Développez aussi votre amour de vous-même. On ne peut être vraiment vulnérable que lorsque l'on s'aime complètement. Quand on s'aime totalement, on n'a pas peur de cette vulnérabilité, on peut ouvrir son cœur et partager ce que l'on ressent facilement. En développant de l'amour pour soi et en offrant de l'amour, vous allez en recevoir.

Développer l'amour de soi commence par se dire « je m'aime, je m'aime, je m'aime », se répéter que l'on s'aime, savoir ce que l'on aime, faire ce que l'on aime, se faire des compliments, s'apprécier, faire attention à soi, être aux petits soins envers soi-même, se traiter comme le ou la meilleure ami(e) que quelqu'un d'extraordinaire aimerait avoir.

## Qui cherchez-vous ?

Pour trouver, il faut savoir ce que l'on cherche. Bon nombre de gens ne savent même pas à quoi ressemblerait l'homme ou la femme idéal(e). Beaucoup, ayant perdu l'espoir, ont arrêté de s'en faire une idée ou une description.

L'univers détient des milliards de combinaisons possibles et ne pourra pas vous offrir une personne en particulier si vous ne savez pas ce que vous voulez. Les risques sont que même si l'univers vous l'envoyait sur un plateau d'argent, vous ne sauriez la reconnaître.

De plus, chaque fois que vous hésitez, que vous changez d'idée, que vous remaniez le portrait de l'élu(e) de votre cœur, l'univers doit refaire toute sa composition pour se reprogrammer et mettre sur votre chemin la nouvelle personne choisie.

Conseil

Imaginez ce que cela nécessite à l'univers comme circonstances synchronisées pour vous mettre en relation avec la personne désirée ! Lorsque vous vous serez décidé, tâchez de ne pas trop changer d'idée. Vous vous rendrez compte cependant que, tout comme votre estime de vous va augmenter, votre demande va se développer. Il y a des chances que votre liste s'allonge de critères plus précis et que vous soyez plus pointilleux dans votre choix. C'est normal. Revenez alors à cette liste et faites les ajouts nécessaires. Cependant, ne changez pas d'idée constamment, car cela ralentirait sérieusement le processus.

Tâchez de ne pas avoir une personne en particulier en tête (le nom ou l'identité de quelqu'un) lorsque vous ferez cet exercice. En effet, la loi de l'attraction ne permet pas de focaliser sur une personne en particulier. Vous ne savez pas si l'univers ne vous réserve pas quelqu'un de mieux. Il y a peut-être des raisons, qui vous sont inconnues, pour lesquelles cela ne fonctionne pas avec cette personne-là.

À retenir

Ne forcez pas ce qui n'arrive pas naturellement. Vous devez apprendre le lâcher-prise (voir **chapitre 7**). Il vous sera nécessaire de vivre avec la conviction profonde que l'être qui vous est divinement destiné se dirige vers vous alors que vous vaquez à vos occupations quotidiennes.

### L'élu(e) de mon cœur : portrait-robot

Prenez le temps d'écrire toutes les qualités de votre futur(e) partenaire. Commencez par énumérer les qualités primordiales sans lesquelles vous n'accepterez pas de relation. Par exemple, un être loyal, sincère, qui vous respecte…

Inscrivez ensuite les qualités secondaires, celles qui sont importantes, mais pas complètement nécessaires. Par exemple, le type d'emploi, de loisirs…

Indiquez en dernier lieu les qualités tertiaires qui sont bonnes à ajouter, mais qui ne changent en réalité rien à votre décision. Sa taille idéale, par exemple…

Soyez le plus précis possible. Rappelez-vous que l'univers contient d'infinies possibilités. Il ne tient qu'à vous de décider. Si vous souhaitez que l'univers vous offre la personne idéale, il serait bon que vous sachiez à quoi elle ressemble.

## Comment attirer l'amour grâce à la loi de l'attraction

Utiliser la loi de l'attraction pour attirer l'amour implique un changement d'état d'esprit. Vous devez véritablement comprendre cette loi et y croire. Si vous avez un désir d'amour, mais que vous ne l'avez jamais vécu, il est probable que vous le bloquiez. Vous devez réaliser qu'il existe au moins une personne pour chacun d'entre nous. Pour la trouver, vous devez rester en harmonie avec vous-même.

Vous pouvez utiliser le principe de la loi de l'attraction des relations amoureuses. C'est presque comme réapprendre à marcher. Il s'agit d'intégrer de nouveaux concepts et d'y croire :

Conseil

» **Vous devez tout d'abord prendre le contrôle de votre esprit et de vos pensées.** Si vous n'êtes pas maître de votre propre esprit, il sera difficile de trouver l'amour. Personne ne souhaite développer de l'intimité avec quelqu'un qui ne peut pas contrôler ses propres pensées ou ses émotions. Vous pouvez le faire en vous engageant à rester silencieux chaque jour. Ce sera difficile au début, mais vous devez persévérer.

» **Vous devez ensuite surveiller les chances.** Il est important de demeurer dans le moment présent. Ne soyez pas perdu dans vos pensées à rêvasser. Portez attention aux opportunités qui se présentent à vous. Il y a toujours un choix qui conduit au bonheur et il vous suffit d'en prendre conscience pour le voir.

» **Enfin, vous devez apprendre à donner de l'amour.** Créer de la joie et du bonheur partout où vous vous trouvez vous en attirera dans la vie. Les gens sont instinctivement attirés par le bonheur et l'amour, comme des papillons de nuit par une flamme. Une fois que vous aurez rencontré la bonne personne, vous le saurez.

# Comment récupérer son ex

Beaucoup de gens souhaitent récupérer un ex et veulent utiliser la loi de l'attraction pour ce faire. Avant toute chose, il est important de se poser la question suivante : « Pourquoi est-ce que cette personne-là est devenue mon ex ? » Une rupture a toujours des causes, et il est important de s'en rendre compte avant de vouloir se relancer dans la même relation à tout prix.

## Comprendre la rupture

Si vous avez quitté cette personne, c'est parce qu'elle a fait quelque chose qui vous déplaisait énormément. Sachez que vous ne pourrez jamais la changer, sauf si elle décide elle-même de se changer. Vouloir récupérer une personne qui vous a fait du mal implique de vous faire davantage de mal. Il faut que cette personne réalise son erreur s'il y en a eu une.

Quant à vous, vous devez laisser de côté votre ego et réfléchir aux réelles raisons qui vous poussent à vouloir garder votre ex. Est-ce par peur d'être seul ? N'avez-vous pas confiance en la possibilité que l'univers puisse vous aider à attirer une meilleure personne, qui ressemble davantage ce que vous souhaitez ? Ne forcez pas l'union pour de mauvaises raisons, et ayez foi en la loi de l'attraction pour vous mener vers l'être qui vous comblera réellement de bonheur.

Si vous êtes la personne qui est laissée, qui est abandonnée, prenez le temps nécessaire pour comprendre ce qu'il s'est passé. Avez-vous fait une gaffe monumentale ou n'avez-vous pas montré votre vraie valeur ? Est-ce récupérable ? Rappelez-vous que la vie est faite pour être vécue sans heurt ni drame. Les cassures existent pour nous apprendre comment nous améliorer. Si la relation n'est pas bonne pour vous, il est nécessaire de regarder vers l'avant et de ne pas rester attaché au passé.

Votre bonheur ne doit absolument pas dépendre de quelqu'un d'autre. Vous devez bâtir votre propre bonheur d'abord et avant tout pour vous, et non pas faire en sorte que l'autre soit responsable de votre bien-être. Prenez le temps de vous aimer, de développer votre contentement et votre bien-être profond afin que celui-ci ne dépende jamais d'autrui.

**À retenir**

La vie va toujours en s'améliorant. Même si, pour un instant, vous frappez un mur et que ça va mal, rappelez-vous que ce n'est qu'un caillou sur votre route. Quand vous regardez à l'horizon vers la suite des événements, vous ne pouvez que vous rendre compte que les choses vont toujours en s'améliorant, pour le bien-être universel.

## Prendre du recul

Avant de continuer, vous devez prendre du recul, vous arrêter, et comprendre ce qui n'allait pas dans ce que vous avez fait. Vous devez vous demander pourquoi cette relation s'est arrêtée. Faites le deuil, pardonnez-vous, pardonnez à l'autre et remplissez-vous d'amour. Occupez-vous de vous tout d'abord, en faisant les choses que vous aimez, en vous entourant des amis ou des gens que vous aimez, en vous donnant beaucoup d'amour pour être capable de vous rebâtir.

Laissez passer une période de trois à quatre semaines. N'allez pas vous jeter dans les bras de quelqu'un d'autre tout de suite après, c'est la pire erreur à faire. Accordez-vous du temps. Au fur et à mesure de ce temps, quand la poussière va retomber, quand vous pourrez aimer de nouveau, quand vous aurez soigné et guéri cette plaie émotionnelle, vos idées seront beaucoup plus claires sur ce qu'il s'est réellement passé.

Vous pourrez ensuite vous demander si vous voulez encore avoir cette personne-là dans votre vie, si cela vaut la peine de la recontacter ou pas. Peut-être y a-t-il une raison pour laquelle vous avez agi de la sorte avec elle, qui a fait que la relation se soit terminée. Si vous décidez de la recontacter, alors faites-le. Lâchez prise et laissez l'univers vous guider vers la meilleure solution.

**Conseil**

N'allez pas courir après un ex parce que c'est un ex. Notre ego peut être obsédé par les choses qu'on veut récupérer, ou que l'on a perdues. Elles deviennent soudainement importantes pour la simple raison qu'on ne les a plus. Cela ne veut pas dire qu'elles ont vraiment de la valeur. C'est un jeu de l'ego qui veut absolument avoir quelque chose qu'on ne possède plus.

Ne tombez pas dans cette erreur-là. Si vraiment c'est de l'amour, sachez que les choses vont se régler presque d'elles-mêmes. S'il s'agit d'un amour véritable, la relation va durer. L'univers est amour et ne peut aller dans le sens contraire.

Sinon, sachez qu'il existe une meilleure personne pour vous dans un futur proche. Ne désespérez pas, au risque d'attirer encore plus de désespoir.

## Rencontrer l'âme sœur, est-ce possible ?

Je suis certaine qu'il est possible de rencontrer LA bonne personne. Je crois aussi qu'il n'y a pas qu'une seule bonne personne. Nous évoluons sans cesse. Notre personne idéale dépend de l'être que nous sommes à un moment donné.

À retenir

Ne sautez pas sur la première personne qui ressemble un tant soit peu à l'être que vous désirez. Il est important de prendre son temps et de construire une relation sur des bases solides de confiance et d'honnêteté.

## Devenez une meilleure personne

Si vous voulez rencontrer la meilleure personne pour vous, devenez la meilleure personne pour autrui. Posez-vous sans cesse la question : comment puis-je devenir une meilleure personne ? Si vous êtes la meilleure personne que vous pouvez être, vous attirerez automatiquement la meilleure personne possible pour vous.

En utilisant l'outil de responsabilité (voir **chapitre 3**), vous pouvez chercher les raisons de vos échecs amoureux dans le passé. Quelle était votre part de responsabilité ? Qu'avez-vous fait qui a mené cette relation à l'échec ? Comment pouvez-vous vous améliorer pour faire de meilleurs choix dans le futur et offrir plus à autrui ?

Rappelez-vous que vous ne pourrez jamais offrir aux autres ce que vous n'avez pas. Vous devez être plein d'amour pour en offrir aux autres.

## Mettez-vous au premier plan

Lors de voyages en avion, vous avez sûrement entendu qu'en cas de manque de pression à bord, vous devrez mettre votre masque à oxygène en premier avant de mettre celui de votre enfant. Savez-vous pourquoi ? Si vous suffoquez, vous n'aurez pas la force de sauver quelqu'un d'autre. Dans ce cas, l'égoïsme vous sauvera la vie et celle de vos proches.

Vous devez toujours vous occuper de vous avant de pouvoir vous occuper des autres. Vous devez apprendre à dire non aux autres pour pouvoir vous dire oui. Dans le cas contraire, vous vous sentirez de plus en plus fatigué, usé, frustré. À force, vous n'aurez plus rien à donner.

Nous avons vu au **chapitre 10** traitant de la générosité que, pour être généreux, il faut donner volontairement et non par défaut. Développer son égoïsme veut dire se donner suffisamment pour avoir quelque chose à offrir.

**Conseil**

Prenez l'habitude de vous occuper de vous au quotidien. Offrez-vous de l'amour, de l'attention, de la tendresse. Planifiez une heure par jour pendant laquelle vous ne ferez que combler vos besoins. Prenez une journée par semaine pour vous reposer, souffler et recharger vos batteries.

## Quatre étapes pour obtenir l'amour avec la loi de l'attraction

Les sentiments les plus forts pour combler vos besoins sont l'amour et la gratitude. Ces sentiments doivent être générés de façon régulière. Ils peuvent vous permettre d'atteindre ce que vous voulez dans la vie. Ils sont très utiles dans tous les domaines de votre vie, et vos proches en profiteront.

Voici quatre étapes pour vous attirer plus d'amour grâce à la loi de l'attraction.

### 1. Soyez clair avec vous-même

Quelle sorte d'amour cherchez-vous ? Soyez clair sur les qualités précises de l'être aimé ainsi que sur les expériences et sentiments que vous voulez vivre. Vous pourriez vous retrouver avec quelqu'un qui ne vous convient pas si vous n'êtes pas précis dans votre demande. Posez-vous la question suivante lorsque vous rencontrez quelqu'un : est-ce vraiment le ou la partenaire que je cherche ? Déterminez exactement ce que vous recherchez, cela aidera l'univers à vous l'offrir.

### 2. Soyez ouvert et précis

Si vous donnez des directives précises à l'univers, celui-ci fera son travail. Si vous vous permettez d'être ouvert pour recevoir de l'amour, vous aurez la chance d'attirer l'amour dans votre vie. La loi de l'attraction fonctionne parfaitement pour l'amour. Allez vers les autres, et vous aurez une meilleure compréhension du genre de relation que vous souhaitez.

### 3. Soyez bon

Donnez de l'amour à tout le monde. Beaucoup de personnes se sentent mal aimées alors que tout être humain mérite l'amour. Lorsque vous montrez votre amour et votre gratitude à quelqu'un, votre acte de bonté est répété par cette personne. Elle transmet amour et gratitude à son tour.

### 4. Soyez reconnaissant

Montrez votre gratitude à l'univers. Ce dernier est concerné par tous les actes d'amour, même les plus petits. Donnez votre amour à l'humanité, au monde. Ce que vous émettez vous sera rendu. La loi de l'attraction attirera vers vous tout l'amour que vous distribuez généreusement autour de vous.

# Pouvons-nous changer les autres par la loi de l'attraction ?

La réponse est simple : non, nous ne pouvons pas. Tout ce que nous contrôlons vraiment dans cette vie, c'est nous-mêmes. La puissance que nous gagnerons à contrôler notre être intérieur va vibrer, rayonner sur notre environnement, et nous attirer de meilleures circonstances de vie, de meilleures personnes, plus de bonheur, plus de chance, etc.

## Une perte d'énergie

Lorsque vous essayez de changer les autres ou d'utiliser la loi de l'attraction pour modifier les réactions d'autrui, vous perdez en quelque sorte votre énergie et votre temps. Utilisez plutôt cette énergie pour travailler sur vous-même. Plus vous développerez de belles qualités et de belles énergies intérieures, plus vous aurez la possibilité d'influer sur les autres, tout simplement par votre exemple.

À retenir

Selon la loi de Pareto, 80 % de ce que vous expérimentez provient de votre être intérieur. Seulement 20 % de ce que vous vivez est créé par des circonstances extérieures. Au lieu d'essayer de changer les autres, travaillez plutôt sur l'être qui se trouve à l'intérieur de vous. Cette vibration que vous développerez à l'intérieur va rayonner à l'extérieur.

L'inverse est aussi vrai. Si une personne négative se trouve près de vous, demandez-vous pourquoi vous l'avez attirée. Peut-être que cette personne n'est que le reflet de ce que vous dégagez.

## Change-toi toi-même

Lorsque l'on change, on ne le fait pas pour autrui, mais pour soi-même, parce qu'on en a envie. Ne vous attendez donc pas à ce que les autres changent. De plus, si vous voulez changer l'autre, que va-t-il se passer ? Cette personne aura tendance à se braquer et à s'ancrer dans sa position initiale.

Tout ce que vous pouvez faire, c'est améliorer votre vie, votre être intérieur, votre manière de penser et vos qualités. Plus vos qualités seront développées, plus belles seront les qualités des personnes qui vous entourent. N'essayez pas de changer vos ex, votre enfant ou votre patron. Vous risquez de perdre votre temps.

Votre ex ne reviendra peut-être pas, mais ce n'est pas la pire des choses. Cela fera peut-être de la place à quelqu'un qui se révélera mieux pour vous. En ce qui concerne votre enfant, il est probable que si vous développez une attitude plus positive ainsi que la capacité de lui parler d'une manière qu'il comprend, il vous écoutera davantage et modifiera son comportement. Pour ce qui est de votre patron, ou des employés et des collègues de bureau, plus vous rayonnerez d'une manière positive, plus vous les influencerez.

### L'effet miroir

Vous allez peut-être changer le comportement des autres tout simplement parce que vous-même aurez changé le vôtre. Votre comportement influe sur ceux qui vous côtoient. On réagit tous, en quelque sorte, comme un miroir reflétant ce qui se trouve autour de nous. Par conséquent, si l'on rencontre quelqu'un de positif et heureux, on ressentira des émotions semblables. Si vous vous trouvez en compagnie de quelqu'un qui est maussade, de mauvaise humeur ou qui se plaint tout le temps, vous vous sentirez comme lui.

## Lorsqu'on vit avec quelqu'un de négatif

Nous sommes entourés par de l'énergie positive et de l'énergie négative. Certaines personnes nous font nous sentir comblés, soutenus, rassurés. D'autres semblent nous épuiser totalement. Lorsque nous sommes confrontés à des individus négatifs, il nous faut évaluer le niveau de négativité de ces personnes.

Si votre conjoint vous « tire vers le bas », vous pouvez parler avec lui et définir un moyen pour que cela se passe différemment. Si le changement est impossible, vous devez décider de ce que vous voulez vraiment : un conjoint négatif ou positif. C'est à vous de décider. Face à une personne négative, une décision doit être prise. Il en va de votre vie après tout.

Si vous choisissez de rester dans cette relation, décidez alors de ne plus vous plaindre du comportement de l'autre. En effet, si vous restez, c'est que vous avez choisi ce comportement. Vous devez par conséquent l'accepter.

Attention, si vous choisissez l'autre au détriment de vous-même, vous allez détruire votre amour de vous. Lorsque l'on demeure avec quelqu'un qui nous rabaisse ou qui démolit notre énergie, on se prouve le manque d'amour de soi. À la longue, ceci peut vous mener à la dépression ou vers de graves maladies. En effet, par manque d'amour de soi, le corps a tendance à s'autodétruire.

### Si vous vivez une relation violente

Si vous vivez une relation violente, votre devoir est de vous sortir de là au plus vite. L'autre ne changera pas et cette relation se détériorera. Ne cherchez pas d'excuses au comportement de l'autre et ne l'endurez pas plus longtemps. Il est important de vous occuper d'abord de vous. Votre bien-être et votre sécurité passent en premier. Il n'y a absolument aucune raison de rester en compagnie d'une personne destructrice. Dans une relation violente, vous devez prendre vos jambes à votre cou. Il est encore plus important de partir si vous avez des enfants afin de ne pas leur enseigner la violence.

À retenir

Vous êtes responsable de votre vie. Vous ne pouvez pas être une victime ni vous permettre de vous faire rabaisser. Tout comme vous êtes responsable de tous les aspects de votre vie, vous êtes responsable de vous entourer de gens qui comptent vraiment pour vous, que vous aimez et qui vous offrent de l'amour en retour, des gens que vous respectez et qui vous respectent. C'est votre choix, et vous êtes libre de faire ce choix à tout moment.

## Aimez votre vie

En utilisant la loi de l'attraction, vous allez changer votre vie en tous points. Vous vous sentirez mieux et vous attirerez de plus belles expériences. Certaines personnes changeront, car vous aurez changé. D'autres s'en iront et feront place à des relations qui s'harmoniseront davantage avec ce que vous souhaitez réellement expérimenter.

Conseil

Si vous désirez attirer des gens d'une certaine qualité, demandez-vous quelle personne vous devez devenir pour que ce genre de personnes soit attiré par vous.

### Profitez du célibat !

À partir de ce jour, vous vivez un compte à rebours. Dans un avenir proche, vous ne serez plus seul, mais en couple.

Je veux que vous profitiez de chaque moment de votre vie de célibataire, car vous devez comprendre que cela ne va pas durer. Bientôt, vous ne pourrez plus vous trimbaler n'importe comment dans votre maison. Vous ne pourrez plus vous nettoyer les orteils dans votre salon.

Profitez-en en sachant que c'est bientôt la fin de cette vie-là et qu'une nouvelle vie va commencer pour vous. Cela vous aidera grandement à lâcher prise. Ne vous projetez pas, mais profitez du moment présent.

### Faites comme si

Une méthode efficace pour accélérer le processus de la loi de l'attraction est de faire comme si vous aviez déjà obtenu votre résultat.

**Conseil**

J'aimerais que, dès à présent, vous portiez attention sur votre façon de vivre au quotidien et que vous vous prépariez à y inclure une nouvelle personne. Faites le ménage régulièrement, préparez des mets délicieux pour deux (vous pouvez en garder un pour le lendemain), organisez un repas aux chandelles. Exercez-vous de temps à autre à vivre en couple.

À partir d'aujourd'hui, vous allez TOUJOURS faire attention à vous quand vous sortirez de chez vous. Vous devez être prêt à tout moment. Vous allez soigner votre tenue vestimentaire, votre coupe, votre allure...

DANS CE CHAPITRE

Utiliser la loi de l'attraction pour être en pleine forme

•

Changer son énergie mentale pour plus de bien-être

•

Se guérir, maigrir et préserver sa santé

# Chapitre 13
# Attirer la forme et la santé

Même si cela semble difficile à croire à première vue, la loi de l'attraction peut vous aider à vous attirer une meilleure santé. Le bien-être est un état physique et mental, et les causes de nos maladies peuvent se trouver dans notre état mental. De nombreuses recherches prouvent que le stress, le ressentiment, la négativité, la colère et autres émotions et états d'être négatifs peuvent causer des maladies graves comme les cancers. Vous pouvez par conséquent travailler sur votre santé et vous guérir en changeant votre énergie mentale.

Une diète composée d'aliments sains, du repos pour votre corps, la réduction du stress et une attitude mentale positive sont les alliés d'une bonne santé, et peuvent grandement vous aider à la recouvrer.

À retenir

Il faut réellement modifier vos croyances quant à la maladie. Il est désolant de remarquer combien les gens s'enterrent d'avance dès qu'ils apprennent être frappés d'une maladie. En disant d'une maladie qu'elle est « grave », on utilise le pouvoir des mots et on lui offre une force qu'elle n'aurait probablement pas sans cela. Il est important de garder l'espoir et la foi en sachant que l'être humain et l'univers sont capables de miracles. Lorsque vous doutez, lisez les ouvrages évoquant des guérisons miraculeuses, ils sont nombreux. Et rappelez-vous que la majorité des histoires ne sont même pas racontées...

### Conservez votre santé

Attention ! Jusqu'au jour où nous tombons malades, nous prenons souvent notre santé pour acquise. Rappelez-vous de maintenir ce que vous avez, d'améliorer ce que vous possédez. Vous êtes le chef d'orchestre de votre destinée ! N'attendez pas d'être malade pour vouloir attirer la santé. Préservez-la en vous attirant plus de raisons d'être bien portant.

## Comment se soigner quand ça fait mal ?

Pour se soigner en utilisant la loi de l'attraction, il est nécessaire de se sentir guéri, afin d'attirer plus de guérison. Évidemment, cela semble impossible quand on souffre. Pourtant, c'est une des clés de la santé. Il faut que l'état de santé redevienne votre état naturel.

L'EFT (voir l'Annexe en fin d'ouvrage) procure cette sensation de relâchement, de bien-être momentané. Même si vous n'avez pas encore ce que vous souhaitez, vous arrivez, en pratiquant cette technique, à ressentir dans votre corps le bien-être du « déjà acquis ».

Utilisez les moments de bien-être, aussi courts soient-ils, pour vous imprégner de cette merveilleuse sensation. Il est important de comprendre que votre maladie risque de devenir votre zone de confort. Si cela se produit, vous serez plus habitué à souffrir qu'à vous sentir bien. Le retour au bien-être sera d'autant plus difficile que vous aurez oublié ce à quoi cela ressemble. Certaines personnes en viennent à ne plus du tout se rappeler le sentiment de bien-être qu'elles expérimentaient quand leur corps était en parfaite santé. La douleur devient alors la norme.

À retenir

L'imagination est plus forte que la raison. Il est fondamental de garder en mémoire l'état de bien-être. Vous pouvez utiliser l'hypnose, par exemple, pour revenir à un état de bien-être dans votre imaginaire.

## Connexions neurologiques

Les connexions neurologiques se renforcent avec la pratique. Si vous faites circuler une onde cérébrale de la même manière sur une longue période, cela deviendra la norme pour votre cerveau. Cela veut dire que ce lien se fera naturellement.

Exemple

Imaginez que vous conduisiez une Jeep dans de la boue tous les jours dans la même direction. Au bout d'un certain temps, la route risque de sécher et d'être creusée par les pneus de la voiture, qui seront alors moulés dans la terre. Imaginez maintenant que vous désiriez changer de voie. Il vous sera d'autant plus difficile de changer de direction que la route aura été creusée profondément.

Il en est de même pour vos connexions neurologiques. Lorsque vous répétez continuellement une certaine pensée, vous renforcez cette connexion neurologique. En d'autres termes, plus vous pensez à quelque chose en particulier (un problème notamment), plus votre cerveau créera un lien entre ce qu'il se passe dans votre vie et ce problème.

Par exemple, si vous souffrez continuellement, si vous parlez de cette souffrance et pensez sans arrêt à elle, elle deviendra la route ancrée de laquelle vous aurez du mal à sortir. Ainsi, le cerveau peut développer la mémoire de la douleur et, même si l'on vous guérissait, vous auriez toujours mal.

Cette explication est aussi valable pour vos finances ou vos amours. Si vous avez créé certaines associations d'idées ou d'émotions, vous reviendrez automatiquement au même état. Si, par exemple, vous avez lié le fait de recevoir une facture à un stress financier, vous n'augmenterez jamais vos revenus. En effet, avoir plus d'argent signifie avoir plus de factures à payer. Vous allez donc vous protéger de ce stress en limitant vos revenus.

Si vous avez associé les relations amoureuses à de la douleur ou à de la souffrance, de deux choses l'une : soit vous rencontrerez des gens qui vous feront souffrir, car la loi de l'attraction attirera ce que vous craignez le plus ou ce à quoi vous êtes habitué, soit vous vous empêcherez de vivre des relations amoureuses pour ne pas avoir à vivre de la douleur.

**À retenir**

Surveillez vos pensées ainsi que vos paroles. Vous convaincre que votre corps commencera à se détériorer à partir d'un certain âge vous fera vivre cet état de fait.

## Attention aux ancrages néfastes

Certains appellent « ancrages » ces liens neurologiques. Le pire de ces ancrages est, à mon avis, celui que nous avons créé avec la blouse blanche des prétendus professionnels. De nombreuses études ont démontré que les gens sont en grande majorité entièrement crédules devant une information donnée par un individu en uniforme. La même information sera remise en cause si la personne est mal habillée, par exemple.

Je suis désolée de constater qu'en Occident, nous accordons une confiance presque infinie et illimitée aux professionnels de la santé. Les propos seuls du médecin nous mettent dans de bonnes ou de mauvaises dispositions face à la maladie grave. Personne ne se dit que l'individu habillé en médecin est une personne comme les autres, ayant le potentiel de se tromper.

Le problème trouve son origine au moment où un « verdict » est prononcé, car le « malade » est littéralement marqué par l'information. Celle-ci s'ancre directement et profondément dans son subconscient. Plus l'individu voue une confiance aveugle en la médecine et plus la certitude du diagnostic sera difficile à déloger.

À retenir

Si vous croyez en votre maladie, vous deviendrez malade. Plus vous croirez que votre médecin possède le savoir tout-puissant, moins vous le remettrez en doute, et plus vous vivrez la vérité de cette maladie au niveau cellulaire.

Afin de changer d'ancrage, il est important de passer beaucoup de temps dans le bien-être, même imaginaire. Profitez des courts moments de bien-être pour les vivre à 100 % et profondément. Si vous vous sentez bien et en bonne santé, pratiquez au maximum le sentiment de bien-être que vous avez déjà.

Conseil

Utilisez la gratitude pour augmenter cette sensation (voir **chapitre 10**). Dès que vous vous sentez bien, ressentez-en une profonde gratitude. Remerciez l'univers de vous avoir procuré ce sentiment de bien-être. Grâce à la gratitude, vous allez développer de petites bribes de bien-être qui deviendront de plus en plus grandes. En cas de maladie, je vous conseille évidemment d'aller quand même consulter un médecin.

## Peut-on guérir son enfant grâce à la loi de l'attraction ?

Si votre enfant est âgé de plus de 7 ou 8 ans, vous pouvez pratiquer la loi de l'attraction avec lui. Il sera en mesure de visualiser sa santé et sera capable de se créer des affirmations pour se sentir mieux dans sa peau. Vous pouvez donc lui enseigner les règles et les méthodes de la loi de l'attraction, et méditer avec lui.

Si c'est votre enfant qui est malade, je sais à quel point ça peut être difficile. Vous devrez travailler sur vous et transformer votre façon d'être. Changez votre façon de voir votre enfant, votre façon de penser à lui. Ne pensez pas à lui en termes de maladie, de problème, d'incapacité ou d'invalidité. Pensez à tout ce qu'il est déjà en mesure de faire. Ayez de la gratitude pour toutes ses capacités. Cela lui permettra de grandir.

### Usez de votre rayonnement

Il est très difficile d'utiliser la loi de l'attraction pour générer un changement si l'enfant est en plus bas âge ou que vous ne le connaissez pas vraiment. Le mieux est alors de vous changer vous-même de l'intérieur. Votre rayonnement aura une grande influence sur les gens qui vous entourent, et notamment sur cet enfant. Vous pouvez utiliser l'ho'oponopono par exemple (voir Annexe).

## La relation parents-enfant

Conseil

Je vous incite à faire un bilan de votre relation à cette maladie. Vous devrez user de sincérité et d'extrême honnêteté. Il est parfois difficile de voir le côté positif quand on a un enfant malade. Cette idée vous choque peut-être tellement que vous la rejetez violemment et que vous voulez passer à la suite. Vous vous sentez probablement outré de trouver des avantages à cette maladie, mais prenez le temps de réfléchir avec transparence et honnêteté pour le bien-être de votre enfant. Vous ne le faites pas exprès. Votre attitude est automatique et fondée sur votre volonté de plaire, d'être aimé et de protéger.

» La maladie d'un enfant peut lui donner l'impression d'être protégé : il ne pourra plus faire certaines activités qui vous inquiétaient, et vous pourrez ainsi mieux le protéger.

» La maladie peut cautionner votre importance : un enfant malade a besoin du secours du parent, qui devient alors beaucoup plus important dans sa vie et reçoit beaucoup d'amour.

» La maladie peut offrir la possibilité aux parents de parler davantage de lui à leurs amis. En effet, de nombreux parents sont négatifs et vont échanger uniquement sur les drames que vivent leurs enfants. Je connais des parents qui ne parlent que des maladies de leurs enfants, des problèmes à l'école, et ne font

**que se plaindre de ce que leurs enfants leur font subir. Ce n'est alors pas « bien vu » de louer son enfant. Le parent qui a l'enfant « parfait » se sent mal de ne rien avoir à échanger. Réfléchissez. Cela arrive bien plus fréquemment que vous aimeriez vous l'avouer.**

Faites attention à ce que vous projetez dans l'univers. Arrêtez de vous inquiéter autant. Travaillez plutôt sur votre gratitude. Employez-vous à donner de l'amour et de l'affection à vos enfants quand ils vont bien, et pas seulement quand ils vont mal.

Les enfants veulent toujours faire plaisir aux parents. Ils comprennent qu'il est bien de se comporter comme leurs parents s'y attendent, pour recevoir plus d'amour de la part de ceux-ci. Par conséquent, quand un parent porte son attention sur la maladie de son enfant, celui-ci développe encore plus cet état maladif pour être en accord avec la vision du parent. Il est très important d'observer votre façon de voir et de parler à votre enfant.

À retenir

Veillez bien aussi à ce que vous dites en présence de votre enfant. Je vois énormément de parents qui parlent de leur enfant en sa présence comme s'il était absent. Ce qu'ils disent est immédiatement ancré dans l'esprit de l'enfant et risque de lui nuire. Certains parents vont par exemple décrire les défauts qu'ils pensent que leur enfant possède. De cette manière, ils marquent involontairement leur enfant de caractéristiques imaginées, perçues par leurs propres limites.

## La théorie du billet du médecin

C'est très dur à accepter, mais rappelez-vous que vous êtes à 100 % responsable de votre destinée.

Enfant, on s'inventait des maladies pour ne pas avoir à aller à l'école, d'où la théorie du billet du médecin. Ce billet inclut tous les avantages dont vous bénéficiez à demeurer là où vous êtes. En étant malade, vous recevez peut-être davantage d'attention ou d'affection, vous avez peut-être le droit de faire ou dire certaines choses qui ne sont pas permises aux gens bien portants.

Conseil

Faites la liste de tous les « avantages » inconscients que vous avez à demeurer dans votre situation, et dont vous vous rendez compte. Une fois cette liste terminée, relisez-la et trouvez les avantages que vous avez à changer.

Si vous désirez changer, les avantages doivent être plus importants que les inconvénients ou la douleur que vous aurez à subir pour changer. Tant que les avantages de votre situation actuelle sont plus nombreux que les inconvénients causés par le changement, vous demeurerez dans votre réalité actuelle, aussi pénible soit-elle.

# Arrêter de fumer en utilisant la loi de l'attraction : est-ce possible ?

J'ai fumé pendant de nombreuses années. Un beau jour, j'ai décidé d'arrêter. J'en avais assez d'être dépendante de la cigarette. Je me suis libérée non seulement de cette dépense inutile, mais aussi de tous les problèmes de santé qui peuvent y être liés.

Pouvez-vous donc arrêter de fumer grâce à la loi d'attraction ? Je vous dis que oui, c'est possible. Comment ?

## Six trucs pour arrêter de fumer avec la loi de l'attraction

### 1. Soyez déterminé

Conseil

La première chose est évidemment d'être déterminé à arrêter de fumer. Je vous conseille tout d'abord de vous fixer une date d'arrêt. Décidez quand vous arrêterez pour de bon, et, évidemment, promettez-vous et promettez à votre entourage que vous ne toucherez plus jamais à la cigarette à partir de ce jour-là.

### 2. Créez-vous un environnement favorable

Enlevez tous les cendriers et tout ce qui peut vous amener à fumer. Pendant les deux premières semaines qui ont suivi ma décision, j'ai arrêté de boire du café. Je suis une grosse buveuse de café. C'était donc deux choses difficiles, mais je préférais ne pas boire de café pour ne pas être tentée par la cigarette, puisque les deux étaient liés.

### 3. Changez vos habitudes

Si vous étiez habitué à fumer toujours au même endroit – dans votre salon, dans votre cuisine... –, changez d'endroit pour vous asseoir, modifiez même la disposition de vos meubles afin de casser toutes les habitudes, tout ce qui a pu être associé à la cigarette. Aérez le logis. Nettoyez à fond pour que ça ne sente plus le tabac. Lavez tous les vêtements que vous avez pour enlever toute odeur et ne plus être attiré. Préparez ainsi votre nouvel environnement.

### 4. Faites une liste des avantages

Ensuite, dressez la liste des raisons qui vous motivent à arrêter de fumer. Est-ce que vous avez des enfants ? Vous voulez voir ces enfants grandir. Vous ne voulez pas qu'ils aient à subir une maladie qui vous toucherait ni à vous voir dépérir comme j'ai vu dépérir mon père. J'ai arrêté de fumer à la suite du cancer de mon père. Il est décédé très rapidement. Il me manque encore aujourd'hui. Je peux vous dire que c'est très difficile de voir quelqu'un dépérir rapidement à cause d'un cancer.

Vous ne voulez certainement pas faire subir ça à vos enfants. Pensez à toutes les autres raisons pour lesquelles vous voulez arrêter de fumer ; notamment à tout cet argent que vous allez pouvoir investir pour une meilleure vie, pour des voyages, pour des cadeaux que vous allez vous offrir. Faites la liste de toutes vos raisons de supprimer le tabac de votre vie.

### 5. Visualisez une vie sans cigarettes

Visualisez-vous les mains libres. En même temps, apprenez à respirer. Beaucoup de fumeurs – j'en sais quelque chose – aiment fumer parce qu'ils pensent que ça les relaxe. Or, ce n'est pas la cigarette qui relaxe. C'est bel et bien la façon dont vous respirez quand vous fumez. Vous respirez profondément quand vous inhalez.

### 6. Apprenez à respirer profondément sans la cigarette

Inhalez l'air pur ambiant. Maîtrisez cette respiration. Cela vous permettra beaucoup de choses : non seulement d'arrêter de fumer, mais aussi de contrôler vos émotions, de réduire votre stress et, en plus, de diminuer la taille de votre ventre.

## Utiliser la loi de l'attraction pour s'attirer le corps idéal

La clé pour utiliser la loi de l'attraction est de dire à l'univers ce que vous voulez. Vous n'avez pas réellement besoin de prononcer les mots à voix haute, vous pouvez les penser et les ressentir positivement. Il s'agit de visualiser ce que vous voulez attirer vers vous. Il est important de savoir exactement ce que vous voulez et être clair à ce sujet. Si vous êtes vague ou imprécis, vos résultats le seront. Vous devez visualiser clairement ce que vous essayez d'attirer. Vous devez aussi essayer de ressentir le bienfait de votre souhait exaucé.

Conseil

C'est une bonne idée que d'écrire votre souhait. Cela contribue à le rendre plus clair et il sera plus facile à visualiser. Assurez-vous bien d'écrire au temps présent. Vous demandez quelque chose en agissant comme si vous l'aviez déjà. Assurez-vous également de ne pas utiliser de termes négatifs. Par exemple, plutôt que de dire que vous voulez perdre du poids, dites que vous voulez êtes mince, et il faut vous visualiser de cette façon.

À retenir

La plus importante partie de l'utilisation de la loi de l'attraction réside probablement dans votre patience. Vous devez avoir confiance que l'univers va vous donner ce que vous voulez, même si les choses ne se produiront pas du jour au lendemain dans la plupart des cas.

L'univers vous apportera votre souhait, mais cela peut prendre un certain temps. Vous devez vous assurer de garder une attitude positive et continuer à visualiser ce que vous voulez jusqu'à l'obtenir.

## Voulez-vous vraiment perdre du poids ?

Ne faites plus de diètes. Les diètes sont très néfastes : vous privez votre corps, et ensuite, vous êtes tenté de récupérer. Vous faites du mal à votre corps. À la place, changez l'image que vous avez de votre corps. Fixez-vous un but de ce que vous voulez atteindre réellement comme poids idéal. Visualisez votre poids idéal. Écrivez-vous des phrases inspirantes, motivantes. Que ferez-vous une fois que vous aurez votre poids idéal ? Pourquoi est-ce que vous voulez changer ? Vous améliorer de ce point de vue ?

C'est possible. Je l'ai fait. Tout le monde peut donc le faire, et vous aussi. Il s'agit d'avoir de la détermination, de connaître les vraies raisons qui se cachent derrière votre envie de vous améliorer physiquement, entre autres au point de vue de votre santé. Le fait de maigrir va évidemment vous apporter une meilleure santé, et énormément de vitalité et de vigueur.

Posez-vous la question : est-ce vraiment ce que je veux ? Beaucoup de gens se cachent derrière leur graisse pour ne pas avoir à affronter les belles choses de la vie, parce qu'ils pensent ne pas les mériter. Certaines personnes sont grosses, je dis bien « grosses » – j'utilise le terme exprès pour vous choquer un peu –, justement parce qu'elles ne veulent pas avoir une relation idéale, faire du sport, avoir à pratiquer des exercices ou des activités sportives.

Elles se cachent derrière leur graisse pour ne pas avoir à affronter la vie. Posez-vous cette question : est-ce mon cas ? Est-ce que vous vous cachez derrière votre gras ? Si c'est le cas, apprenez à vous libérer de ces peurs et à vivre votre vie pleinement. Vous avez le droit et vous méritez de vivre votre vie intensément.

## Cinq trucs pour mincir avec la loi de l'attraction

**Conseil**

La loi de l'attraction peut vous aider à perdre du poids facilement et sans diète. Voici cinq trucs à utiliser qui vous permettront de vous diriger vers votre poids idéal.

### 1. Décidez exactement du poids que vous voulez peser

Écrivez sur un carton la taille et le poids que vous aimeriez atteindre, ainsi que la date à laquelle vous aimeriez avoir ce corps. N'inscrivez que des termes positifs. Vous ne devez pas écrire : « Je veux perdre du poids », car « perdre » évoque un sentiment négatif, et personne ne souhaite perdre quoi que ce soit. Parlez plutôt en termes de but à atteindre. Signez le carton comme une promesse solennelle, et montrez-le à quelqu'un de proche qui vous supportera dans votre quête.

### 2. Visualisez

Imaginez comment vous vous sentirez une fois que vous aurez atteint votre corps idéal. Évoquez tous les avantages que vous trouverez à vous sentir mieux dans votre peau.

### 3. Utilisez les affirmations

Créez une affirmation positive qui vous poussera à maigrir. Par exemple : « Je me sens heureux dans mon corps svelte qui va de mieux en mieux. » Trouvez une affirmation positive qui se situe dans le présent et que vous allez répéter tout le temps.

### 4. Agissez

Faites quelque chose de différent chaque jour ou chaque semaine. Remplacez une habitude alimentaire néfaste par une meilleure. Buvez beaucoup plus d'eau avant ou après les repas, et non pendant les repas.

### 5. Récompensez-vous

Chaque fois que vous aurez remplacé une habitude alimentaire, que vous verrez que votre poids a diminué ou que vous vous sentirez mieux dans votre peau, célébrez cet événement ! Récompensez-vous non pas en mangeant, mais en pratiquant une activité qui vous passionne.

# Partie 5
# La partie des Dix

## Dans cette partie...

Dans cette partie des Dix, traditionnelle de la collection « Pour les nuls », vous trouverez un récapitulatif des dix étapes pour maîtriser la loi de l'attraction, puis des chapitres sur les grands thèmes qui posent universellement question : travail, amour et santé.

Pour attirer le travail, intégrez les dix moyens efficaces de ne plus remettre votre succès au lendemain. Pour bénéficier de l'amour que vous méritez, découvrez les dix étapes pour attirer l'homme ou la femme de vos rêves. Et pour toujours garder la forme, suivez les dix conseils pour développer une meilleure santé.

**DANS CE CHAPITRE**

Tout d'abord, trois étapes très simples pour les débutants

•

Les règles pour profiter au mieux de la loi de l'attraction

# Chapitre 14

# Dix étapes pour maîtriser la loi de l'attraction

Quelles sont les règles de base pour utiliser la loi de l'attraction : par où dois-je commencer ? Que puis-je faire aujourd'hui pour changer ma vie ? Les trois premières sont des étapes de base, elles vous aident uniquement à débuter la pratique de cette loi. Puis suivent toutes les étapes que vous devrez employer pour être vraiment maître de la loi de l'attraction.

## Écrire ce que l'on veut

La première règle que je vous conseille de suivre est de décider et d'écrire ce que vous voulez obtenir dans la vie, en étant le plus précis possible. L'univers connaît la précision. Il est tellement abondant qu'il peut vous apporter absolument tout ce que vous souhaitez. Croyez-moi. J'en suis la preuve vivante. Vous pouvez vraiment obtenir tout ce que vous voulez, mais soyez précis dans vos souhaits.

## Visualiser

La deuxième étape est la visualisation. Que veut dire visualiser ? Il s'agit d'imaginer ce que vous voulez obtenir. Imaginez le résultat que vous voulez atteindre sans penser aux étapes que vous aurez à suivre pour l'obtenir. Imprégnez-vous plutôt de la certitude – une atmosphère délirante ou amusante – que vous avez déjà obtenu le succès que vous souhaitez.

## Faire des affirmations

La troisième étape est importante, il s'agit de l'affirmation. Écrivez déjà, avec précision, une affirmation de ce que vous avez obtenu, positivement en utilisant un verbe d'action. Par exemple : « Je suis heureuse maintenant que je conduis une Porsche Carrera 4S. » L'univers se trouve bousculé par la précision de votre affirmation et par le fait que vous êtes heureux du résultat obtenu. L'affirmation positive, la répétition du fait que vous avez déjà obtenu ce que vous cherchez, va reprogrammer votre cerveau et provoquer des miracles. Vous allez vous attirer de meilleures circonstances et des coïncidences qui vont vous permettre de vous rendre à votre but plus rapidement.

## Penser uniquement à ce que l'on désire

Il est essentiel de comprendre un facteur important pour, d'une part, utiliser la loi de l'attraction pour vous attirer le meilleur, et d'autre part, trouver des idées créatrices et des solutions. Vous pouvez modifier d'une manière quasi moléculaire votre cerveau grâce à la neuroplasticité. Vous pouvez créer de nouvelles connexions neurologiques.

Ces connexions peuvent être travaillées de différentes manières. D'une part, vous devez vous forcer à penser uniquement à ce que vous désirez avoir et non à ce que vous essayez d'éviter. D'autre part, vous ne devez pas essayer de ne pas penser à ce que vous souhaitez éviter. Ces deux choses semblent contradictoires, mais ne le sont pas.

Exemple

Si je vous dis : « Ne pensez pas à un éléphant bleu », la première image qui va vous venir en tête est un éléphant bleu. Afin de ne pas penser à l'éléphant bleu, il ne faut pas essayer de ne pas y penser. Il est essentiel de se concentrer uniquement sur ce que l'on souhaite comme pensée et de garder à l'esprit tout ce que l'on apprécie déjà.

Si vous vous dites par exemple : « Je ne dois absolument pas penser à mes dettes, pas penser à mes factures, je ne vais pas penser à mes problèmes d'argent », c'est à ça que vous allez penser, et vous vous attirerez plus de problèmes financiers. Le fait de forcer votre cerveau à ne pas y penser le force justement à y penser.

Pendant que vous réfléchissez à tous vos problèmes d'argent, vous ne pensez pas à votre santé ni à vos amours. Quand vous pensez sans cesse qu'il vous manque un amoureux, eh bien, vous ne pensez pas à vos problèmes d'argent ni à vos questions de santé. Par conséquent, si vous vous concentrez sur tout ce que vous avez déjà, vous ne pourrez pas penser à ce qu'il vous manque.

Il faut orienter vos pensées dans la direction des solutions. Ceci est un travail de tous les instants qui devient plus facile avec le temps. Afin de se concentrer uniquement sur les solutions, il est nécessaire de savoir formuler les bonnes questions.

## Savoir poser les bonnes questions

La problématique ne se situe pas nécessairement au niveau de l'obstacle, mais dans la manière dont on aborde un problème. Lorsque vous êtes confronté à un obstacle, il est nécessaire de trouver la bonne question à poser.

La question à se poser est « comment ». La plupart des gens émettent des affirmations lorsqu'ils parlent de leurs problèmes. Par exemple : « Je n'arriverai pas à payer mon loyer en fin de mois. »

Cette affirmation se fonde sur une fausse croyance qui prend racine dans la peur. En réalité, rien ne prouve que l'argent ne sera pas disponible en fin de mois. Une telle affirmation provoque cependant l'univers dans le sens négatif.

Choisissez plutôt une question telle que : « Comment vais-je trouver l'argent du loyer ? Que dois-je faire ? » Si vous affirmez ne pas savoir comment faire, votre cerveau sera d'accord et ne cherchera pas de solution, tandis qu'il se mettra à chercher si vous lui posez la question.

À retenir

Faites très attention à la formulation de vos phrases et de vos pensées. La manière dont vous parlez affecte directement l'univers. Cela crée aussi des connexions neurologiques.

Tout problème a une solution, il suffit de poser la bonne question. Si la question que vous posez devant un obstacle vous amène à plus d'obstacles, c'est que cette question n'est pas la bonne. La question « Comment vais-je résoudre cette situation ? » vous amènera à la solution.

Laissez le temps à votre cerveau de vous trouver toutes les solutions possibles. Écrivez-les toutes. Laissez votre cerveau réfléchir. Méditez.

## Se défaire des idées négatives

La première chose à faire, qui est vraiment fondamentale, est de vider votre cerveau. Prenez l'habitude de vous munir de cahiers ou de blocs-notes. Écrivez tout ce qui se trouve dans votre tête, tout ce que vous avez à faire, qui vous embête, qui vous tracasse, qui vous ennuie.

Le cerveau ressemble à un ordinateur âgé. Quand vous avez beaucoup de programmes ouverts dans votre ordinateur, il finit par se bloquer, se coincer. Il n'arrive plus à être aussi performant. De plus, si vous remplissez la mémoire de votre ordinateur, elle a de moins en moins d'espace libre.

Il en est de même avec votre cerveau : plus vous avez d'idées, plus vous avez d'images, plus vous avez de pensées, moins vous avez de place pour de nouvelles pensées, de nouvelles idées et de solutions. Lorsque vous n'écrivez pas toutes vos pensées, elles ont tendance à se répéter et à s'accumuler comme de la poussière. Faites le ménage continuellement parce que le cerveau se remplit régulièrement, c'est donc nécessaire. De la même manière que vous videz vos poubelles quotidiennement, videz votre cerveau de vos pensées.

Lorsque vous avez fini de vider votre cerveau, munissez-vous d'un calepin et notez tous les éléments positifs qui se produisent durant la journée. C'est un exercice important qui va changer la direction de votre pensée. À la place d'être concentré sur vos problèmes, vous allez orienter votre pensée vers tout ce qui va bien. Votre cerveau va se mettre à remarquer les belles choses dans votre vie. Il s'orientera vers le positif, le succès et les solutions.

Allez vous asseoir ensuite tranquillement quelque part où vous ne serez pas dérangé pendant une heure ou deux. Une fois installé, demandez à votre cerveau le « comment faire ». Par exemple : « Comment est-ce que je peux trouver 10 000 euros par mois ? Où se cachent-ils ? Donne-moi des moyens, ô, grand cerveau, donne-moi des moyens et des idées pour trouver cet argent qu'il me faut », ou bien : « Comment vais-je faire pour rencontrer l'homme idéal ? »

**Conseil**

**Ne vous posez jamais une question négative telle que : « Comment vais-je payer mes factures ou rembourser mes dettes ? » parce que, dans ce cas, votre cerveau va trouver énormément de moyens de créer des dettes.**

- **Prenez le temps de choisir la bonne question. Fermez ensuite les yeux et relaxez-vous. Munissez-vous d'un carnet afin de noter toutes les solutions créatrices qui vont surgir du néant.**
- **Laissez votre cerveau réfléchir, donnez-lui du temps. Imaginez le petit sablier d'un ordinateur qui vous demande de patienter lorsqu'il traite un lourd programme. Peut-être n'avez-vous jamais accédé auparavant à ce programme nommé « solutions ». Il doit aller le chercher très, très loin.**

» Concentrez-vous sur votre respiration. Ne répétez pas la question *ad vitam æternam*. Si vous le faites, c'est comme si vous alliez cliquer sans arrêt sur la petite icône du programme que vous essayez d'ouvrir ; cliquer 100 fois ne va pas faire accélérer les choses. Cliquez une fois, et attendez pendant une heure, deux heures, le temps nécessaire à cette solution pour venir.

Il se peut que la solution ne vienne pas durant cette heure, mais vous aurez enclenché le processus, le travail. Le cerveau va continuer à chercher ce programme même si vous allez vaquer à d'autres occupations. Il se peut que vous ayez un éclair de génie plus tard dans la journée. S'il vous vient une inspiration, faites ce que votre cerveau vous dit, même s'il s'agit d'appeler une connaissance à laquelle vous n'avez plus parlé depuis longtemps, ou de lire un livre que vous aviez oublié.

**À retenir**

Le cerveau est si puissant qu'il commande votre univers. Il est possible, par ailleurs, que votre téléphone sonne et que vous ayez votre réponse dans ce que votre interlocuteur vous raconte. Ou bien encore que vous receviez un courriel bizarre qui vous donne une idée ou qui répond partiellement ou parfaitement à la question. Dans ce cas-là, emparez-vous de cette piste et faites le nécessaire pour avancer. Agissez selon cette impulsion et vous avancerez à la vitesse grand V !

## Sortir de sa zone de confort

J'utilise fréquemment l'image de la cave de l'homme de Cro-Magnon pour expliquer notre difficulté à sortir de notre zone de confort. Cette dernière est l'état dans lequel on s'est habitués à vivre. Elle n'a pas besoin d'être confortable. Au contraire. Parfois, nous vivons dans des circonstances très difficiles. Nous nous y sommes habitués et nous y demeurons.

L'instinct nous pousse à rester dans notre zone de confort. La plupart des gens qui essaient de sortir de cette zone pour se rendre vers des choses qu'ils connaissent moins vont ressentir une peur au ventre très vive, puis vont finalement retourner à leur état habituel, consciemment ou pas.

Cela peut en pousser certains à se saboter eux-mêmes pour ne pas vivre trop de succès. En effet, « trop de succès » pourrait signifier sortir de la zone de confort et se diriger vers l'inconnu.

Nous savons que nous sortons de notre zone de confort de diverses manières. Cela peut être par l'intermédiaire de cette peur qui nous tiraille le ventre. Il se peut que nous ayons des pensées décourageantes ; on peut s'entendre dire, par exemple : « Je n'ai pas besoin d'essayer cette méthode », « Que vont dire les voisins ? », « Je sais déjà tout ça »...

Une autre manière de rester dans sa zone de confort est de procrastiner. En effet, agir pourrait signifier réussir. Certaines personnes vont remettre les actions importantes qui les mèneraient à la victoire, car celle-ci fait trop peur. Il se peut également que vous provoquiez un accident qui vous empêche littéralement d'avancer et qui vous remette au point zéro.

**Exemple**

T. Harv Eker, businessman et auteur de l'ouvrage *Les Secrets d'un esprit millionnaire*, donne l'exemple d'un thermostat invisible qui se trouve au niveau du cerveau. Imaginez le thermostat d'une pièce. S'il fait trop chaud, il commandera l'enclenchement de la ventilation pour refroidir la pièce. S'il fait trop froid, il fera en sorte que le chauffage se mette en route.

Disons que votre thermostat mental est réglé à une certaine zone de confort : un montant salarial, une relation amoureuse particulière, une santé physique quelconque. Vous essayez de changer, et votre thermostat se met en branle et vous remet là où vous étiez. Vous vous mettez par exemple à faire du sport pour avoir une condition physique que vous n'avez jamais eue, et vous avez un accident. Vous débutez une relation amoureuse rêvée et vous faites gaffe sur gaffe, ce qui fait que votre compagnon s'éloigne. Vous recevez une somme d'argent à laquelle vous ne vous attendiez pas et vous la perdez aussi vite dans un investissement frauduleux...

D'où tout cela vient-il ? La plus ancienne partie du cerveau a été construite au temps de l'homme de Cro-Magnon. Faisons un court voyage dans le temps, jusqu'à la préhistoire. L'homme de Cro-Magnon demeurait le plus possible dans sa cave. S'il avait à sortir pour chasser, il devait affronter des animaux féroces et espérer survivre.

Sortir de sa cave signifiait danger. S'aventurer au-dehors pouvait le mener vers la mort. La cave, même si elle était humide, sale ou malodorante, les protégeait lui et sa famille des dangers de l'extérieur. Cette cave a marqué notre cerveau préhistorique, celui qui nous sert toujours pour décider de nos réactions automatiques.

Nous avons une cave à l'intérieur de nous. Elle s'appelle « zone de confort ». Nous pouvons comparer l'inconnu ou la sortie de sa zone de confort avec la sortie de la cave préhistorique. Vous pouvez imaginer cet homme de Cro-Magnon à l'intérieur de vous, profondément ancré dans votre cerveau et au poste de contrôle de vos émotions. Sortir de sa cave implique pour lui des dangers réels. Il faut avoir une force de titan pour avancer malgré cette peur qui veut nous garder là où nous sommes, même s'il s'agit de nous conserver dans la médiocrité.

Conseil

Il existe de nombreux moyens de sortir de cette zone de confort. L'un d'entre eux consiste à visualiser sans cesse le but escompté tout en se sentant détendu. Il faut parfois faire appel à un coach, un expert, quelqu'un qui peut vous mener à l'extérieur de votre cave et vous y maintenir assez longtemps pour que vous développiez une nouvelle zone de confort.

# Vivre dans le moment présent

Soyez ouvert. Gardez l'œil sur tout ce qu'il se passe autour de vous. Observez ce qu'il se produit. Vous allez remarquer des signes et des indices qui vont vous permettre de cheminer plus rapidement vers votre but.

Pour ce faire, vous devez développer votre capacité à vivre dans le moment présent et accepter une vie sans effort. Avec du travail, certes, mais sans lutte. Faire des efforts, sous sa forme conventionnelle, est une déclaration faite à l'univers : « Certains aspects de ma vie ne devraient pas être ainsi et j'ai besoin de ci et de ça pour que tout aille mieux. »

Lorsqu'ils sont utilisés de mauvaise manière, les efforts deviennent un obstacle à un des catalyseurs les plus puissants de la loi de l'attraction : le moment présent. Lorsque vous vous focalisez sur le moment présent, vous vivez avec reconnaissance. Celle-ci rend la loi de l'attraction fonctionnelle. Beaucoup de personnes sont tellement obnubilées par les objectifs qu'elles oublient qui elles sont, ici et maintenant. Il est tellement facile de nous réveiller le matin et d'envisager une Mercedes en oubliant d'envoyer de la gratitude pour la maison magnifique dans laquelle nous vivons ou pour la personne allongée près de nous.

Après plusieurs années de lutte avec la loi de l'attraction, nombreux sont ceux qui connaissent cette illumination. Ils se disent : « Attirer les choses dans le futur n'est pas le but ! Tout doit venir d'un endroit empli de joie qui prend place MAINTENANT, et ça ne fonctionnera pas tant que je n'aurai pas totalement accepté et montré ma reconnaissance pour ce qui existe dans le présent. »

## Apprécier le bonheur constant

Cela ne s'arrête pas là. Vous devez aller plus loin avant de pouvoir réellement utiliser la loi de l'attraction, vous devez vous pencher sur les émotions et leur rôle de carburant de la loi de l'attraction.

Les gens pensent : « Je dois être heureux en permanence pour pouvoir attirer un avenir plus brillant. Mais comment être heureux EN PERMANENCE ? Ceci semble tellement peu naturel. » Ils sont ensuite forcés de constater qu'il doit y avoir quelque chose derrière le bonheur et, même mieux, quelque chose au-delà du bonheur. Ils réalisent que le bonheur et la souffrance sont les deux faces d'une même pièce et que chacune possède le germe de l'autre, pas encore manifesté.

Lorsque les gens en arrivent à ce point, ils ont quitté le désespoir d'un pas décisif et sont plus proches de la réalisation de leurs rêves. Ils entrevoient une vérité cachée derrière le voile du vrai et du faux, du bonheur et du malheur, du bien et du mal. Ils font l'expérience d'une essence qui va au-delà de la pensée, au-delà de l'émotion et dans la direction opposée de tout ce pour quoi ils se sont battus pour réussir – et cette essence est la paix. La paix, dans sa forme la plus pure, est le catalyseur le plus efficace de la loi de l'attraction. Elle est ce qui permet aux maîtres de transformer les pierres en pain et les personnes en êtres totalement accomplis, mais aussi de guérir les malades.

## Se focaliser sur l'ici et maintenant

Arrive la pièce finale du puzzle. Afin de connaître la paix, vous devez rompre les attaches avec la pensée compulsive ; pour gagner le contrôle de votre esprit, vous devez focaliser votre attention sur l'ici et maintenant. Même si vous ne définissez aucun autre objectif, focalisez toute votre attention sur le moment présent ; votre avenir sera en parfait alignement avec vos désirs les plus ardents.

Pourquoi ? Parce que l'univers sait ce que vous voulez. Il connaît votre âme parce qu'il EST votre âme, et il n'a pas besoin d'intentions conscientes pour savoir ce qui vous rendra VRAIMENT heureux. La chose surprenante est qu'une fois que vous laissez aller vos pensées et que vous vous concentrez sur l'ici et le maintenant, ces choses dont vous pensiez avoir besoin pour être heureux vous arriveront sans aucun autre effort de votre part. C'est peut-être la plus grande ironie de la vie.

Personne n'a jamais dit que l'univers n'était pas ironique. Il arrive fréquemment que nous pensions vouloir quelque chose et que nous le recevions. Une fois ce quelque chose à notre portée, nous ne comprenons pas pourquoi nous avons tant bataillé pour quelque chose que nous ne désirions pas vraiment ou ne souhaitons plus. La roue de l'univers se remet alors en marche pour nous apporter encore une fois ce que nous croyons désirer.

Afin de développer sa paix intérieure, il est essentiel de laisser partir sa négativité. Nous ne pouvons nous attacher aux problèmes passés en les revivant avec colère et rancœur, et croire pouvoir nous attirer le meilleur en même temps. Le pardon est le meilleur moyen de se vider de toute la négativité passée. Abandonnez les bagages qui alourdissent votre vie et vous empêchent d'avancer.

Entourez-vous de gratitude et d'amour inconditionnel. Donnez généreusement ce que vous désirez recevoir. Vivez dans l'attente enthousiaste des présents que l'univers va vous envoyer. Délaissez vos doutes et vos craintes, car ils n'existent que dans votre imagination. Remplissez celle-ci de rêves et d'images positives, motivantes et inspirantes. Croyez que tout est possible, car c'est vraiment le cas.

DANS CE CHAPITRE

Méthode pour arrêter de procrastiner et agir pour son succès

Désencombrez

Commencez de bonne heure

Travaillez tant et aussi longtemps que vous êtes au travail

Planifiez la veille ce que vous allez faire le lendemain

Détaillez toutes les tâches que vous avez à faire

Rappelez-vous pourquoi vous agissez

Concentrez-vous sur vos priorités

Occupez-vous de ce qui est le plus important en premier lieu

Créez-vous une affirmation

Ne vous arrêtez pas avant d'avoir terminé ce que vous avez à faire

# Chapitre 15

# Dix moyens efficaces de ne plus remettre votre succès au lendemain

Je vais vous confier dix astuces qui vont vous permettre de vaincre la procrastination, et ainsi vous permettre d'obtenir beaucoup plus de temps libre pour vous créer la vie dont vous rêvez.

## Désencombrez

Nettoyez votre bureau pour qu'il n'y ait rien devant vous qui vous empêche de vous concentrer sur ce que vous avez à faire. Lorsque notre bureau est encombré, notre esprit l'est aussi. On a alors tendance à avoir les idées aussi embrouillées que ce que l'on voit autour de nous. Donc, si vous voulez avoir les idées claires et être vraiment concentré sur la tâche que vous avez à faire, ne gardez sur votre bureau que les éléments qui sont pertinents pour l'accomplissement de cette tâche. Rangez et cachez le reste.

## Commencez de bonne heure

Levez-vous une ou deux heures plus tôt qu'à l'ordinaire. Sachez qu'une heure ininterrompue vous permet de réaliser trois à quatre fois plus que si vous travaillez avec des interruptions. Quand vous êtes concentré le matin et que vous effectuez un travail ininterrompu, vous pouvez finaliser en une heure ce que vous n'auriez terminé qu'en quatre heures dans une journée. Il est vraiment avantageux d'utiliser cette heure en or du petit matin. Vous êtes alors à votre pleine capacité mentale et avez toute l'énergie nécessaire pour vous lancer.

## Travaillez tant et aussi longtemps que vous êtes au travail

Forcez-vous à être réellement à votre occupation, c'est-à-dire à vraiment travailler sur la tâche en cours et non pas à vous arrêter, aller papoter avec votre collègue de travail, prendre un café ou vous distraire. Concentrez-vous seulement sur la tâche. Utilisez les heures de travail uniquement pour travailler.

Exemple

Lorsque vous papotez avec vos collègues durant les heures de travail, vous utilisez du temps et de l'énergie essentiels. Vous perdez votre temps à des occupations qui ne vous rapportent pas. Vous pouvez développer vos relations de travail avant ou après le travail, ou encore le week-end. Les conversations de bureau entre collègues sont souvent futiles et inutiles. Elles nous empêchent d'avancer et nous font procrastiner. Parfois, les collègues de travail qui veulent perdre leur temps vont venir s'entretenir avec vous. Ils vous font perdre le vôtre. Ne vous laissez pas faire. Lorsque l'on quitte un emploi, il arrive très rarement que l'on retourne au bureau, pendant les heures de travail, pour passer du temps à parler avec ses ex-collègues. Ne le faites donc pas tant que vous êtes employé.

Vous êtes au travail pour créer de l'argent, pour créer un retour sur votre investissement en temps. Vous êtes là pour fournir un travail en échange de votre salaire, pour créer quelque chose de matériel ou rendre un service. Vous devez utiliser ce temps pour générer ce revenu, ou générer cette production.

Si vous perdez ce temps, vous volez, en quelque sorte, votre employeur. Lorsque les gestionnaires décident de réduire le personnel et renvoient des employés, ils gardent les éléments les plus productifs et se séparent de ceux qui profitaient du temps rémunéré pour vaquer à des occupations non productives.

De plus, le fait de papoter avec ses collègues à la place de travailler nous force à finir plus tard. Ceci risque d'endommager nos relations familiales, celles qui ont vraiment de l'importance. Attelez-vous donc à votre tâche et ne vous laissez pas distraire par les « mangeurs de temps ». Ne devenez pas non plus un mangeur de temps pour les autres.

## Planifiez la veille ce que vous allez faire le lendemain

Avant de vous endormir, relisez votre planification du lendemain et réécrivez-la au propre. Analysez-la afin de vous assurer que toutes vos priorités sont ordonnées. Lorsque vous commencerez la journée, vous serez au maximum de votre productivité. Vous pourrez ainsi abattre une quantité impressionnante de travail. Vous serez capable d'avancer beaucoup plus rapidement et de vous rendre plus loin. Votre confiance en vous, votre satisfaction globale, votre joie de vivre et votre sentiment de paix et d'harmonie seront amplifiés. Lorsque vous êtes organisé, vous suivez davantage le courant de l'univers.

## Détaillez toutes les tâches que vous avez à faire

Lorsqu'une tâche est trop volumineuse, nous avons tendance à tergiverser. Nous pensons devoir grimper une montagne, ce qui fait peur. Personne ne veut grimper une montagne en une fois. Si nous avons cette impression, nous procrastinons en remettant au lendemain. Pour vous empêcher de tergiverser, réduisez cette montagne en petits cailloux.

**Conseil** Lorsque vous avez un gros but ou une grosse action à faire, regardez toutes les mini-actions qu'elle comporte. Il n'y a rien de plus satisfaisant au travail que de voir sa liste diminuer et de rayer les choses à faire. Quand vous avez une liste remplie de petites actions miniatures que vous pouvez faire rapidement, vous accomplissez davantage. Et vous augmentez votre confiance en vous dès que vous rayez une de ces actions.

Vous vous voyez avancer vers votre but. Le simple fait de voir que vous avancez vers votre but, même avec de toutes petites actions, va booster votre motivation. Vous allez croire que vous pouvez y arriver. Et le simple fait de croire que vous allez y arriver va vous permettre d'y arriver.

**Exemple** Ne pensez pas à la totalité de ce que vous avez à faire. Pensez plutôt en termes de petites actions. Par exemple, ne vous dites pas : « Oh, mon Dieu, il faut que je me débarrasse de 30 kilos », ou bien : « J'ai absolument besoin d'avoir 10 000 euros sur mon compte en banque. » Ne pensez pas à l'envergure de ce que vous avez à réaliser. Atteignez votre but par petites étapes, par mini-buts. Vous vous sentirez plus motivé et plus heureux. Une fois que vous aurez atteint le premier petit but, il vous sera beaucoup plus facile d'atteindre le prochain. Dites-vous par exemple : « Je n'ai qu'à me débarrasser d'un kilo. Si j'arrive à m'en défaire, je suis géniale, c'est fantastique, je serai contente. » Une fois que vous vous serez débarrassé de ce kilo, passez au prochain. Vous vous débarrasserez de 30 kilos en un rien de temps.

Pour vos finances, vous pouvez vous dire : « Je vais trouver un moyen pour accéder à 500 euros supplémentaires ou à 1 000 euros supplémentaires. » Au bout du compte, vous obtiendrez 10 000 ou 100 000 euros beaucoup plus rapidement.

## Rappelez-vous pourquoi vous agissez

Le pourquoi est toujours plus fort que le comment. Si vous savez pourquoi vous agissez, vous serez beaucoup plus motivé pour accomplir toutes les actions nécessaires pour vous rendre à votre but. Écrivez ce qui vous motive. Répétez-vous et remémorez-vous cette liste. Gardez en tête les raisons pour lesquelles vous agissez, pour lesquelles vous voulez atteindre ce but en particulier.

Vos motivations constituent le carburant qui vous fera avancer vers votre but. Plus la motivation est forte, plus les raisons pour lesquelles vous voulez atteindre votre but sont puissantes, et plus vous vous y rendrez rapidement.

**Exemple**

Imaginez une maison qui brûle. S'il y a le feu dans la demeure, tout le monde va sortir le plus rapidement possible. La motivation première est la survie. Cependant, si l'on entend des pleurs à l'intérieur de la maison et qu'il y a un enfant qui y est resté prisonnier, les parents vont se jeter dans les flammes pour tenter de le sauver. La motivation de sauver l'enfant est beaucoup plus forte que celle de la survie ou la peur des flammes. Par conséquent, une forte motivation peut nous pousser à traverser des flammes, à passer à travers le plus dur, à franchir tous les obstacles pour nous rendre à notre but.

## Concentrez-vous sur vos priorités

Lorsque vous planifiez et que vous travaillez, concentrez-vous sur vos priorités. C'est une manière d'avancer plus rapidement. Au lieu d'accomplir les petites choses qui ont peu d'importance, concentrez-vous sur les choses qui ont vraiment de la valeur.

Afin de savoir si une action est prioritaire, posez-vous ces questions : qu'est-ce qui se passera si je ne réalise pas cette action ? Est-ce que les dommages causés par mon inaction seront importants ou pas ? La réponse à cette question vous indiquera la valeur et la priorité de l'action.

## Occupez-vous de ce qui est le plus important en premier lieu

Les choses importantes sont souvent celles que l'on a le moins envie de faire, alors on s'éparpille dans des activités de moindre valeur. Il est essentiel de maintenir votre concentration sur ce qui a de l'importance. Attelez-vous d'abord à la tâche la plus difficile, la plus dure, la plus ardue, la plus importante en premier lieu. Ensuite, le reste coulera de source et sera beaucoup plus facile. Si vous avez deux tâches importantes à faire, commencez par la plus importante, donc la plus grosse, la plus difficile, la plus ardue, dès le début de la journée. De cette manière, vous vous en débarrasserez rapidement.

Votre confiance va ensuite augmenter considérablement. Vous vous sentirez beaucoup plus confiant et plus motivé pour avancer dans votre travail. Vous n'aurez plus à penser ni à vous inquiéter toute la journée de cette tâche importante et imposante, ce qu'il se serait passé si vous l'aviez remise.

## Créez-vous une affirmation

Vous pouvez simplement vous répéter : « C'est facile, je peux le faire, c'est facile, je peux le faire, c'est facile, je peux le faire » ou bien : « Je le fais tout de suite, je le fais tout de suite, je le fais tout de suite, je le fais tout de suite. » Nous avons tous tendance à nous laver le cerveau en répétant sans cesse : « Je vais le faire plus tard, je vais le faire plus tard, je vais le faire plus tard. » Cette attitude mentale mène à la procrastination.

Conseil

Changez votre discours et dites plutôt : « Je le fais tout de suite, je le fais tout de suite, c'est facile à faire et je le fais tout de suite. » Vous allez voir que ces affirmations vont vous motiver. De cette manière, vous reprogrammez votre cerveau et changez vos connexions neurologiques (voir **chapitre 13**). Vous avancerez ainsi bien plus rapidement et facilement.

## Ne vous arrêtez pas avant d'avoir terminé ce que vous avez à faire

Une des sources de la procrastination repose sur le fait de commencer puis d'arrêter sans cesse. Vous démarrez plein d'énergie ce que vous aviez à faire, puis vous décidez de prendre une petite pause au moment où vous avez le plus d'énergie. Cette petite pause se transforme en une pause un peu plus longue, etc.

Durant ces pauses, vous repensez au travail à faire et vous vous créez une montagne mentale. Vous vous démotivez. Par conséquent, plutôt que de prendre ces pauses, concentrez-vous sur une petite tâche, une parcelle de la globalité de ce qui est requis, jusqu'à ce que vous l'ayez complétée. Une fois que vous avez réussi à la terminer, félicitez-vous, dites-vous : « Oui, j'ai réussi ! » Prenez alors une petite pause, puis attelez-vous à la prochaine tâche.

**DANS CE CHAPITRE**

Les étapes de la loi de l'attraction pour trouver l'amour

1. Décrivez la personne de vos rêves

2. Créez-vous une affirmation positive

3. Visualisez

4. Développez une attitude de gratitude

5. Transformez le passé

6. Pardonnez

7. Soyez généreux

8. Lâchez prise

9. Vivez au moment présent

10. Méditez et respirez

# Chapitre 16

# Dix étapes pour attirer l'homme ou la femme de ses rêves

Vous pouvez attirer la personne de vos rêves grâce à la loi de l'attraction. Encore faut-il suivre certains principes de base. Voici dix conseils qui vont vous aider à attirer l'homme ou la femme de vos rêves. Cette liste n'est pas exhaustive, mais elle va vous donner quelques pistes importantes afin de vous aider à voir votre partenaire se manifester rapidement.

## Étape n° 1 : Décrivez la personne de vos rêves

Il ne s'agit pas de tout simplement espérer rencontrer l'homme ou la femme de sa vie, sans savoir exactement de quoi il ou elle aura l'air. De nombreuses personnes expriment des doutes quand il s'agit de décrire en détail la personne qu'elles souhaitent attirer, ne pensant pas que cela soit possible. Or, c'est possible. Il y a près de 7 milliards de personnes sur la Terre. Votre futur partenaire existe quelque part.

Tant que vous ne l'aurez pas décrit exactement, vous recevrez que ce que vous avez imaginé en gros, donc du « à peu près ». Et vous ne voulez pas de l'« à peu près », vous voulez l'homme ou la femme de vos rêves. Décrivez donc cette personne précisément. Comment saurez-vous que vous l'avez rencontrée si vous ne connaissez pas ses caractéristiques exactes ? Prenez votre temps, notez toutes les qualités que vous recherchez chez cette personne.

À retenir

Faites aussi une analyse honnête de la personne que vous êtes pour voir si vous avez ces mêmes qualités. Essayez de développer les qualités que vous recherchez chez l'autre, parce qu'avec la loi de l'attraction, les semblables s'attirent. Cette personne que vous recherchez avec ces qualités recherche donc probablement son semblable.

## Étape n° 2 : Créez-vous une affirmation positive

Créez-vous une affirmation positive qui va vous motiver et que vous allez répéter constamment. Les affirmations positives doivent être dites dans la joie et la bonne humeur, car c'est cette énergie positive qui va attirer un résultat positif. L'affirmation est faite à la première personne, de manière positive.

## Étape n° 3 : Visualisez

Visualisez. Installez-vous dans un endroit tranquille, au moins une fois par jour, de cinq à quinze minutes, et visualisez paisiblement cette relation magique. Vous pouvez visualiser une relation amoureuse. Pensez à des promenades que vous pourriez faire ensemble, quelqu'un qui vous tient par la main, quelque chose qui vous tient à cœur et que vous considérez comme magique lors d'une rencontre. Enveloppez-vous des images positives de cette relation de couple.

Attention, il est préférable de ne jamais visualiser une personne en particulier. Laissez l'univers vous guider vers la meilleure personne pour vous.

À retenir

Nous ne pouvons visualiser une personne en particulier avec les qualités que nous souhaitons qu'elle possède, au même titre que nous ne pouvons changer les autres. Si vous n'aimez pas les caractéristiques d'une personne avec laquelle vous êtes en ce moment et que cela est insoutenable, alors changez de partenaire. Vous n'aimeriez pas que quelqu'un demeure avec vous en espérant vous voir changer pour correspondre à l'image de la personne qu'il ou elle aimerait vraiment.

## Étape n° 4 : Développez une attitude de gratitude

Écrivez tous les jours les occasions où vous avez déjà expérimenté l'amour : ce peut être l'amour familial, ou celui avec des amis. Vous pouvez vous réjouir de la rencontre de personnes affectueuses (même s'il ne s'agit pas de la personne de vos rêves), qui vous ont fait des compliments ou qui vous ont parlé d'amour. Plus vous aurez de la gratitude envers tout l'amour que vous recevez déjà et plus vous en recevrez.

À retenir

Lorsque vous visualisez, ne vous mettez pas dans une situation où vous ressentez du manque. Vous devez visualiser en ressentant que cela vous apporte beaucoup de joie, de bonheur ; vous devez éprouver du contentement. Faites une liste de gratitudes avant la visualisation pour vous sentir bien, puis visualisez la belle chose que vous voulez avoir dans votre vie. Dès que vous ressentez du manque, arrêtez la visualisation. Ne faites cet exercice qu'à des moments où vous vous sentez bien. Le plus important, c'est d'abord de se sentir bien.

## Étape n° 5 : Transformez le passé

Il arrive souvent, lorsque l'on repense à une relation passée, que l'on ne se remémore que les moments difficiles ou la cassure. Certaines personnes ont tendance à se rappeler les défauts de celui ou celle avec qui ils ont passé du temps. Transformez cette habitude en faisant la liste exhaustive de tous les bons moments que vous avez passés avec cette personne. Rappelez-vous que vous l'avez aimée à un moment donné. Même si la relation s'est avérée être une erreur, il y a eu du bon.

À retenir

Il est important de toujours garder en tête (vous pouvez même l'écrire sur un petit carton et le coller à un endroit visible) que vous attirez ce à quoi vous faites le plus attention. Si vous pensez sans cesse à tous les défauts de votre ex, vous attirerez quelqu'un avec les mêmes défauts. Si vous vous remémorez sans arrêt la rupture ou les disputes, vous attirerez difficilement une relation durable et stable. Par conséquent, gardez à l'esprit les moments d'amour et de bonheur et vous les attirerez ainsi.

## Étape n° 6 : Pardonnez

Lorsque l'on vit une rupture amoureuse, il arrive souvent que l'on expérimente beaucoup de ressentiment. Nous pouvons détester l'autre, nous détester d'avoir permis autant de douleur dans notre vie, d'être entré dans une relation de ce genre, d'avoir fait confiance à cette personne ou d'avoir ouvert notre cœur à l'amour. Cependant, le ressentiment tue l'amour. La culpabilité empoisonne notre estime de nous et, par conséquent, nous empêche de rencontrer quelqu'un qui nous offrira plus d'amour.

À retenir

Pardonner aux autres et à soi vous permet de vous ouvrir de nouveau à l'amour. La haine qui alimente le ressentiment prend ses racines dans la peur. Celle d'être abandonné, rejeté ou de revivre de la douleur. Plus vous pardonnez, plus votre cœur se soigne. Vous ne pourrez jamais aimer complètement, et donc être aimé pleinement, si vous ne vous débarrassez pas de la rancœur des relations passées.

## Étape n° 7 : Soyez généreux

Le meilleur moyen de recevoir est de donner. Si vous désirez recevoir plus d'amour, offrez-en. Vous pouvez être généreux de vos sourires, de vos conseils, de votre temps. Vous pouvez offrir votre écoute ou des compliments. Offrez de l'amour tout autour de vous avec générosité ; ainsi, vous n'en manquerez jamais.

À retenir

L'amour est une denrée que nous possédons à l'infini. Il est amusant de constater que plus vous offrez de l'amour avec un cœur généreux, sans vous attendre à en recevoir en retour, plus vous en recevez.

## Étape n° 8 : Lâchez prise

Vous ne pouvez pas forcer le destin ni forcer l'amour d'autrui. Tout ce que vous pouvez contrôler réellement est vous-même, personne d'autre. Si quelqu'un ne veut plus être avec vous, il ou elle fait la place à la bonne personne. Si vous êtes seul durant un temps, c'est pour apprendre à vous aimer et vous apprécier davantage. Profitez de vos moments de solitude car, lorsque vous serez de nouveau en couple, ils se feront rares.

À retenir

Lâcher prise ne veut pas dire se désintéresser complètement. Cela veut tout simplement dire ne pas rattacher son bonheur personnel à la réalisation de son but. En amour, si vous n'aimez pas votre vie actuelle, vous aurez beaucoup moins de chance de rencontrer quelqu'un qui voudra la partager. En effet, si vous-même ne l'aimez pas, pourquoi quelqu'un d'autre l'aimerait-il ?

## Étape n° 9 : Vivez au moment présent

Au lieu de vous morfondre sur ce qui ne va pas dans votre vie de couple ou du manque de relation, appréciez chaque moment de votre vie. Prenez le temps de déguster vos repas. Concentrez-vous sur les tâches que vous faites au moment où vous les faites. Vivez « au ralenti » en vous arrêtant pour développer votre conscience de votre être profond. En compagnie de votre partenaire, soyez à l'écoute de ses besoins et de ce qu'il ou elle a à dire. Développez une communication pacifique où chacun écoute et entend l'autre complètement.

À retenir

Personne ne peut vous offrir l'amour dont vous avez besoin à part vous. Une relation amoureuse n'est pas là pour vous compléter. Une relation amoureuse épanouie se construit par l'investissement des deux partenaires dans la relation. Chacun des partenaires est déjà plein d'amour et n'attend pas d'en recevoir de l'autre pour se sentir « rempli ».

## Étape n° 10 : Méditez et respirez

Arrêtez-vous quotidiennement. Lorsque l'on court vers quelque chose que l'on souhaite recevoir, cette « chose » ou cette personne aura tendance à se distancer davantage. Afin de s'attirer plus d'amour, il est recommandé de laisser à l'autre la liberté de venir vers nous. Lorsque l'autre sent cette « permission » de venir à son aise, il a tendance à se sentir encore plus attiré. Lorsque l'on court vers l'autre, il a l'impression que nous sommes désespérés ; or, le désespoir n'attire pas l'amour, il le repousse.

À retenir

Les moments en silence sont des instants dans lesquels on peut ressentir énormément de bien-être et d'amour. Un amour inconditionnel, qui nous élève vers un bonheur incomparable. La respiration permet de contrôler ses émotions et, éventuellement, de pouvoir remplacer des émotions de peur et de colère par des émotions de bonheur et de joie.

**DANS CE CHAPITRE**

Conseils pour se sentir en pleine santé

Arrêtez la négativité

Utilisez des affirmations

Tenez-vous à l'écart des personnes malades et qui s'en plaignent

Pratiquez la méditation

Gardez un esprit positif

Visualisez

Aimez-vous

Pardonnez

Agissez

Appréciez

# Chapitre 17
# Dix conseils pour développer une meilleure santé

Vous pouvez attirer la santé dans votre vie. Ne laissez pas de place aux doutes et aux craintes. Ne parlez pas de votre maladie tout le temps. Méditez sur le thème d'une bonne santé. Développez le sentiment de reconnaissance pour toutes les parties de votre corps qui sont en bonne santé. Relâchez la colère. Entourez-vous de gens positifs. Développez votre foi en votre pouvoir de guérison !

## Arrêtez la négativité

Arrêtez de parler de la maladie, de la drogue, de la douleur et de la souffrance. Plus vous parlez de ce qui vous dérange, plus vous l'attirez dans votre vie.

## Utilisez des affirmations

Répétez quelques phrases positives plusieurs fois par jour jusqu'à ce que ce qui est affirmé remplace vos vieux modèles de pensée. Essayez par exemple : « Je suis heureux de me réveiller en bonne santé tous les jours. Mon corps se régénère et se sent merveilleusement bien. »

## Tenez-vous à l'écart des personnes malades et qui s'en plaignent

Voulez-vous être en bonne santé ? Arrêtez de traîner avec des gens qui parlent de leur mauvaise santé tout le temps. Avez-vous remarqué que certaines personnes parlent constamment de leurs visites chez le médecin, de leurs douleurs et des pilules qu'ils prennent ? Cette attitude attire encore plus de mauvaise santé.

## Pratiquez la méditation

Apaiser votre esprit vous aidera à contrôler vos pensées. Ce faisant, vous éliminerez les pensées négatives qui continuent à exister dans votre subconscient. En outre, vous vous sentirez mieux simplement en méditant.

## Gardez un esprit positif

Riez plus souvent et tenez-vous à l'écart du stress. Ne regardez pas de documentaire sur la prochaine horrible maladie susceptible d'envahir le pays. Arrêtez de regarder les images d'horreur aux informations ou des films stressants. Rappelez-vous : votre état naturel est d'être en bonne santé. Si vous souhaitez retrouver la santé, vous devenez revenir à cet état d'équilibre naturel. Croyez que vous pouvez guérir. Vous avez ce pouvoir !

## Visualisez

Passez du temps seul et visualisez-vous avec un corps merveilleux en excellente santé. Ressentez à quel point vous serez heureux lorsque toute cette douleur aura disparu. Visualisez les merveilles de la guérison de votre corps.

## Aimez-vous

Votre corps, sous sa forme actuelle, est parfait. Ce qu'il se passe n'est pas la faute de votre corps. Ne haïssez pas la partie du corps qui fait mal. Aimez votre corps dans son entièreté. Répétez-vous que vous êtes merveilleux et que vous pouvez guérir. Arrêtez de vous battre. Vibrez avec l'énergie d'amour inconditionnel lorsque vous pensez à votre corps (et ne le condamnez pas pour sa forme, qui est de votre responsabilité).

## Pardonnez

Pardonnez-vous et pardonnez aux autres si vous vous sentez blessé. Le ressentiment est la plus grande maladie sur la Terre. C'est un poison venimeux que la plupart des gens partagent. Vous avez le pouvoir de pardonner et de laisser partir ces douleurs inutiles. Vous n'êtes pas obligé d'accepter ce que les autres font, mais vous n'êtes pas non plus tenu de porter la douleur de ce fardeau.

## Agissez

Pour utiliser la loi de l'attraction, vous devez poser les actions qui vous conduiront vers ce que vous souhaitez. Arrêtez par exemple les habitudes alimentaires qui sont négatives pour votre santé. Levez-vous tôt et bougez un peu plus. Rendez-vous à un gymnase, une piscine. Faites de l'exercice. Au lieu de regarder les autres perdre du poids à la télévision, éteignez le téléviseur et déplacez-vous à la salle de sport !

Ne jouez pas non plus à l'autruche. Consultez un médecin si vous sentez que votre corps vous montre des signes de détresse. Faites des recherches sur le Web à propos de toutes les méthodes de guérison existantes. Rappelez-vous que de nouvelles découvertes se font tous les jours dans le domaine de la santé. Vérifiez les dires de votre médecin en demandant d'autres opinions.

**À retenir**

Tous les conseils et diagnostics ne sont que des opinions. Essayez différentes méthodes de guérison traditionnelles et moins conventionnelles. Surtout, ne baissez pas les bras, mais croyez que vous pouvez guérir, et utilisez tous les moyens possibles pour y arriver.

## Appréciez

Soyez reconnaissant pour tout ce que vous avez déjà. Vous pouvez être reconnaissant à chaque minute pour toutes les parties de votre corps qui sont en bonne santé. Soyez reconnaissant à propos de tout ce que vous avez : une famille, de l'argent, des amis...

# Conclusion

Nous avons appris que la loi de l'attraction nous permet d'attirer le meilleur dans la vie si nous l'utilisons consciemment. La plupart des gens attirent par défaut. Vous pouvez bénéficier de tout le pouvoir de la loi de l'attraction en pratiquant quotidiennement la méthodologie décrite tout au long de cet ouvrage.

Vous pouvez avoir ce tout que vous voulez ; tout ce que vous avez à faire consiste à devenir dès à présent la personne que vous serez une fois que vous aurez obtenu ce que vous désirez. Agissez, pensez et parlez comme la personne que vous serez quand vous aurez réalisé votre souhait, et vous attirerez ce que vous désirez plus vite que l'éclair.

La paix est votre droit premier. Arrêtez donc de penser de manière négative, portez votre attention sur le moment présent et regardez les choses pour lesquelles vous luttiez entrer naturellement dans votre vie. Oui, c'est aussi simple que ça.

Nous avons tous un chemin à suivre, et grandir en fait partie. La transformation ne viendra pas du jour au lendemain, mais avec un peu d'efforts et de conscience, votre vie s'alignera finalement sur vos désirs et vos rêves les plus profonds.

Je vous conseille d'aller sur le site d'Attractitude pour en savoir davantage. Prenez le temps de pratiquer chaque jour avec détermination et persévérance. Faites attention à ne pas tomber dans l'apitoiement de soi et la négativité. Débarrassez-vous de votre culpabilité et faites toujours de votre mieux. Si vous avez des questions et des commentaires, je suis évidemment là pour y répondre à l'adresse : **info@attractitude.com**.

Je vous remercie infiniment. Je vous souhaite le meilleur dans tous les aspects de votre vie. Vous le méritez. Je vous envoie de l'amour et de la lumière afin d'éclairer votre chemin.

## Annexe

# Ressources complémentaires

Il existe de plus en plus de ressources traitant de la loi de l'attraction et de ses applications pour vous permettre d'aller plus loin. J'ai regroupé pour vous celles que je préfère et qui m'ont le plus marquée.

Je vous invite aussi à explorer d'autres méthodes qui vous aideront à débloquer vos énergies négatives, à vivre dans plus d'harmonie et à reprendre les commandes de votre cerveau.

## Le film *Le Secret*

Le film *Le Secret* de Rhonda Byrne est une bonne base pour démarrer et comprendre la loi de l'attraction. C'est un film inspirant qui vous donnera envie d'en savoir davantage. Le seul aspect négatif du film est qu'il est, en soi, très basique, et ne vous parle pas de l'action dans la loi de l'attraction. Il ne vous offre pas les moyens concrets de changer de vie grâce à cette loi. Cependant, il vous présente des intervenants de différents milieux ayant eux-mêmes des connaissances variées sur certaines lois du succès.

Ce film a changé ma vie, car il a été le premier document de développement personnel auquel j'ai accédé. Après l'avoir vu, je me suis lancée dans une recherche intensive. Dix ans plus tard, je suis devenue une experte dans ce domaine.

## Esther Hicks et le vortex

Comme je l'ai mentionné au début de cet ouvrage (voir **chapitre 1**), Esther Hicks « canalise » les énergies d'Abraham et offre de beaux messages positifs ainsi que de nombreuses réponses aux questions les plus courantes.

Ses livres détiennent beaucoup de solutions pratiques. Je les conseille fortement. Vous pouvez y trouver les réponses exactes dont vous avez besoin, même si chaque cas est différent.

À mon humble avis, des réponses intellectuelles à nos questions pratiques nous aident, mais l'expérience et l'aide personnalisée d'un mentor, d'un guide ou d'un coach restent les moyens les plus rapides et efficaces pour arriver à destination. Encore faut-il en appliquer les enseignements…

## Gregg Braden et sa matrix

Gregg Braden a étudié les énergies vitales et spirituelles ainsi que leur impact sur notre réalité durant de nombreuses années. Ses ouvrages sont assez complexes à comprendre. Il vous aide surtout à voir l'univers comme un canevas, une *matrix*, dont vous êtes le seul maître créateur.

Son enseignement à propos de la guérison de certaines maladies telles que le cancer m'a beaucoup aidée et inspirée pour mes coachings. Ses études portent sur le pouvoir énergétique qui existe en chacun de nous pour nous guérir. Je m'en suis servi pour aider la guérison d'une grande brûlée et d'une personne atteinte de cancer, et ce avec succès.

## Louise Hay et l'amour de soi

Louise Hay a été une pionnière, durant les années 1960, à propos de la puissance des affirmations. Elle a écrit un « petit » ouvrage qui a fait sa renommée et qui traite des moyens de se guérir grâce aux affirmations. Elle offre des affirmations particulières pour chaque région douloureuse du corps, qu'elle associe avec certains soucis, conscients ou inconscients.

Elle a aussi passé beaucoup de temps à enseigner l'amour de soi et son impact sur la qualité de vie et la guérison de maladies. Durant mes séances de coaching, j'utilise, entre autres, sa méthode du miroir. Les candidats sont invités à se dire à eux-mêmes des phrases d'amour en se regardant dans un miroir afin de guérir le « moi » profond et l'enfant intérieur. Les effets bénéfiques sont incomparables. Les individus retrouvent une estime de soi décuplée, une confiance en soi illimitée, un bien-être indescriptible et une énergie inégalée.

## EFT, le tapping

EFT signifie *Emotional Freedom Technique* (« technique de libération émotionnelle ») et a été créée par Gary Craig au milieu des années 1990. Il y a des flux d'énergie dans notre corps, et si cette énergie est perturbée de quelque manière que ce soit, cela aura une influence directe sur nos problèmes de santé. Ces perturbateurs peuvent être des émotions négatives, un passé désagréable ou des expériences traumatisantes. L'EFT est une méthode pour retrouver un flux d'énergie correct et vous libérer de toutes les émotions négatives.

L'EFT est une sorte de psychothérapie simplifiée, semblable à l'acupuncture, mais sans l'utilisation d'aiguilles. Elle est principalement utilisée pour réduire les émotions traumatiques et pour le développement personnel. La théorie fondamentale de l'EFT est que, par la stimulation (en tapotant les doigts) des points méridiens (connus généralement comme les points d'acupuncture sur votre corps), vous pouvez effacer ou diminuer une émotion indésirable : une douleur, la colère, le manque de confiance...

La procédure préconise, en plus du tapotement, l'utilisation de l'affirmation vocale. Les résultats positifs de l'EFT sont souvent considérés comme des percées miraculeuses, mais il n'est pas garanti à 100 % que vous aurez les mêmes résultats. Comme toutes les autres méthodes d'aide, vous devez la pratiquer régulièrement, et les résultats peuvent arriver tôt ou tard.

**Le saviez-vous ?**

Un nombre de plus en plus grand de personnes peuvent attester l'efficacité de l'EFT. Même des universitaires, médecins et scientifiques pensent que l'EFT fonctionne réellement. Bien qu'elle soit parfois considérée comme une pseudo-science, ceux qui l'ont pratiquée ont connu des résultats positifs qui ont changé leur vie.

## La réduction du stress et ses effets sur la loi de l'attraction

Notre corps est un réseau d'impulsions électriques lié à notre système nerveux. En appuyant sur les points méridiens, on peut équilibrer notre système nerveux autonome, qui fonctionne en dessous de la conscience humaine. S'il est déséquilibré, il créera beaucoup de problèmes de santé.

Une étude scientifique démontre que le niveau de cortisol, une hormone fabriquée en cas de stress, est sensiblement réduit au cours d'une séance d'EFT.

**Le saviez-vous ?**

Voici quelques avantages de l'EFT : un meilleur sommeil, un contrôle des fringales, une augmentation de l'énergie et de la productivité, une amélioration de l'image de soi, la réflexion lucide, la relaxation et le soulagement du stress.

En ressentant moins de stress, vous êtes plus enclin à développer une attitude, une mentalité et une énergie positives. De ce fait, vous allez inévitablement vous attirer des circonstances positives.

Puisque la cause de tout échec par rapport à des manifestations souhaitées est la résistance interne, l'EFT convient parfaitement à la loi de l'attraction, car elle peut éliminer cette résistance qui vous empêche d'avoir la vie que vous voulez.

La résistance est quelque chose qui n'est pas en harmonie avec votre être intérieur (ni avec l'univers). Elle se présente sous forme d'émotions négatives telles que la peur, la colère, l'anxiété, la dépression, et elle peut ralentir votre énergie ainsi que votre pouvoir d'attraction. La résistance vous déprime, vous fait souffrir et, avec le temps, se manifeste physiquement par une maladie ou une douleur.

L'EFT aide à libérer cette résistance en rééquilibrant le système énergétique du corps et en rétablissant l'alignement émotionnel. Ceci permet au corps et à l'esprit de se rééquilibrer et d'être plus en alignement avec nos désirs et notre bonheur profonds. Nous sommes alors davantage en mesure de manifester nos désirs dans notre réalité.

**À retenir**

L'EFT est un outil simple, mais puissant, pour éliminer nos croyances limitantes et nos pensées négatives, mais aussi une clé essentielle pour tirer parti de la loi de l'attraction. Après avoir appris à utiliser l'EFT régulièrement et obtenu des résultats étonnants en l'employant avec la loi de l'attraction, vous vous demanderez comment vous avez pu vous en passer. Bientôt, vous pourrez attirer tout ce que vous désirez.

## Nettoyer ses émotions négatives grâce au tapping

Vous pouvez utiliser l'EFT pour éliminer des sentiments de tristesse, d'anxiété, de colère, de frustration, de jalousie, de ressentiment ou toute autre émotion négative qui vous entravent et vous privent de votre état naturel de bien-être. L'EFT est un excellent outil pour restaurer votre sentiment de paix.

» **Croyances limitantes.** Les gens sont accrochés à toutes sortes de croyances limitantes, sans compter le jugement des autres et les doutes concernant ce qui pourrait arriver s'ils ont du succès (par exemple : « J'ai peur de réussir »). Tapoter sur ces croyances limitantes vous aidera à briser le cycle de l'autosabotage.

- **Affirmations.** Après avoir tapoté sur des émotions négatives ou des croyances limitantes, refaites-le en récitant des phrases positives : « Je suis digne de la joie », « Je suis digne d'être heureux », « Le bonheur et la joie sont mes droits de naissance », « Je me permets d'être heureux. » Cela a extrêmement bien fonctionné avec mes clients et leur a procuré un sentiment optimiste et exalté.
- **Visualisation.** Tapoter sur les méridiens du corps stimule le flux d'énergie, ce qui permet à l'esprit d'être plus ouvert et réceptif. Tapoter avec des affirmations en visualisant ce que vous voulez améliore l'expérience, accentuant le fait que vous pouvez vraiment avoir ce que vous visualisez. Vous pouvez utiliser des affirmations telles que : « Je me vois gagner à la loterie ! C'est exaltant de savoir que je suis maintenant en sécurité et libre financièrement », pendant que vous vous imaginez tenir un billet de loterie gagnant dans la main.
- **Méditation.** La méditation quotidienne est fortement recommandée comme une technique de libération des résistances pour utiliser la loi de l'attraction. Mais si, comme moi, vous avez des difficultés à apaiser votre esprit, essayez d'utiliser l'EFT avant de commencer votre processus de méditation. Vous pouvez vous servir d'affirmations telles que : « Même s'il est difficile de calmer mon esprit… », « Même si c'est difficile de tranquilliser mes pensées pendant quinze minutes… » ou : « Même si je ne peux pas arrêter de penser… ». L'acte de tapoter peut être très apaisant et vous aidera à détendre votre corps et votre esprit pour une expérience de méditation plus satisfaisante.

## Savoir demander ce que l'on veut grâce au tapping

L'EFT est facile à apprendre et à pratiquer. Tout en vous concentrant sur un sujet que vous voulez libérer, vous répétez des affirmations et des phrases clés pendant que vous tapotez divers points sur le haut de votre corps avec vos doigts. Le processus ne prend souvent que quelques minutes pour obtenir des résultats. Il est plus long dans d'autres cas, s'il y a des problèmes sous-jacents qui doivent également être pris en compte.

Voici quelques conseils qui vous aideront à obtenir des résultats optimaux :

» **Buvez de l'eau avant et après avoir tapoté.** L'EFT est plus efficace lorsque vous êtes hydraté, et l'eau aide à éliminer les toxines libérées.

» **Soyez cohérent.** Pratiquez quotidiennement et réservez du temps chaque jour pour tapoter sur des choses négatives dans votre vie. J'aime utiliser l'EFT après ma méditation. Ma journée se passe toujours bien quand je l'inclus dans ma routine du matin.

» **Soyez persévérant.** Si vous n'obtenez pas de résultat, continuez à essayer. Il peut y avoir d'autres aspects négatifs sur lesquels tapoter. Si vous avez une pensée apparemment sans rapport, travaillez également dessus. Il peut y avoir un lien dont vous n'êtes pas conscient. Soyez certain que votre être intérieur vous guide.

» **Détendez-vous et amusez-vous !** Rappelez-vous de ne pas tout prendre trop au sérieux et de garder un esprit ouvert.

# Pratiquer l'ho'oponopono

L'ho'oponopono est une pratique hawaïenne mise en avant par Joe Vitale (une des vedettes du film *Le Secret*) dans plusieurs ouvrages. Il a lui-même découvert cette méthode après avoir rencontré un psychiatre qui disait avoir soigné les patients les plus violents d'une aile complète de l'hôpital psychiatrique pour lequel il travaillait, le Dr Hew Len. Ce qui est encore plus surprenant, c'est que ce docteur n'avait jamais rencontré ses patients en personne.

Joe Vitale a demandé au médecin comment il avait procédé. Le docteur lui a répondu : « Ce que j'ai fait, c'est que j'ai guéri la partie en moi qui créait cette réalité à l'extérieur. » Le Dr Len explique qu'il a pris 100 % de la responsabilité de tout ce qu'il se passait à l'extérieur de lui. Selon lui, s'il expérimente sa réalité, quelle qu'elle soit, il est responsable de tous ceux qui y sont inclus. S'il travaille avec des patients violents, c'est donc qu'il a créé cet environnement.

Son opinion est que l'univers entier est construit par vos yeux, vos blessures, vos obstacles intérieurs, et que vous projetez toutes ces blessures dans l'univers. L'univers n'existe qu'à travers vous, et non pas l'inverse. L'univers qui vous entoure est votre propre création.

Par conséquent, pour que les choses se transforment à l'extérieur de vous, vous devez d'abord vous transformer à l'intérieur. Dans son cas, le Dr Len a pris la responsabilité de chacune des maladies et problématiques de ses patients et les a guéries à l'intérieur de lui. Chaque fois qu'il a réussi à les guérir en lui, ses patients en étaient guéris eux aussi.

## À quoi sert l'ho'oponopono

L'ho'oponopono n'est pas une méthode conçue pour s'attirer quelque chose, comme la loi de l'attraction. Le but de l'ho'oponopono est de vivre dans la paix intérieure. Et n'est-ce pas ce que l'on souhaite tous, au fond : vivre dans le bonheur et dans la paix ? Tous les buts que nous avons visent en définitive ce grand objectif.

**À retenir**

Pour atteindre tous ces buts facilement, il faut d'abord se sentir bien dans sa vie et vivre dans la paix et le bonheur. Grâce à cet état d'être et ce bonheur profond, nous sommes plus à même d'accueillir le meilleur dans notre vie.

Le but de l'ho'oponopono n'est pas de transformer votre extérieur et d'agir sur celui-ci, et il n'est pas une recette miracle pour vous permettre d'obtenir tout ce que vous voulez dans la vie. Cependant, pratiquer l'ho'oponopono peut vous procurer une vie magique et magnifique. Parce que vous allez être illuminé de l'intérieur, vous allez vous sentir bien, et de ce fait vous allez rayonner. Et les gens qui rayonnent ont habituellement plus de chance, une vie positive et attirent des choses qui rayonnent également ; ils attirent des circonstances positives, des gens positifs, l'abondance et la prospérité.

## Les quatre paroles magiques

D'après le Dr Len, la meilleure manière de guérir ses blessures est d'utiliser la méthode de l'ho'oponopono qui soigne par l'amour inconditionnel. Grâce à l'amour inconditionnel, nous pouvons guérir notre vie entièrement, nous pouvons soigner toute notre âme. En guérissant nos blessures profondes, nous guérissons la représentation de ces blessures dans notre réalité. En soignant ce qui nous fait mal à l'intérieur, on fait disparaître les causes extérieures des conflits et la négativité.

Le Dr Len a réussi à guérir tous les patients de l'hôpital psychiatrique en se guérissant lui-même par l'amour. Quand Joe Vitale lui a demandé : « Qu'avez-vous fait précisément pour guérir tous ces patients ? » le docteur lui a répondu : « Je regardais chacun des dossiers de ces patients et répétais : "Je suis désolé, je t'aime, je suis désolé, je t'aime, je suis désolé, je t'aime..." » « C'est tout ? » a demandé Joe Vitale. « Oui, c'est tout. »

La méthode de l'ho'oponopono se fonde sur le pouvoir des mots. Quatre paroles sont à la base de toute guérison et nous pouvons les répéter à longueur de journée. « Je t'aime », « Je suis désolé », « Pardonne-moi » et « Merci ». Nous avons vu précédemment que les mots ont un pouvoir illimité au niveau de l'univers. Ces quatre paroles sont considérées comme les plus puissantes. Elles reposent en effet sur les forces les plus grandes de l'univers : l'amour inconditionnel, la gratitude et le pardon.

Il est parfois très simple de vivre en harmonie. Nous n'avons pas besoin de nous battre pour atteindre des lieux paisibles. Essayez cette méthode tout en douceur au quotidien et vous expérimenterez des transformations profondes et magiques.

# Bibliographie


James Allen, *L'homme est le reflet de ses pensées*, Un monde différent, 2011

Slavica Bogdanov, *Maigrir sans souffrir*, Createspace, 2013

Slavica Bogdanov, *Gestion de temps, votre guide pratique*, Createspace, 2013

Slavica Bogdanov, *Le Petit Cahier d'exercices de la loi de l'attraction*, Jouvence, 2013

Slavica Bogdanov, *Reprogrammer son cerveau pour le succès*, Createspace, 2013

Slavica Bogdanov, *Tout savoir pour tout avoir*, série audio, attractitude.com, 2013

Slavica Bogdanov, *Le Guide pratique de la loi de l'attraction*, Jouvence, 2014

Slavica Bogdanov, *Le Pouvoir de l'intention*, Jouvence, 2014

Slavica Bogdanov, *Être généreux, source de solidarité, créativité et richesse*, Jouvence, 2016

Gregg Braden, *La Divine Matrice*, Ariane, 2007

Gregg Braden, *Secrets de l'art perdu de la prière*, Ada, 2008

Gregg Braden, *Des Liens quantiques*, Guy Trédaniel, 2014

Rhonda Byrne, *Le Secret*, TS Production, 2008

Rhonda Byrne, *La Magie*, Trédaniel La Maisnie, 2012

Jack Canfield et Mark-Victor Hansen, *Le Pouvoir d'Aladin. Transformez vos désirs en réalité*, Les Éditions de l'Homme, 1998

Jack Canfield, *Le Succès selon Jack*, Un monde différent, 2006

Deepak Chopra, *Les Sept Lois spirituelles du succès*, J'ai Lu, 2004

Deepak Chopra, *Le Livre des coïncidences*, J'ai lu, 2009

Dr Wayne Dyer, *Le Pouvoir de l'intention*, J'ai lu, 2006

T. Harv Eker, *Les Secrets d'un esprit millionnaire*, Trésor caché, 2008

Kathleen Griffin, *The Forgiveness Formula*, MJF Books, 2004

Charles Haanel, *La Cause et l'Effet*, Dauphin blanc, 2009

Charles Haanel, *Le Système clef universel du succès*, La Web-librairie.com, 2013

Louise Hay, *Transformez votre vie*, Marabout, 2013

Esther Hicks, *La Loi de l'attraction*, Guy Trédaniel, 2008

Esther Hicks, *L'Argent et la Loi de l'attraction*, Guy Trédaniel, 2009

Esther Hicks, *Le Vortex*, Guy Trédaniel, 2010

Esther Hicks, *Le Fabuleux Pouvoir des émotions*, Guy Trédaniel, 2009

Esther Hicks, *Demandez et vous recevrez*, J'ai Lu, 2016

Napoleon Hill, *Réfléchissez et devenez riche*, J'ai Lu, 2011

Napoleon Hill, *Les Lois du succès, 17 principes en 4 tomes*, Performance, 2012

Napoleon Hill et Stone W. Clement, *Le Succès par la pensée constructive*, J'ai Lu, 2012

Margaret Lynch, *Tapping into Wealth*, Penguin, 2013

Dan Millman, *The Laws of Spirit*, HJ Kramer, 1995

Joseph Murphy, *La Prière guérie*, Dangles, 1999

Joseph Murphy, *Comment utiliser les pouvoirs du subconscient*, J'ai lu, 2003

Catherine Ponder, *Les Lois spirituelles de la prospérité*, Un monde différent, 2008

Bob Procter, *Vous êtes né riche*, Macro, 2010

Anthony Robbins, *Pouvoirs illimités*, J'ai Lu, 2008

Vincent Rollet, *La Physique quantique, enfin expliquée simplement*, Institut Pandore, 2014

Miguel Ruiz, *Les Quatre Accords toltèques*, Jouvence, 2005

Miguel Ruiz, *La Maîtrise de l'amour*, Jouvence, 2009

Florence Scovel Shinn, *Le Jeu de la vie et comment le jouer*, Nicole Bussière Éditeur, 2009

Florence Scovel Shinn, *Votre parole est une baguette magique*, Nicole Bussière Éditeur, 2009

Eckhart Tolle, *Le Pouvoir du moment présent*, J'ai lu, 2010

Brian Tracy, *La Puissance du temps*, attractitude.com, 2014

Brian Tracy, *Le Best of*, attractitude.com, 2014

Joe Vitale, *Zéro Limite*, J'ai lu, 2013

Ralph Waldo Trine, *In Tune with the Universe*, Dover publications, 2014

Wallace D. Wattles, *La Science de l'enrichissement*, Dauphin blanc, 2006

Marianne Williamson, *Un retour à l'amour*, J'ai Lu, 2010

Marianne Williamson, *The Law of Divine Compensation*, HarperOne, 2012

# Index

## A

# B

# C

## D

# E

# F



# G



# H

## M

# N



# O



# P

## Q



## R

## S

# T



# U



# V

## W



## Y



## Z